全国高等教育自学考试指定教材
学前教育专业(专科)

学前教育科学研究

Xueqian Jiaoyu Kexue Yanjiu

(附:学前教育科学研究自学考试大纲)

全国高等教育自学考试指导委员会 组编

主　编　杨爱华
副主编　孙民从

高等教育出版社

扫描微信二维码
关注自考教材服务

图书在版编目(CIP)数据

学前教育科学研究／杨爱华主编；全国高等教育自学考试指导委员会组编.---北京：高等教育出版社，2016.6(2022.4重印)
ISBN 978-7-04-045585-4

Ⅰ.①学… Ⅱ.①杨… ②全… Ⅲ.①学前教育-教育科学-科学研究-高等教育-自学考试-教材 Ⅳ.①G612

中国版本图书馆 CIP 数据核字(2016)第119417号

策划编辑 雷旭波　　责任编辑 雷旭波　　责任印制 田 甜

出版	高等教育出版社	咨询电话	400-810-0598
社址	北京市西城区德外大街4号	网址	http://www.hep.edu.cn
邮政编码	100120		http://www.hep.com.cn
印刷	北京市鑫霸印务有限公司		
开本	880mm×1230mm 1/32	版次	2016年6月第1版
印张	13.125	印次	2022年4月第10次印刷
字数	329千字	定价	17.00元

本书如有质量问题，请与教材供应部门联系。
版权所有　侵权必究
物料号　45585-00

组编前言

当您开始阅读本书时,人类已经迈入了21世纪。

这是一个变幻难测的世纪,这是一个催人奋进的时代。科学技术飞速发展,知识更替日新月异。希望、困惑、机遇、挑战,随时随地都有可能出现在每一个社会成员的生活之中。抓住机遇,寻求发展,迎接挑战,适应变化的制胜法宝就是学习——依靠自己学习、终生学习。

作为我国高等教育组成部分的自学考试,其职责就是在高等教育这个水平上倡导自学、鼓励自学、帮助自学、推动自学,为每一个自学者铺就成才之路。组织编写供读者学习的教材就是履行这个职责的重要环节。毫无疑问,这种教材应当适合自学,应当有利于学习者掌握、了解新知识和新信息,有利于学习者增强创新意识、培养实践能力、形成自学能力,也有利于学习者学以致用、解决实际工作中所遇到的问题。具有如此特点的书,我们虽然沿用了"教材"这个概念,但它与那种仅供教师讲、学生听,教师不讲、学生不懂,以"教"为中心的教科书相比,已经在内容安排、形式体例、行文风格等方面都大不相同了。希望读者对此有所了解,以便从一开始就树立起依靠自己学习的坚定信念,不断探索适合自己的学习方法,充分利用已有的知识基础和实际工作经验,最大限度地发挥自己的潜能以达到学习的目标。

欢迎读者提出意见和建议。

祝每一位读者自学成功。

全国高等教育自学考试指导委员会
2001年2月

目 录

绪 论 ……………………………………………………… (1)
　一、学前教育科研方法的研究对象和内容 …………… (1)
　二、学前教育科研方法的学科性质 …………………… (2)
　三、学习学前教育科研方法的意义 …………………… (3)
　四、学习学前教育科研方法的要求 …………………… (5)

第一章　学前教育科学研究概述 ………………………… (8)
　第一节　学前教育科学研究的含义 …………………… (8)
　　一、科学研究及其特征 ………………………………… (8)
　　二、学前教育科学研究及其特点 …………………… (10)
　第二节　学前教育科学研究的原则 …………………… (13)
　　一、客观性原则 ………………………………………… (14)
　　二、系统性原则 ………………………………………… (15)
　　三、教育性原则 ………………………………………… (17)
　　四、伦理性原则 ………………………………………… (19)
　第三节　学前教育科学研究的类型 …………………… (21)
　　一、基础研究、应用研究和开发研究 ………………… (21)
　　二、定性研究和定量研究 ……………………………… (22)
　　三、纵向研究和横向研究 ……………………………… (23)
　　四、实验室研究和现场研究 …………………………… (24)
　　五、个案研究和成组研究 ……………………………… (25)
　第四节　学前教育科学研究的基本方法 ……………… (26)
　　一、学前教育科学研究方法发展述略 ………………… (26)

· 1 ·

二、学前教育科学研究的主要方法 …………………… (28)
　第五节　学前教育科学研究的一般过程 …………… (30)
　　一、研究准备阶段 …………………………………… (31)
　　二、研究实施阶段 …………………………………… (32)
　　三、研究总结阶段 …………………………………… (33)

第二章　科研课题的选择和确立 ……………………… (35)
　第一节　科研课题概述 ……………………………… (36)
　　一、问题和科研课题 ………………………………… (36)
　　二、研究方向 ………………………………………… (37)
　　三、科研课题的类型 ………………………………… (38)
　　四、选择和确立科研课题的意义 …………………… (41)
　第二节　科研课题选择的原则和方法 ……………… (44)
　　一、选择科研课题的基本原则 ……………………… (44)
　　二、选择科研课题的方法 …………………………… (48)
　　三、选择科研课题的一般程序 ……………………… (52)
　第三节　科研课题的论证 …………………………… (54)
　　一、课题论证的意义 ………………………………… (54)
　　二、课题论证的内容 ………………………………… (55)

第三章　学前教育科研活动的设计 …………………… (63)
　第一节　建立研究假设 ……………………………… (64)
　　一、假设及其在研究中的作用 ……………………… (64)
　　二、如何提出研究假设 ……………………………… (65)
　　三、研究假设的基本要求 …………………………… (67)
　第二节　查阅研究文献 ……………………………… (68)
　　一、学前教育文献及其在研究中的作用 …………… (69)
　　二、学前教育文献的种类 …………………………… (71)
　　三、学前教育文献检索的方法 ……………………… (75)

四、学前教育文献的阅读和记录 …………………………… (78)
　第三节　选取研究对象 …………………………………………… (81)
　　一、抽样及其在科研活动中的意义 …………………………… (82)
　　二、抽样的一般程序 …………………………………………… (83)
　　三、抽样的基本方法 …………………………………………… (87)
　第四节　制订研究计划 …………………………………………… (90)
　　一、研究计划及其在研究活动中的作用 ……………………… (90)
　　二、研究计划的主要内容 ……………………………………… (91)
　　三、制订研究计划应注意的问题 ……………………………… (94)

第四章　观察法 ……………………………………………………… (96)
　第一节　观察法概述 ……………………………………………… (97)
　　一、观察法的含义和特点 ……………………………………… (97)
　　二、观察法的作用与局限性 …………………………………… (98)
　　三、观察法的类型 …………………………………………… (101)
　第二节　教育观察研究的设计 ………………………………… (105)
　　一、观察内容的确定 ………………………………………… (106)
　　二、观测指标的设计 ………………………………………… (109)
　　三、观察方法的选择 ………………………………………… (111)
　　四、观察记录方法的选择和设计 …………………………… (113)
　第三节　学前教育观察研究的实施 …………………………… (120)
　　一、观察的准备 ……………………………………………… (120)
　　二、实施现场观察 …………………………………………… (122)
　　三、观察资料的整理和分析 ………………………………… (125)
　　四、形成研究结论,撰写观察报告 ………………………… (126)

第五章　调查法 …………………………………………………… (128)
　第一节　调查法概述 …………………………………………… (129)
　　一、调查法的含义和特点 …………………………………… (129)

二、调查法的类型 ………………………………… (131)
　　三、学前教育调查研究的一般过程 ……………… (135)
　　四、调查法的优点和局限 ………………………… (138)
　第二节　问卷调查法 ………………………………… (140)
　　一、问卷调查法的含义和特点 …………………… (140)
　　二、问卷的类型 …………………………………… (141)
　　三、问卷的设计 …………………………………… (144)
　　四、问卷的回收率和有效率 ……………………… (152)
　第三节　访谈调查法 ………………………………… (154)
　　一、访谈调查法的含义和特点 …………………… (154)
　　二、访谈调查的主要类型 ………………………… (157)
　　三、访谈问题的设计 ……………………………… (159)
　　四、访谈过程的一般步骤 ………………………… (160)

第六章　测验法 ………………………………………… (164)
　第一节　教育测验概述 ……………………………… (165)
　　一、测验法的含义和特点 ………………………… (165)
　　二、教育测验的主要类型 ………………………… (168)
　　三、测验法在学前教育科学研究中的作用 ……… (171)
　　四、测验法的优点和局限 ………………………… (172)
　第二节　标准化测验 ………………………………… (173)
　　一、标准化测验的含义 …………………………… (173)
　　二、标准化测验的实施 …………………………… (175)
　　三、我国常用的学前儿童标准化测验工具简介 … (180)
　第三节　自编测验 …………………………………… (184)
　　一、自编测验的含义和特点 ……………………… (184)
　　二、自编测验工具的制作 ………………………… (186)
　　三、自编测验的应用 ……………………………… (190)

第七章 教育实验法 (197)
第一节 实验法概述 (198)
一、教育实验法的含义和教育结构 (198)
二、教育实验法的主要类型 (201)
三、教育实验研究的一般程序 (204)
四、教育实验法的优点和局限 (206)

第二节 教育实验设计的内容和步骤 (208)
一、教育实验设计的主要内容 (208)
二、教育实验设计的一般步骤 (209)

第三节 教育实验设计的基本模式 (214)
一、前实验设计 (215)
二、准实验设计 (217)
三、真实验设计 (220)

第四节 实验变量的分析和处理 (223)
一、自变量的选定与操纵 (223)
二、因变量的确定与观测 (225)
三、无关变量的分析与控制 (227)

第五节 教育实验的评价 (230)
一、教育实验计划的评价 (230)
二、教育实验过程和结果的评价 (231)

第八章 教育经验总结法和行动研究法 (236)
第一节 教育经验总结法 (237)
一、教育经验总结法的含义 (237)
二、教育经验总结法的特点 (239)
三、教育经验总结法的功能及其局限 (240)
四、教育经验总结的一般步骤 (244)
五、教育经验总结应注意的问题 (249)

第二节 行动研究法 (251)

一、行动研究法的含义和特点 …………………………（251）
　二、行动研究法的层次 ……………………………………（253）
　三、行动研究法的一般步骤和结构框架 ………………（255）
　四、运用行动研究法应注意的问题 ……………………（258）
　五、行动研究法的评价 …………………………………（260）
　六、行动研究法和经验总结法的比较 …………………（261）

第九章　个案法 ……………………………………（266）

第一节　个案法概述 ……………………………………（266）
　一、个案法的含义 ………………………………………（266）
　二、个案法的特点 ………………………………………（267）
　三、个案法在学前教育科研中的作用 …………………（268）

第二节　个案法的实施方式和手段 ……………………（270）
　一、个案法的实施方式 …………………………………（270）
　二、个案法常用的研究手段 ……………………………（273）

第三节　个案研究的一般步骤 …………………………（275）
　一、选定个案研究对象 …………………………………（275）
　二、制订研究计划 ………………………………………（276）
　三、收集和分析研究资料 ………………………………（278）
　四、形成研究结论和撰写研究报告 ……………………（279）

第十章　研究资料的整理和分析 ………………（282）

第一节　研究资料的整理和分析概述 …………………（282）
　一、整理与分析研究资料在科研中的意义 ……………（283）
　二、整理与分析研究资料时应注意的问题 ……………（283）

第二节　文字资料的整理和分析 ………………………（284）
　一、文字资料的整理 ……………………………………（285）
　二、文字资料的分析 ……………………………………（287）

第三节　数据资料的整理和分析 ………………………（293）

一、数据资料的初步整理 …………………………… (293)
　二、数据资料特征的描述 …………………………… (302)

第十一章　教育科研成果的表述和评价 …………………… (311)
　第一节　教育科研成果的表述 ……………………………… (312)
　　一、教育科研成果表述的意义和一般步骤 ……………… (312)
　　二、教育科研论文及其写作要求 ………………………… (315)
　　三、科研报告及其写作要求 ……………………………… (320)
　第二节　教育科研成果的评价 ……………………………… (325)
　　一、教育科研成果评价及其意义 ………………………… (325)
　　二、教育科研成果评价的主要内容 ……………………… (327)
　　三、教育科研成果评价的标准 …………………………… (329)
　　四、教育科研成果评价的方式和方法 …………………… (330)

后　记 …………………………………………………………… (334)

附　学前教育科学研究自学考试大纲 ………………………… (335)

绪 论

一、学前教育科研方法的研究对象和内容

社会的发展和进步要求学前教育工作者不断地提高学前教育的质量,而学前教育质量的提高是基于人们对学前儿童和学前教育活动有着更清晰、更深刻的认识,以及在认识基础上对教育实践活动的科学性的自觉追求的。因此,学前教育工作者对学前教育开展广泛而深入的研究是势在必行的工作,而学前教育的科研工作同其他工作一样,有着自身的内在规律。作为一门学科,学前教育科研方法就是专门探讨学前教育科学研究活动的规律,阐明学前教育科学研究活动在方式方法和程序上的规范。

所谓规律是指事物在运动和发展变化过程中自身所具有的内在矛盾或事物内在的必然联系。它是人们在实践活动中通过不断探索或专门的科学研究所获得的认识成果。人类的实践活动反复证明,人们在工作中能按规律办事,就会使工作获得成效;反之,对事物发展变化的规律缺乏认识,盲目地开展工作,或不按客观规律办事,就容易导致失败。学前教育科学研究是一项复杂的社会实践活动,研究者必须在有关理论的指导下,既要处理研究活动的目的、内容、对象、方式方法等内部要素之间的关系,还要处理研究活动与教育活动、管理活动等外部要素之间的关系。要使研究活动达到预期的目的,起到应有的作用,研究者必须对研究活动的内、外部因素之间客观存在的必然联系有一个基本的认识,亦即要掌握学前教育科学研究的基本规律。在研究活动中对上述规律的遵

循和应用所形成的操作的手段、规则和程序就是研究的方法。所以,学前教育科研方法作为一门学科或一门课程,就是在现有的科学水平上系统地阐述学前教育科学研究活动的内在规律和研究活动的手段、规则及程序,其主要内容及其结构为:

第一部分,由本书的绪论和第一章组成,主要表述学前教育科研活动的性质、特点、类型和原则等基本原理。

第二部分,由本书的第二至第九章组成,分别讨论了学前教育科研课题的选择,研究活动的设计和观察法、调查法、测验法,学前教育实验和经验总结法、行动研究法等学前教育科研活动主要的方式、方法以及各种研究资料的整理和分析。

第三部分,即本书第十章,主要阐述了不同形式的学前教育科学研究成果的表述和对学前教育科研成果的评价。

二、学前教育科研方法的学科性质

学前教育科学研究方法是学前教育科学的一个有机组成部分,是学前教育的一个分支学科。

首先,科学发展史反复证明,在科学的发展和应用过程中,方法有着极其重要的作用,它不仅直接制约着科学知识的发现,也影响着人们对科学理论和科学规律的理解和运用。一门学科用以探索和表述其理论和规律的方法在其被反复运用的过程中,会逐渐成为该学科一个有机的组成部分。因而,科学从其自身来看,不仅包括已经被发现和整理过的理论和知识,还应包括发现和表述这些理论和知识的科学研究方法。

其次,尽管学前教育科研方法作为一门学科是专门探讨研究和发现学前教育规律的方法系统,但它所探讨的主要方法不仅仅被人们在探索未知的学前教育规律中使用,也经常被众多的学前教育工作者在日常的教育工作中广泛地使用。学前教育是一项复杂的、多方面和多层次的工作,而且这种复杂的系统工作总是在特定的环境条件下进行的,教师要取得预期的教育效果,并不断地提高教育质量,就要在工作中不断地观察和分析学前儿童的身心状态和发展需要,分析教育活动中各种因素之间的关系,比较和分析不同教育活动的内容、方式、方法在儿童身心变化中的具体作用。在上述活动中,教师必然要运用观察、调查、测验、经验总结甚至教育实验等方法,从这一角度看,学前教育科研方法不仅仅是研究方法,也是教育工作方法。

由此可见,无论是从学前教育科学的发展来看,还是从学前教育科学的应用来看,学前教育科学研究方法都是学前教育科学的一个有机组成部分。

三、学习学前教育科研方法的意义

在科学技术飞速发展的现代社会,人类的实践活动越来越多地得益于科学研究所提供的理论和方法的指导。学前教育作为人类实践活动的一个领域,其发展和进步越来越多地依赖于科学的理论和方法,依赖于产生科学的教育理论和方法的学前教育科学研究。作为一名跨世纪的学前教育工作者,学习和掌握学前教育科学研究的基本理论和方法,对完善自身的专业素质和提高学前教育工作的质量都有着十分重要的意义。

(一)学习和掌握学前教育科研方法能提高学前教育工作者的科研能力

随着我国学前教育的改革和发展,学前教育工作者越来越清楚地认识到教育科研在提高学前教育质量中的重要作用,产生了巨大的科研热情。但多年来,虽然有很多充满热情的学前教育工作者在实际工作中付出了大量艰苦的努力,取得的富有创见的研究成果却寥寥无几,与付出的劳动不成比例,这不仅严重地浪费了大量的研究资源,而且打击了人们开展科研活动的积极性。究其原因,主要是广大的学前教育工作者因没有掌握基本的科研方法而使研究活动困难重重,劳而无功。"工欲善其事,必先利其器。"

掌握科研方法对开展科研活动的重要作用早已为人们所认识,俄国著名的生理学家巴甫洛夫就曾说过:"初期研究的障碍,乃在于缺乏研究法。……研究法每前进一步,我们就提高了一步,随之在我们面前也就开拓了一个充满新鲜事物的、更辽阔的远景。因此我们头等重要的任务乃是制定研究法。"① 法国生理学家贝尔纳也强调"良好的方法能使我们更好地发挥运用天赋的才能,而拙劣的方法则可能阻止才能的发挥"②。系统地学习学前教育科研方法对学前教育工作者提高自己的科研能力来说,无疑是一个重要而有效的途径。

(二)学习和掌握学前教育科研方法有助于提高学前教育实践活动的质量

如前所述,人们掌握了某一学科的研究方法,有助于其深刻地理解和有效地运用这一学科的理论和规律,提高实践工作的科学水平。对学前教育实践工作者来说也是如此。同时,就学前教育本身来说,它是一种特殊的社会实践活动,它要求教育工作者按社会现实和发展的需要,并根据儿童的身心特点,施加有效的影响,使儿童形成良好的身心素质。而现代社会对年轻一代身心发展的要求不仅是多方面的,而且是不断变化的,教育对象身心发展的方向和水平千差万别,其发展过程又受着多种因素的制约。所有这些使得教育活动及其效果充满了变数,教育工作者在实践活动中碰到的问题就各不相同。这就是为什么人们普遍认为学前教育工作的质量和学前教育工作者的科研活动有着密不可分的关系。如果学前教育工作者有着较强的科研意识和独立思考的能力,能有效地运用科研方法分析和解决教育活动中碰到的实际问题,无疑就能极大地增强教育工作的效果,使儿童的身心良好发展获得更大的保障。从这一角度看,良好的科研意识和独立的科研能力是

---

① ② 王坚红编:《学前儿童发展和教育科学研究方法》,人民教育出版社1991年版,第8~9页。

教育发展对学前教育工作者专业素质的基本要求,不掌握科学研究的基本方法,就无法满足学前教育改革的需要,就容易为时代所淘汰。

(三)学习和掌握学前教育科研方法有助于丰富和发展我国的学前教育科学

在我国,相对来说,学前教育科学仍是一个不成熟的、薄弱的学科,理论和规律还远不能有效地指导丰富多彩的实践活动,解决纷纭复杂的实践问题,这是阻碍学前教育质量提高的重要原因之一。要丰富和发展学前教育科学,就必须依靠广大的学前教育理论和实践工作者开展广泛的科学研究活动。如果我国学前教育工作者都能掌握学前教育科研方法,能独立开展或广泛地参与学前教育的科学研究,这就将会对丰富学前教育理论、促进我国学前教育科学的发展发挥不可估量的作用。

总之,时代的发展要求学前教育工作者必须具备良好的科研意识和科研能力,这对学前教育工作者个人的发展和学前教育的进步有着现实的意义。只有学好科学研究方法,学前教育工作者才能在工作中摆脱机械的模仿和盲目的摸索,提高工作的自觉性,进而提高自身的专业素质。也只有科研方法在学前教育实践中得到广泛的运用,才能谈得上教育活动的科学性,才有教育质量的提高。

四、学习学前教育科研方法的要求

就大多数的学前教育实践工作者来说,学习学前教育科研方法较学习其他课程的难度要大一些,这是由该课程的性质决定的,因为科研方法不仅知识的综合性强、涉及面较广,而且有着较强的操作性,仅靠理解和记忆难以达到学习的目的。因此,在学习过程中除了应遵守学习的基本规律外,还应特别注意以下几点要求:

(一)加强学习的理论和知识准备

学前教育科研方法涉及到许多学科的知识,如哲学、方法论、学前儿童教育学、学前儿童心理学、学前儿童卫生学、教育统计学等等。没有这些学科的理论和知识作为基础,是难以理解和掌握科研方法的。因而,在学习之前和学习的过程中,学习者应不断地扩展知识面,加强上述诸学科的理论修养,为学习本课程创造条件。此外,科研过程在某种意义上说是一个逻辑严密的思维过程,在科研活动的各个环节都需要科研工作者善于分析、比较、归纳和抽象;在学习和运用科研方法时,学习者还应注意不断地提高自己的逻辑思维能力,这样,学习才有可能取得较好的效果。

(二)理论联系实际

虽然科研活动离不开理论的指导,但其目的却是分析和解决实际活动中的问题,方法的掌握和运用的过程是一个在理论指导下的操作过程。学习者在学习过程中应力求从整体上形成和提高从事学前教育科研活动的能力,而能力的形成和提高一方面需要学习者系统地掌握理论基础知识,另一方面需要学习者善于将理论和实际联系起来进行分析和思考,并在实践活动中加深对概念、规则的理解,单凭记忆是无法掌握科研方法、形成科研能力的。

(三)创造性地学习

科学研究的本质在于创造,科研活动的过程是一个创新的过程。尽管有关科学研究方法的知识表现为各种形式的规范,但科研方法的灵魂却是具体问题具体分析,而绝不是搬弄教条。这就要求学习者在学习各种科研方法时不仅要充分运用自己在其他的学习中获得的知识、经验和理论来体会、思考和领悟,而且应带着问题来学习。在实际应用时不墨守成规,敢于怀疑、敢于尝试。不仅力求掌握学前教育科研活动的基本方法,而且注重使自己形成良好的科研意识和作为科研工作者的基本素质。

思考题

1. 学前教育科研方法的研究对象是什么？主要研究内容有哪些？
2. 为什么要学习学前教育科研方法这门课程？应如何学习？

第一章 学前教育科学研究概述

内容提要

学前教育科学研究是教育科学研究的一个重要领域,它是促进学前教育科学发展、提高学前教育活动的质量和效率的重要保证,同时在提高学前教育工作者的专业素质中发挥着重要作用。本章阐述了学前教育科学研究的含义、特点和研究活动的基本原则、过程和主要方法,介绍了学前教育科研活动的主要类型及其使用条件。理解上述内容对从整体上把握学前教育科研活动的本质特点和基本规律十分重要,也是学习后续各章内容的基础。

第一节 学前教育科学研究的含义

一、科学研究及其特征

要弄清科学研究的含义,必须先了解什么是科学。科学是当代人们使用最普遍的一个概念。但是人们经常是在不同的场合下赋予它不同的含义。一种观点认为,科学是"合乎逻辑排列起来的知识体系,尤其是指那些通过观察和实验所获得的知识",并把科学看作是"关于自然界、社会和人类思维活动的知识体系"。另一种观点认为"科学是对现实世界的规律的不断认识的过程"。还有一种观点认为科学是人们在认识世界和改造世界时所抱的一种态度,所具有的一种精神,即追求真理、实事求是。这些观点虽然从不同的角度揭示了科学的内涵,但作为确切的概念,我们认为,科学是人们对客观事物及其运动变化规律的理性的认识,表现为系统化的知识体系。即从本质上看,科学是人们对客观世界的正确认识,业已存在的各种有体系的知识是认识的成果。

人们在各种社会活动中自觉或不自觉地都会对活动对象、活动手段等产生认识,但人们的认识有的是科学的,有的却是非科学的。如宗教的认识、经验的认识都不能完全算作是科学的认识。科学的认识和非科学的认识主要有以下三个方面的区别:

第一,科学是一种真理性的认识。即科学是对客观事物的本质及其规律的正确反映,其认识的成果是不以人的意志为转移的客观内容。而非科学的认识则多是主观的,不能正确反映客观现实。

第二,科学是一种系统的认识。科学的认识有一定的前提条件,有精确的论证过程和正确的结论,是人们根据认识活动的规律,运用一定的方法和手段获取的对客观事物的系统认识。而非科学的认识则多是零散的、不完整的。

第三,科学是一种精确的认识。科学认识的精确性表现在认识的获得依赖于严密的逻辑思维和数学工具的应用。而非科学的认识则一般不运用数学工具,也不保证逻辑严密。在科学技术高度发达的现代社会,人们新的科学认识大多依赖或来源于专门的科学研究。

科学研究就是人们在科学理论的指导下,采用一定的方法,遵循一定的规范,探究客观事物的性质和规律,以便发现新事物、获得新知识的社会活动。它是人类获取科学知识的主要途径,在人类社会活动中占有重要的地位。

科学研究活动作为人们探索真理的一种创造性的活动,它与人类其他活动相比,具有四个方面的本质特征:

1. 继承性

社会的发展和进步总是建立在前人创造的基础上,科学研究作为一种认识活动,也不是凭空产生的,它也需要充分继承前人和他人的认识的成果,在前人和他人已经达到的认识水平上继续探索,开拓创新,这样才能使科学获得发展和进步。牛顿说过,如果说他比别人看得远,是因为他站在巨人的肩膀上。这一点非常形象地说明了科学研究的历史继承性。

2. 创新性

科学研究具有继承性,并不是说研究活动能机械重复以前的研究。相反,科学研究的目的在于创新,在于在前人或他人研究的基础上发现新的事实,获得新的知识,寻找新的途径,解决新的问题。创造是科学研究的根本特征。

3. 规范性

要使科学研究达到预期的目的,准确有效地揭示研究对象运动变化的客观规律,就要求研究者在研究过程中,按照科学认识的客观规律来开展研究工作,使研究活动遵循一定的行为规范,这样才能尽可能排除各种无关因素的干扰,提高研究的客观性、科学性水平,获得可靠的结论。如研究课题的选择、研究假设的表述、研究对象的选取、研究资料的整理和分析等等,都必须遵循一定的规范,只有这样,研究才能取得科学的成果,才能得到科学界的公认。

4. 系统性

科学研究的系统性是指科学研究活动本身是一项复杂的活动,在研究过程中,既要考虑研究的理论基础,又要处理研究的目的、内容、方式方法、环境条件,研究者必须从研究的整体效益出发,综合地处理各种因素,使其有机地形成一个整体的过程。

二、学前教育科学研究及其特点

在我国,学前儿童是指0～6、7周岁的儿童。学前教育是对这一年龄阶段的儿童所进行的全面发展的教育,是我国基础教育的重要组成部分。近几十年来,尤其是改革开放后的二十年来我国的学前教育获得了迅速发展。但从整体上看,人们对学前教育的性质和规律的认识还不够,学前教育的理论还相当贫乏,教育实践活动的质量还亟待提高,广泛而深入地开展学前教育的科学研究是时代提出的迫切要求。学前教育科学研究就是研究者以科学的理论思想为指导,运用科学的研究方法,对学前教育的现象和问题所进行的研究,是人类科学研究的一个重要领域。学前教育科学研究旨在探讨学前教育的本质,揭示学前教育活动的规律,丰富和发展学前教育的理论,有效地指导学前教育的实践。

在各种论著中,对和学前教育有关的研究活动存在着各种不同的提法,如"幼儿教育科学研究"、"学前教育研究"、"早期教育研究"、"儿童发展研究"等等,这些概念所指的研究活动尽管都涉及学前儿童或学前教育,但研究活动的对象和范围却各不相同。"学前教育"在我国是指对0~6、7周岁的儿童进行的教育,包括婴儿(0~3周岁)教育和幼儿(3~6、7周岁)教育两个阶段,因而学前教育研究除幼儿教育研究之外还包括婴儿教育的研究,其范围要比幼儿教育研究广泛;"早期教育"从广义上理解是指对从出生到入学前的儿童进行的教育,和"学前教育"含义相同,但人们运用这一概念时更多的是指对0~3岁的婴儿进行的早期智力开发;"儿童发展研究"则是专指探讨儿童生理、心理发展规律的科学研究,它多以儿童生理、心理发展的原因、条件、特点、水平等为研究内容,虽然在研究活动中也经常涉及到儿童的教育问题,但在研究的内容、范围以及研究的方法上都和学前教育研究有着多方面的差别。

学前教育科学研究作为学前教育这一特殊领域的科学研究活动,拥有科学研究活动的一般特征,但和其他领域的研究活动比较起来,它又有自己的特点:

1. 研究对象的主体性

学前教育科学研究要探讨学前教育的规律,必然要选择教育对象——学前儿童和从事学前教育工作的教师及其他人员作为研究对象。上述各类人员在各种学前教育活动中都是以相对独立的社会个体和团体而存在,他们都有自己的需要、愿望和情感,表现出自己的主动性和积极性,而且还拥有自己与众不同的个性特点,都享有法律赋予的社会权利。总而言之,研究对象是各具特点的主体。研究者在研究活动中必须充分考虑研究对象的主体性,使研究工作既能满足主体的身心发展和生活、工作的需要,不损害主体正当的权益,又能行之有效地发现科学规律,获得科学结论。

2. 研究内容的广泛性

学前教育是一种多层次、多方面的复杂的社会实践活动,教育对象包括0~6、7周岁的各年龄阶段的婴幼儿,教育内容包括语言、数学、自然、艺术等许多领域,教育的方法多种多样,因而学前教育研究就其研究的内容来看极其广泛而复杂,其主要的内容有:学前教育活动的本质,学前教育和社会发展之间的关系,学前教育和学前儿童身心发展之间的关系,学前教育的任务和目标,学前教育的内容和方法,中外学前教育的历史和现状,学前教育管理,幼儿教师的素质及其培养,幼、小衔接等。

3. 研究背景的开放性

学前教育本身是一个开放的系统,它和社会的政治、经济、文化等方面是紧密联系在一起的,学前教育发展中的问题很多是和社会其他方面的问题密切相关的,甚至是社会问题或经济问题在学前教育中的反映。如学前教育发展中的规律和速度问题,学前教育课程内容的价值取向问题,学前教育体制管理问题,幼儿教师的地位和待遇问题等等,都不单是学前教育的问题。因而对学前教育的研究必须放在社会发展和变革的大背景下进行。此外,学前教育包括了学前儿童家庭教育和各种学前教育机构的教育,虽然以幼儿园为主的教育机构的教育在学前儿童的身心发展中起着主导作用,但儿童身心的变化和发展却要受到来自多方面因素的制约,学前儿童和其生活的广泛的社会背景中的人、事、物进行着广泛的交流,因而学前教育科学研究也就离不开这种广泛的社会背景。当然,这种研究背景的开放性并不否认学前教育自身相对的封闭性,因为学前教育总是作为一个相对独立的社会系统按照其自身的规律运转着,因而在很多具体的学前教育问题的研究上,必须暂时抛开外界的环境条件,甚至排除无关因素的干扰,否则无法保证研究活动的顺利开展和研究结论的科学性。总之,研究背景的开放性要求研究活动既要从具体问题入手,又应从"大处着眼"。

第二节 学前教育科学研究的原则

学前教育科学研究的原则是指研究者在学前教育科学研究活动中必须遵循的基本要求,是研究工作的基本规范。它一方面是人类认识的基本规律在学前教育科研活动中的具体运用,另一方面又是对人们在学前教育科研活动中积累的经验的总结和高度概括,总之是对学前教育科研活动规律的正确反映。

探索客观事物的性质及其运动变化规律的科研活动本质上是一种认识活动,而人类的认识活动是有着自身的规律的,很多的学科,如哲学中的认识论和方法论、心理学、逻辑学等等都对人的认识活动的规律进行了深入而广泛的研究,并取得丰富的认识,这种认识活动的规律对人们各种形式的认识活动都有着指导意义。学前教育科学研究作为人们认识活动的一个重要领域也必须遵循人类认识的普遍规律,并把这些普遍规律同对学前教育活动的具体的认识过程结合起来,学前教育科学研究的基本原则就是对这一结合的体现。此外,人们对学前儿童身心发展及学前教育活动的研究有着漫长的历史,在中国两千多年前的古代典籍《礼记》中就记载了人们对学前儿童年龄特点的认识和教育内容的规定,公元前5世纪的古希腊哲学家柏拉图就论述了学前教育的重要性。自18世纪开始,人们对学前教育的研究就逐渐变得系统而广泛。人们在对学前教育的研究活动中逐渐积累了丰富的研究经验,对前人的研究经验进行概括和总结,是学前教育科学研究原则的一个重要来源。

一、客观性原则

客观性原则是指研究者在研究过程中必须尊重事实,以事物的本来面目为依据,反对主观臆测,妄自论断。它是科研工作者应遵循的基本原则。

教育科学研究的目的在于探索和认识教育活动的本质和规律,而这种本质和规律是不依人的意志而存在的客观实在和客观过程,它是教育活动本身所固有的,不是人为赋予的。因此,对教育规律的探索只能依据客观存在的教育事实,而不能依赖人的主观想象和猜测。只有最大程度地保证研究过程的客观性,才能最大限度地实现研究的目标。

在学前教育科学研究中要贯彻客观性原则,研究者应做到:

1. 要有严肃的科学态度和严谨的工作作风

研究中客观性首先就体现在研究者态度上的严肃和工作中的严谨。在研究过程中,研究者应把研究工作看作是一项神圣的工作,有高度的使命感,认真对待研究过程的每一个环节,不轻易放过研究中的每一件小事、每一个细节。在研究开始阶段,充分准备研究条件;在研究活动中,要认真收集研究所需的研究资料,如实地记录资料,保证资料的充分;在总结阶段,对结论要反复检验,仔细推敲,不轻易下结论。任何的疏忽与马虎都可能损害研究过程和研究结果的客观性。

2. 要坚持从实际出发,实事求是

要保证研究过程的客观性,研究者应力戒先入之见,尤其是对研究的对象及问题不抱任何偏见,即人们所说的要"价值中立"。一般来说,研究人员都有一定的知识经验、立场观点,这些因素在研究中既有积极作用,也会带来消极影响,即影响研究者对研究对象和某些问题的看法或判断,进而使收集记录的资料与实际情况不相符,而导致结论的不准确。因而在实际的研究过程中,研究者应力求排除这种主观因素带来的消极影响,要尊重事实,对那些与自己原来设想不相符的材料不能轻易取舍,更不能随意更改;相反,应该重视它、研究它,这更有利于发现规律,深化认识。

3. 要有吃苦耐劳的精神

任何科学研究所要认识的研究对象的本质和规律都是"内隐"的,不可能一目了然,没有艰苦的、大量的、甚至繁琐的劳动是难以发现的。因而研究者要深入地认识研究的问题、准确地把握要探索的规律,就必须不辞辛劳,做到事必躬亲,尤其是当研究工作遇到困难时,要敢于并善于"攻坚",不流于形式,更不能不顾客观事实任意修改或添减研究资料。

二、系统性原则

系统性原则就是要求研究者在学前教育科研活动中运用系统的和发展变化的观点来分析问题、处理问题,以提高研究结论的科学性水平;要求研究者在教育活动内外、在各种因素的普遍联系中来探索规律,并充分认识研究活动各个方面、各个环节在工作中的相互关系,优化研究活动的各种因素,追求研究活动的整体功能。

所谓系统就是指由相互作用和相互依赖的若干部分组成的具有特定功能的整体。世界上复杂的事物自身都是一个独立的系统,同时又从属于一个更大的系统。如学前教育就可作为一个系统,并从属一个较大的系统——教育体系。每项学前教育科研活动也都可视为一个系统,它由一些相互依赖、相互作用的要素(如研究者、研究对象、研究内容、研究方法等)所构成,并有特定的功能——认识学前教育活动的特殊规律。

系统科学的理论还认为,各种不同的系统都有着特殊的运动规律,但所有系统的运动变化也都遵循着一些共同的规律:整体性规律、有序性规律、动态性规律等等。对系统的这些特性和共同规律的认识和描述,使人类认识活动达到一个新的科学性水平。因而,研究者在科研活动中应善于运用系统论的思想指导科研工作,提高研究活动的科学性,充分发展科研活动的认识功能。

整体性是系统方法的基本出发点，它要求人们在认识问题和处理问题时，始终把研究对象作为一个有机的整体来考察，从部分、整体、环境的相互联系、相互依赖、相互制约的关系中揭示系统的整体性质和运动规律。整体性使得系统方法有别于传统的孤立分析的方法，也有别于传统的先分析后综合、从部分求整体的机械综合方法。它强调对研究对象进行全面性、综合性的分析，不割裂部分与整体、整体与环境之间的联系，比传统方法更有利于把握事物的本来面目。

如前所述，学前教育中出现的任何理论上和实践中的问题都是复杂的，都可看作是一个由若干要素组成的综合体，而同时又是某一环境（更大系统）的一个组成部分。对这些复杂问题的认识应从分析中综合，从综合中分析，全面把握内在、外在因素之间的联系。如学前儿童不良行为问题，本身就包含了学前儿童对活动的认识（或意识）、态度、行为、情绪情感等许多因素，只有对此作全面系统的综合和分析，才能认识和分析"不良行为习惯"的种类、性质、特点等；而幼儿行为习惯又形成和表现于他的社会活动之中，并且是他个性品质的一个组成部分，因而只有将其放在他整个的个性品质（环境）中去分析、去理解，将其放在他全面的社会生活（家庭生活、社会教育）中去分析、去理解，才能真正认识其产生的原因。

动态性原则的基本观点使系统是以动态的方式存在的，并作为过程展开。每一个系统都要经历孕育、产生、发展、成熟到衰退、消亡等阶段，系统在其发展变化过程中，要在系统内部和系统与环境之间不断地进行物质、能量和信息的交换。系统的这一特征要求我们以动态的、发展的观点来看待我们研究的问题和探索的规律，认识到学前教育中的诸多问题都是学前教育（乃至社会其他方面）发展到一定的历史阶段的产物，并且其自身也在和内外因素的交换中不断地发生变化，就是某些探明的教育活动的规律也并非一成不变。因而研究工作首先应具有历史性，从学前儿童身心发展的全过程中或不断变化中来认识问题、认识规律，从学前教育

(或社会)发展的进程中来认识幼儿教育的问题和规律;其次,研究工具应具有前瞻性,对学前教育中出现的问题要有预见性,要根据将来某个时期社会发展或学前教育发展的需要来开展研究工作,以真正提高研究工作对教育实践的引导作用和规范作用。

三、教育性原则

教育性原则就是要求研究工作者要以有效地提高学前教育的质量和科学性水平为研究活动的宗旨,在研究过程中使研究活动符合学前教育的基本要求,并尽可能做到研究活动和教育活动的和谐统一,防止和避免研究工作对儿童身心发展造成不良影响。

科研活动经常是和教育活动并存的,这两种活动既有着区别,又有着联系。处理好这两者之间的关系,不仅对提高科研的水平,而且对提高教育活动的质量都有着重要的意义。教育是要利用各种条件,组织各种适宜的活动,来促进儿童的身心发展。

学前教育科学研究的目的就是要揭示学前教育的内在规律,寻找有效的教育途径和方法,以促进学前儿童身心健康和谐地发展,因而从根本上来说,学前教育领域中的科研活动和教育活动的目的有着一致性。而且研究者在研究过程中许多具体的研究活动(行为)和教师日常的教育活动也有相似的地方,如科研中对儿童身心变化的观察,对某些教育条件(如教育内容、教育方法、教育环境等)的操作,对教育过程的反思和总结等,也经常是教师具体的教育工作。但科研活动和教育活动在本质上却是两种不同性质的活动,在许多方面有着差异。首先,教育活动的目标是促进儿童的身心状态发生合理的变化,而科研活动的目标则是认识或解决某个教育活动碰到的问题。如教师进行的培养幼儿生活自理能力的教育活动是旨在让幼儿掌握吃饭、穿衣、睡眠、盥洗等生活活动中的自我服务的技能技巧,而开展的"培养幼儿的生活自理能力的研究"则是要认识幼儿生活自理能力形成的规律,发现培养幼儿该方面能力的途径和方法,为广泛地开展这方面的教育活动提供理论和方法上的指导。其次,教育活动的过程主要是在教师组织引导下儿童积极活动和获得发展的过程,而研究活动则主要是研究者对研究中的各种因素的观察操作过程和对研究内容的思考认识的过程。再次,教育活动在结果上多是追求教育对象身心发展水平的提高,而科研活动在结果上则力求发现新的事实和规律,获得新的认识。

在学前教育科研活动中要贯彻教育性原则,获得新的认识。

(一)研究活动不能给儿童身心发展造成消极影响

研究过程中经常要对儿童施加某种特定的影响,以观察儿童相应的行为的发生和变化,或者要运用一些具体的材料或活动来观测儿童生理、心理状态与变化情况。研究者在具体操作这些活动时,特别要注意组织的活动和提供的材料(如故事、图画、玩具等)一定要有利于儿童身心健康,不给儿童造成消极影响。如在20世纪20年代,有位西方心理学家在研究儿童的表情时,通过给儿童看恐怖电影来观察儿童面部表情的变化,结果造成被试儿童受惊吓、情绪不安,甚至出现心理障碍,这就是研究活动没有考虑儿童身心健康而产生的教训。

(二)研究活动的设计和实施要尽可能考虑研究对象的年龄特征

在大多数情况下,学前教育科学研究的对象是各年龄阶段的婴幼儿,而每个年龄阶段的婴幼儿的身心发展有着鲜明的年龄特点,如身体形态、身体活动能力和思维、注意、记忆等心理过程都有着不同年龄各不相同、但同一年龄又大致相同的特点。教育学要求教育活动要适合这些特点,研究活动也要适应这些特点。在设计和实施这些活动时,从内容、形式、时间、指导等方面都应对婴幼儿的理解能力、活动能力和耐受力等给予充分的考虑,这不仅关系到儿童的身心健康发展,也关系到研究质量的提高。如某次研究活动要观测儿童对人际交往规则的认识水平,研究者给儿童讲述一些人际交往的故事,让儿童对故事中的人物、角色和具体的交往行为作出评价并陈述理由,就比单纯地就交往规则向儿童提问要好。这是因为婴幼儿对社会规则的认识还达不到抽象的水平,要在具体的交往活动中来理解。一般来说,活动的内容和形式要具体形象,有趣味性;活动时间既要能让儿童有充分的反应时间,又不能拖延过长;指导语要形象浅显,便于儿童理解。

(三)研究活动应尽量不打乱学前教育机构正常的教育活动

在选择托幼机构的教育活动开展研究时,应尽可能地将研究活动和托幼机构有计划的教育活动结合起来,使两者相得益彰。但在一些课题的研究中,研究目标和内容往往是单一的,不具备教育活动目标和内容的全面性和丰富性。在这类课题的研究中,一定要注意不能因研究工作而冲击、干扰甚至取消正常的教育活动,使儿童发展受到影响,也不能因研究工作而过多地给儿童增加学习(或其他活动)的时间、负担,或过多地给教师增加工作负担,以免给托幼机构正常的教育活动造成不良影响。

四、伦理性原则

伦理性原则是要求研究者的科研活动遵循基本的社会道德准则,不侵犯研究对象或研究参与者的权益,避免给他们造成身心伤害。

学前教育科学研究的对象往往是婴幼儿、婴幼儿家长和教师,他们都是独立的社会个体,在社会生活中享有多方面的个人权利。在研究中不恰当的研究方式或对研究结果的不恰当的处理都可能会伤害他们的正常生活,伤害其身心或侵犯他们的某些权利,并由此带来不良影响。因此一些西方国家的相应机构为此颁布了有关"研究准则",以规范这些以人为研究对象的研究活动,保证研究对象的权益不受侵犯。任何以人为研究对象的研究活动,既要考虑研究自身的特殊要求,又要不违背社会科学研究的道德准则,这就

是研究的伦理性准则。要贯彻这一原则,研究者应落实以下几点要求:

(一)尊重受试者的权利

无论是研究对象,还是研究所涉及到的单位、团体和个人,都享有法律赋予并保护的各种人身权利。在研究活动中,不管研究工作处于什么条件,都应优先考虑如何保障受试者的权利。这些权利有不参与协作权、保持不署名权、保密权、要求研究者承担相关责任权等。

(二)研究活动不给被试者造成不恰当的压力

在研究活动中,基于某种目的,研究者常常需要设置某种情景、采取某种措施给研究对象施加一定的影响。研究者在进行这类研究活动时,一定要对其在被试者身心上可能产生的影响加以预测,避免或防止产生不良结果,如在实验研究中要矫正婴幼儿的某种不良行为时,就要严格控制批评或惩罚等消极方法的使用。

(三)要慎重解释研究材料或研究结果

一般来说,公众对科研工作者展示的研究材料或研究成果有一种信任感,也乐于引用或使用。因此,研究者就应该严肃地对待自己在研究中收集到的各种材料和研究形成的有关结论。如果对这些材料和结论处理不慎,就容易给研究对象或教育实践造成消极的后果。如在研究过程中,经常要对研究对象的某种行为进行测量和评价,如果不利于某个研究对象的测量和评价资料不恰当地被公开,就容易使人们形成对研究对象的不良印象,影响甚至改变其生存和发展的某些条件,从而造成不良后果。如果研究者在解释研究结论时加以夸大,甚至歪曲,就容易对教育实践形成误导,造成难以弥补的损失,等等。

上述四项原则是学前教育科学研究中应遵循的基本原则,除此之外,有些论著中还论及一些其他研究原则,如操作性原则、实践性原则、检验性原则等等。讲究原则是为了提高研究的科学性水平,研究者只有以严谨的科学态度和吃苦耐劳的精神来开展科学研究,才能真正体现科学研究的价值。

第三节 学前教育科学研究的类型

学前教育科学研究是一项复杂的社会活动,不同的研究有着不同的目的、内容和方法手段,这使研究活动本身变得复杂多样、各具特色。将研究活动按照一定的标准分为不同的类型,有助于我们从整体上认识和把握幼儿教育的科学研究。

一、基础研究、应用研究和开发研究

按照研究的目的或目标不同,可以将学前教育科学研究分为基础研究、应用研究和开发研究三大类。

基础研究又被称为基本理论研究,它是以建立和发展某门学科的理论体系为目的的研究。从事这种研究的研究者经常是试图为某门学科的现存知识体系增加新的内容,因而研究的内容往往是概括性程度高的基本理论和基本规律。如在幼儿教育中,人们对幼儿园课程理论的研究、对幼儿游戏性质和作用的研究等,都属于基础研究的范围。

应用研究则是将基础研究的理论成果应用于特定的实践活动,寻求有效的途径和方法来解决教育活动现存的实际问题的研究。这类研究的目的是解决当下的实际问题,有明确的针对性。一般来说,应用研究是使基础研究的成果具体化和实用化,其成果对教育实践具有直接的指导作用。如对幼儿园环境设置的研究、对幼儿玩具使用的研究等等都是学前教育研究中的应用研究。

开发研究是指以设计和开发方便适用的教育产品为目的的研究。在学前教育研究中,教具和幼儿玩具的设计和开发、各种类型

的学前教育计算机软件的设计与开发等都属于开发研究。要设计和开发出科学性与实用性都很强的教育产品,研究者必须充分地运用基础研究和应用研究的成果,使教育产品在运用中能充分地体现教育活动的科学规律。

将研究分为上述三大类也是相对的,在实际的研究活动中大多数的研究目标并不是单一的,往往是同一个研究中既有相关的理论目标,也有解决某些实际问题的目标,同时还可能兼有产品开发的目标。其目标体现出综合性和多样性,这就很难绝对地将其归为某一类,有人就将其称为"综合研究"。但大多数研究都能根据其主要的研究目的或目标作相对的区分。

二、定性研究和定量研究

根据研究过程中对客观事物的性质和数量的侧重以及相应的研究方法的不同,可以将研究分为定性研究和定量研究。

定性研究是着重运用描述性分析来试图理解某种现象或问题的性质或意义的研究。这类研究较多运用归纳、演绎等思维方法来从整体上探索研究内容的"内在的"、"本质的"性质、特点、意义等,着重对某种事物或现象的理解,即较多地运用假设、概念和建议等进行逻辑上的分析和推导,以形成具有说服力的结论,而且对结论的表述也大多使用文字进行描述,而不是依赖数据和量度。定性研究对研究内容的分析往往具有一定深度,注意事物发展变化的过程,具有较好的整体性,但要求研究者有较深厚的理论修养,否则便难以排除研究活动中主观因素的影响。

定量研究则是主要运用数据和量度来描述研究内容的特征或变化的研究。它较多注重对客观事物产生或变化的原因和事物之间的关系、相互影响进行考察。研究活动往往是在一定的理论基础上,将研究内容分析为某些因素或变量,运用数据进行度量,通过对数据的统计分析形成结论,对结论的表述也主要依靠数据、图表等手段。定量研究注重对研究过程进行设计和控制,因而具有客观性和精确性。

同其他学科的研究发展一样,学前教育研究活动最初大都是定性的研究,定量研究则是科研活动发展到一定阶段后出现的。现代的学前教育科学研究则趋向于定性研究和定量研究的统一,因为学前教育中出现的现象和问题大都是复杂的社会问题,单一的研究方法往往不足以揭示其原因和发展变化的规律。缺乏定性研究,则研究难以深入,难以从整体上把握问题的性质和特点;缺乏定量研究,则研究又难以保证应有的客观性和准确性,同样降低了结论的科学性水平。

三、纵向研究和横向研究

根据研究的时间取向不同,可将学前教育科学研究分为纵向研究和横向研究。

所谓纵向研究,是指研究者在一个相对较长的时间里对学前教育中的某种现象和问题进行系统的、定期的研究,也叫追踪研究。如研究"学前班教育对儿童小学学习的影响",通过挑选一定数量的接受过完整的学前班教育的儿童和相同数量的未接受学前班教育的同龄同年级儿童,对其在整个小学学习期间(六年)的学习状况(如学习态度、学习能力、学习成绩等)进行不间断的系统考察、比较和分析,由此确定学前班教育对儿童在小学的学习所产生的影响,这就是一个典型的纵向研究。纵向研究较注重对事物产生和发展变化的全过程进行系统的考察,强调在特定的时间内研究活动的连续性,因而反复多次地观察所要研究的对象,确定其产生、变化和发展的历程是纵向研究的主要特征。其优点是能系统地、详细地认识事物变化的过程和量度质变的规律。但存在着研究周期长、研究对象容易丢失等不利因素,相对于横向研究而言难度较大,因而也没有横向研究开展得普遍。

横向研究是研究者就某一教育现象或问题在同一时间内对某一个年龄(组)或几个年龄(组)的儿童的行为表现进行考察和比较

的研究,也叫横断研究。如由山西省教育科学研究所陈会昌进行的"短期训练对矫正儿童不公正行为的实验研究"中,研究者在大班儿童中选出平均年龄为五岁三个月的一组儿童(34人),对其不公正行为进行观测,并施加教育影响进行矫正,以确定矫正效果,这就是一个横向研究。横向研究注重考察和分析某个特定年龄阶段的儿童或儿童在某个年龄段上行为的性质、特点和变化。这类研究的优点是在较短时间里能形成研究结论。但由于研究时间短、不系统,因而不能全面地反映问题或获得全面本质性的结论。

四、实验室研究和现场研究

根据研究的场所不同可以将学前教育研究分为实验室研究和现场研究。

实验室研究就是在实验室条件下进行的研究。实验室是研究者根据研究的需要所专门设置的研究场所。研究者设置实验室的目的是要排除或控制某些无关因素对活动的干扰,以提高研究活动的客观性和准确性。实验室研究有多种形式,如实验室观察、实验室实验等等。研究背景和条件的人为性与高控制,使之与现实的教育活动的条件存在着一定的差异,这往往不利于研究成果在实际的教育活动中推广应用。有鉴于此,在学前教育科学研究中人们更多地趋向于现场研究。

所谓现场研究是指人们在现实的教育活动中开展的研究。现场研究在研究某个教育现象或问题时,不改变该现象和问题所存在的条件,有利于研究者从更广阔的视野或更深的层次中来揭示或认识现象或问题的性质和特点,更符合现代研究的体系性要求,研究的结论也都可以直接在教育活动中得到推广和应用。因为现场研究缺乏控制性,难以排除诸多无关因素的干扰,故又不利于研究者获得客观而精确的结论。但是,如前所述,将学前教育现象和问题从其存在的背景中独立出来,既不应该也无法割裂它们和与之相关的其他因素之间的联系,因此对学前教育来说,现场研究更具优势。

五、个案研究和成组研究

根据研究对象数量的多少,可将研究分为个案研究和成组研究。

个案研究是研究者选取一个特殊个体或典型案例进行全面而深入的考察的研究。如果一个研究者对某个智力(或其他方面能力)超常的幼儿进行全面而深入的调查、测量,试图了解该幼儿的身心特点、发展水平以及其超常智力(或其他方面能力)形成的原因和发展的前景等,这种研究就是个案研究。个案研究一般是采用多种方法进行的综合研究,多种方法(如观察、调查和测验等)的使用有助于研究资料的丰富。有人根据个案研究中收集资料的侧重点不同,将其分为追溯性个案研究(重点在对既往发展历程的考察)、现状性个案研究(侧重了解事物目前状况)和追踪性个案研究(侧重于对事物发展变化过程的研究)。个案研究的对象数量少,且往往是具有某种特殊意义的个体或案例,因而对同类个体或案例的代表性较差,研究的结果往往不具有普遍意义。

成组研究是研究者为了提高研究的效度,选取较多的研究对象组成若干被试组,对被试组中的每个个体都进行系统考察的研究。一般来说,研究者是根据研究的目的和内容范围,运用一定的方法,从可能的所有研究对象(研究总体)中选取一部分直接的研究对象(样本),并组成若干小组来进行研究。根据抽取的研究对象数量的多少,成组研究又分为大样本研究和小样本研究。大样本是指按随机原则选取的被试数量在30以上的样本。它因样本太大,在选取时运用了随机化程序,所以对总体的代表性较好,因而大样本研究的结论可推广性程度较高。小样本则是指被试数量在30以下的样本。因其数量少,对总体的代表性比大样本低,因而,小样本研究的结论可推广性程度也相对低一些。

以上是从不同的角度、按不同的标准对学前教育研究活动进行的分类,这些分类也是相对而言的。各种类型的研究活动各有特色,有各自的优势和不足,因而不存在一种具有绝对优势的研究类型。对各种类型的研究活动的分析和比较,有助于我们在研究活动中灵活地选择和创造性地处理研究的方式和方法,提高研究的质量。

第四节 学前教育科学研究的基本方法

一、学前教育科学研究方法发展述略

同任何事物一样,学前教育科研方法也经历了一个发展、成熟和不断丰富的过程。对这一过程的考察,有助于更充分地理解现代学前教育科研方法的多样性和不同方法之间的关系。

(一)以自然观察和经验总结为主的时期(19世纪末以前)

人们对学前儿童身心发展和教育问题的研究很早就开始了,我国的西周时期(约公元前11世纪—前771年)就有了"蚤(早)喻教与选左右"的思想,并提出了"胎教"的主张;西方的柏拉图(公元前427年—前347年)也提出了学前儿童公共教育的构想。其后许多的思想家和教育家都对学前教育进行了研究,发展了内容极为丰富的学前教育的思想和理论。但由于古代科学认识水平的低下,他们的研究主要运用两种基本方法:一是自然观察,即对儿童的身心发展和教育活动在自然的状态下进行观察,在此基础上提出自己的主张,或者通过对观察到的事实进行分析和概括来得出结论、形成观点;二是经验总结,即人们对自己的学前教育(或早期教育)实践活动进行反思,从中提炼出带有一定普遍性的经验。我国南北朝时期的颜之推(公元531年—约590年)所著的《颜氏家训》就是对当时人们的儿童教育经验的集大成者。此外,还有许多的哲学家和思想家从自己的哲学理论、社会思想或宗教思想出发,通过理论演绎或类比推理的方法对儿童早期发展和教育问题进行了研究,如卢梭、夸美纽斯和福禄贝尔等人。但这类研究并没有脱离他们对儿童发展和教育现象的观察和对自己教育实践经验的总结。

在这一时期内,瑞士的教育家裴斯泰洛齐于1774年创办"新庄孤儿院",进行了初等教育新方法的实验研究,尽管这时的教育实验是验证性的,还没有严格的科学程序和精确的分析手段,但还是为教育实验研究方法确立了一个开端。

(二)研究方法的多样化时期(20世纪初—20世纪50年代)

在18、19世纪的西方,由于以数学和物理学为代表的自然科学的研究和应用取得了巨大的进步,科学开始改变人们的生产和生活方式,并对人们的思想观念产生了巨大的冲击,人们开始在科学研究中追求以精确的量的分析为主的实证研究方法,认为"没有相当的精确的定量就不可能有科学"(斯卡茨,1947)。

自然科学研究中的这种思潮也为社会科学工作者包括教育科学研究工作者运用定量分析的方法来研究社会问题和教育问题提供了动力。于是人们开始在教育科学研究中广泛地借用自然科学研究方法,如数理统计、测量和科学实验等方法。如英国的高尔顿在19世纪后期运用相关统计来研究人的遗传与成就;1904年,美国心理学家桑代克出版了《心理和社会测量理论导论》,将测验法引入教育研究,且专门讨论了"学前儿童测验"问题。自然科学中使用的经过设计并伴随严格的条件控制的实验方法也在20世纪初经生理学、心理学而引入教育研究。而且人们还借用以定量分析为主的方法对教育研究中传统的观察法和经验总结法进行了发展,使之更精确、更可靠,更具有科学方法的色彩。

同时,教育科研工作者还将社会科学研究中运用的调查法、文献法、比较法、历史研究法等研究方法引进教育科学研究,使这一时期的教育科学研究方法多种多样,呈现出一种"百花齐放"的局面。

这一时期,研究者根据教育现象的本质特征和教育活动的特殊形态,对上述各种来源的科学方法进行吸收和改造,使之更符合对教育问题研究的需要,逐渐演变成相对稳定的教育科学研究方法,"教育科学研究方法"也逐渐发展成为一门学科。上述各种研究方法也在学前教育科学研究中得到了广泛的应用。

(三)研究方法的综合化和系统化时期(20世纪50年代以后)

从20世纪50年代开始,科学的发展呈现出一种相互渗透、相互融合的趋势,不同的学科在理论内容上相互渗入,在研究方法上相互借用,使科学研究的整体性和综合性增强,而作为一般方法论的系统科学的产生,更促进了综合性思维方法的发展。同时,随着人们认识水平的提高,教育科学研究要解决的问题也日益复杂化,这也要求教育科学研究的方法和手段日趋复杂和精密。在这种趋势的影响下,教育科学研究方法也日益向着综合化和系统化的方向发展。

教育科学研究方法的综合化和系统化具体表现在研究者在研究活动中倾向于综合地运用多种方法来分析和探索某一个教育问题,并根据研究的需要对不同的研究方法进行创造性的组织,使之形成一个独特的方法体系。而且,各种研究方法本身也在这种综合性的运用中获得丰富和发展。

二、学前教育科学研究的主要方法

在现代的学前教育科学研究活动中,研究的过程大致可以分为两个大的部分,即研究资料的收集和研究资料的整理与分析。以下我们从这两个大的方面来介绍学前教育科学研究的主要方法。

(一)收集研究资料的方法

1. 观察法

观察法是研究者通过运用感官或者借用一定的仪器设备来有

目的、有计划地对学前教育活动和学前儿童身心变化及其行为表现进行考察,以系统地收集研究资料的一种研究方法。在学前教育研究中,人们运用观察法能获得大量形象生动、真实可靠的研究资料,尤其是它不需要研究对象的配合,对研究年龄较小的学前儿童有其独到的优势,因而成为学前教育科学研究中常用的研究方法。

2. 调查法

调查法是研究者利用口头语言和书面语言来收集有关研究对象的活动特点和行为表现方面的研究资料的一种研究方法。这种方法常用来研究学前教育的现实情况,有访谈、问卷和调查表等多种手段,在学前教育研究中也被广泛运用,而且这种方法收集资料全面、研究的效率高,能较好地把研究对象个体特点和研究总体的一般特征联系起来,结论具有一定的说服力。

3. 测验法

测验法是研究者通过运用标准化的测量量表或自编的测量工具对研究对象的身心特点和行为表现进行测量,以此收集研究资料的一种研究方法。测验法获得的资料数量化程度高,便于统计和进行定量分析,能对研究对象的身心变化及其行为特征作较为精确的描述和说明,因而也为广大的学前教育科研工作者所接受。

4. 教育实验法

教育实验法是研究者有目的、有计划地操纵自变量、控制无关变量、观测因变量来揭示教育活动中各种因素之间的因果关系的一种研究方法。它能使研究者通过主动地改变条件来引导事实的发生和变化,且有利于揭示教育活动中各种因素之间的因果关系,以发现教育活动的规律,因而在现代的学前教育科学研究中有着举足轻重的地位。

5. 教育经验总结法

经验总结法是通过对教育实践工作者在教育实际工作中获得的教育经验进行分析和概括,使之上升成教育理论的一种研究方法。它既是一种古老的教育研究方法,又和现代的学前教育实践密切相关,在形成具体层次的教育理论、指导教育实践活动、提高教育工作的质量等方面有着独到的功能。

6.行动研究法

行动研究法是一种适应小范围教育教学改革的探索性的教育科学研究方法,它通过研究者对教育实际活动中表现出的具体问题进行预诊、阐述、收集信息、制定一定行动计划和实施行动等具体步骤来解决具体的实践问题,能将研究和行动(教育实践活动)结合在一起,适合从事教育实践工作的教师使用。

(二)整理和分析研究资料的方法

1.文字资料的整理和分析方法

对文字资料可采用审查补充、归纳分类、摘要和编整加注的方法进行整理,并运用归纳和演绎、分析和综合、抽象和具体等逻辑方法进行分析。

2.数据资料的整理和分析方法

对数据资料可通过质量审核、剔除补充、编码汇总的方法进行整理,然后运用教育统计的方法进行分析,具体的分析方法又可分为两种,即描述统计和推断统计。描述统计的主要方法有集中量数、差异量数和相关量数等,推断统计的主要方法是平均数差异的显著性检验。

第五节 学前教育科学研究的一般过程

科学研究是一种创新性的认识活动,其过程实质上是人们遵循人类认识活动的基本规律来深入认识事物的性质和规律的过程。科学研究的实践证明,这一过程有着明显的程序性特征。科学活动要有效地完成认识的任务,达到研究的目的,必须按一定的顺序来开展相关的工作,由此形成研究活动的基本步骤或基本环节。由有顺序的基本步骤(环节)构成的研究过程也反映了科研活动的基本规律。

学前教育科学研究作为社会科学研究的一个领域,其研究的一般过程也同样应遵循人类认识活动的基本规律。尽管不同的科研课题研究的目的和任务不同,运用的研究方法及成果表现形式也各显差异,在研究过程中的具体工作上不能完全一致,但研究活动必须包含几个基本步骤,并遵循基本的程序,这方面则是一致的。从整体上讲,学前教育科学研究可分为三个大的阶段,即研究准备阶段、研究实施阶段和研究总结阶段。每个阶段又有若干基本步骤,每个步骤又有性质和目的各不相同的若干工作环节,这些阶段、步骤和环节共同构成一个完整的研究过程。

一、研究准备阶段

和人们其他方面的工作相比,科学研究具有较强的目的性和计划性,要使研究活动达到预定的目的,必须从多方面进行充分的准备。研究准备阶段包括三个步骤,即选择课题、研究设计和制订工作计划。

选择课题。选择课题就是为一项具体的研究工作确立一个研究主题,这是研究活动的起始环节,选择课题对整个研究具有重要的意义。要能选择一个好的课题,必须完成三个方面的工作:首先从学前教育的理论和实际工作中去发现值得研究和探讨的问题,并通过反复思考使问题明朗化、操作化。其次,针对发现的问题去系统地查阅已有的文献资料,并对文献资料进行分析、综合和整理。下一个环节就是对初步确立的课题进行分析。一是分析课题研究的理论价值和对实践的指导意义;二是根据研究者拥有的主客观条件来分析课题研究的可行性,好的课题应既有多方面的研究价值,又能顺利地完成其研究过程,取得预期的研究成果。

研究设计。研究设计就是在课题选定之后,对课题的研究活动和研究过程进行构思和规划。设计工作包括确定研究的目标,表述研究假设,确定研究对象,设计研究活动的方法、工具和手段等环节。研究设计是科研活动一个极为重要的环节,只有通过系统严密的设计,才能使研究工作成为一个目标明确、方法科学并具有创造性的活动。要做好课题研究的设计工作,必须广泛地查阅有关的文献资料,了解前人或他人已经完成或正在完成的与课题相关的研究,以提高研究工作的科学性水平和创造性。

制订工作计划。完成课题的研究设计之后,就应制订一项完整的、全面的研究工作计划。工作计划是研究工作的行动纲领,其内容必须全面、具体。一般说来它应包括:研究过程中各个步骤或环节的工作目标和内容,研究活动的时间计划和进程安排,研究活动的组织形式及研究经费的预算和分配等。

二、研究实施阶段

研究者在经过充分的准备之后,就应按计划实施研究。学前教育科学研究的实施阶段主要有三个步骤的工作,即收集研究资料、整理和分析研究资料、形成研究结论。

收集研究资料。资料是研究者赖以分析问题、形成结论的材料。研究资料一般有数据资料和文字资料两种,不同的资料有不同的收集方法。在学前教育研究中用来收集资料的主要方法有观察、问卷、访谈、测验等方法。不同性质的资料要用不同的方法收集,这将在本书后续各章具体加以论述。在研究过程中,收集的资料要客观、系统和全面。

整理和分析研究资料。在研究过程中通过各种手段收集到的资料一开始大多是零散的,研究者必须运用科学的方法对收集的资料加以整理,使之系统化、条理化。在整理过程中,应对资料的客观性和可靠性逐一加以分析和确证,剔出不客观、不可靠的资料,补充缺少或不完整的资料。对不同性质的资料进行整理和分析的方法不尽相同,这将在本书的第九章进行详细介绍。

形成研究结论。科学研究的目的就是要形成能揭示客观事物的性质及其运动变化规律的结论,结论的形成必须是以大量的事实和资料为基础。形成结论通常要综合地运用各种具体的思维方法,如分析、综合、比较和归纳、演绎、类比等。高水平的研究结论一方面要求高质量的研究资料,一方面要求研究者具备较强的且有创造特征的思维能力。

三、研究总结阶段

在完成上述各个步骤的工作后,研究将进入最后阶段,即对研究活动进行全面的总结。这一阶段研究者的工作应集中在两个方面,即总结研究工作和评价研究工作。

总结研究工作。对研究工作的总结是指对研究课题的选择,研究设计,研究资料的收集、整理、分析以及研究结论的形成等全过程进行系统的整理和概括,在此基础上按规范撰写科研论文或研究报告,展示科研活动的成果。同时对研究过程的各个阶段的工作进行反思,总结研究经验和教训,为在今后的研究工作中不断提高研究水平做好准备。

评价研究工作。对研究工作进行评价是科研活动的最后一个环节,评价首先是要对研究成果的学术水平和应用价值进行鉴定,其次是对研究活动的科学性进行评估。

以上的学前教育科学研究一般过程可以概括地表述为:

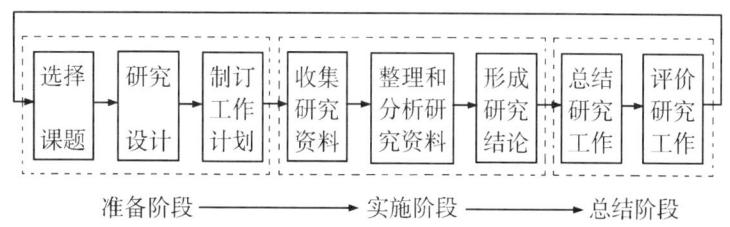

图1-1 学前教育科学研究活动一般过程图

如上所述,学前教育科学研究的过程是一个由若干步骤按先后顺序构成系统的过程,每一个步骤都有不同的工作目标、不同的工作内容和不同的工作方法,它反映着人们认识活动的基本规律。但值得注意的是科学研究活动是充满着创造性的,其活动过程也并不是一成不变的,我们不能机械地理解。研究过程中的一些步骤或环节的顺序也会因研究内容、研究方法的不同而有所变化。如在实验研究中,一旦确立了实验的课题和研究的目的,就应明确表述实验假设,而在另一些研究中,如一些调查研究中,假设需要在资料收集完成后才能形成。因而学前教育科学研究活动的过程并非千篇一律的。

思考题

1. 解释下列名词:
科学　　　　科学研究　　　学前教育科学研究　　客观性原则
系统性原则　教育性原则　伦理性原则　　　　　　科学方法
2. 科学认识和非科学认识的区别是什么?
3. 科学研究活动的本质特征有哪些?
4. 学前教育科学研究活动的主要特点是什么?
5. 学前教育科学研究活动应遵循哪些基本原则?如何遵循?
6. 学前教育科研活动有哪些基本类型?
7. 科学方法的特殊性体现在哪些方面?
8. 学前教育科研方法的发展经历了哪几个阶段?各阶段的主要特点是什么?
9. 学前教育科学研究有哪些主要方法?
10. 学前教育科学研究活动的过程可以分为哪几个步骤和环节?

第二章 科研课题的选择和确立

内容提要

学前教育科学研究是以科研课题为核心展开的,课题的选择和确立对整个研究过程有着重要的影响,甚至直接关系到研究活动的成败。本章系统讨论了课题选择的意义、学前教育科学研究课题的主要类型、科研课题选择的基本原则和主要方法,课题分析和论证的步骤及要求等方面的内容。对本章的学习应力求形成选择和评价学前教育科研课题的能力。

选择科研课题是科研活动的起始环节,其中心任务是要为具体的研究活动选定一个主题。就广义而言,科研课题选择包括逐步明确和选定一个研究主题以及对该主题研究的目的、价值及研究的可行性进行具体的分析和论证。在一个具体的研究活动中,课题的选择和确定规定了研究工作的方向、内容、目的、方式方法,因而对整个研究过程具有决定性的影响。所以,能根据各方面的条件,选择一个既具有研究价值、又能取得预期成果的科研课题,是研究者必备的基本能力。

第一节 科研课题概述

一、问题和科研课题

在学前教育领域中,无论是理论还是实践,人们尚未认识或认识不够深入的现象和规律仍然不少,有着许多的问题。如作为一名幼儿教师,在教育实践活动中可能遇到"怎样矫正幼儿的不良行为?""如何通过游戏培养幼儿的合作能力?"等问题;作为一位幼儿园园长,在管理工作中可能会遇到"怎样规范教师在教育活动中的行为?""如何科学地评价教师的工作质量?"等问题。所谓问题是人们在理论学习和工作实践中遇到的疑难和矛盾,它反映了人们对客观事物在认识上的不足。正是各种各样的问题激发了人们的思考和探索,推动了科学研究活动的开展。

科研课题是科研活动所要解决的问题,也就是科研活动的主题。它是科研工作者在专业学习或实践活动中经过反复思考或一系列的操作步骤从业已发现和形成的理论或实际问题中挑选出来并确立为某项研究活动所要具体解决的课题的问题。

无疑,科研课题来源于问题,问题的发现和提出是课题选择的前提条件。但问题却不等于科研课题,两者存在着一定的差别。首先,问题作为人们在理论学习中遇到的疑难或在实践工作中碰到的困境,往往反映的是个人认识上的局限性,而不尽是他人尚未认识和解决的问题。对那些他人已经认识和解决的问题,就不必通过科研去回答。而科研课题则必须是从人们发现并尚未被认识和解决的问题中产生,因而科研课题应反映人类在某个领域中或某个事物上认识的局限性,只有这样,课题的研究才具有认识上价值。其次,就一般来说,人们发现和提出的问题往往反映了其对某种事物思考和怀疑的大致内容,甚至只是一个思考的方向,较为笼统和概括,对此可以在一个较广的范围中进行讨论,如前面列举的几个问题都有这种特点。而科研课题则应是明确而具体的,在表述上相对要确切,用语要严谨,并符合专业规范。如和"怎样矫正幼儿的不良行为"这一问题相关的科研课题,可以表述为"幼儿不良行为的矫正方法的研究"或"几种幼儿不良行为的矫正方法的比较研究"等。至于研究者如何从发现的问题中确立研究课题,我们将在后续的篇幅中讨论。

二、研究方向

在科研活动中,研究者要善于发现具有研究价值的问题,并行之有效地选择和确立合适的科研课题,就应该逐步明确和形成自己的专业研究方向。所谓研究方向,就是研究者在一个较长的时期内研究活动在内容上的取向,它规定了研究者选择课题的领域或范围,使研究工作具有连续性、系统性和积累性。

因为学前教育是一个极复杂的领域,理论上涵盖和涉及了众多的学科,实践活动也是方方面面的,这就使学前教育科学研究在研究内容上广泛而复杂。因而对研究者来说,研究工作在内容上确定一个相对稳定的方向就具有多方面的意义。

1. 稳定的研究方向有利于研究课题的选择

如果研究者有一个明确的研究方向,往往会对该方向上的理论发展和实践变革给予较多的关注,从而形成良好的理论修养和丰富的实践经验,这就使他能及时地发现这一方向上值得研究的、甚至是别人还没有认真思考过的问题,也使他能对这些问题进行深入的分析,从中选择和确立有价值的研究课题。

2. 稳定的研究方向有利于课题研究过程的深入

研究者往往对他人进行的与自己研究内容相关的研究活动给予较多的关注,这可以帮助他充分地了解他人研究的方法、过程和结论,为提高自己的研究水平打下基础。同时,某一方面长期的、多次的研究工作也能使研究者自己积累经验、吸取教训,不断地完善研究过程,使研究过程更趋深入。

3.稳定的研究方向有利于形成系统的研究

研究者一旦形成了自己的研究方向,每次研究活动所选课题就会集中在与研究方向一致的相关问题上,这就容易使研究课题以及课题研究获得的研究结论相互联系、相互补充,使之形成系统。譬如,一研究人员将"幼儿绘画"作为自己的研究方向,他每次研究活动就多会选择与"幼儿绘画"相关的问题作为课题,如"幼儿绘画技能的年龄特点的研究"、"幼儿绘画能力发展规律的研究"、"各年龄班绘画教学的目标和内容的研究"、"不同绘画教学方法的比较研究"等等。这样若干次课题研究就会涉及幼儿绘画的各个方面,如果每个课题的研究都获得了可靠的结论,就会使人们对幼儿绘画有一个较为全面、较为系统的认识,研究者的工作也会因这种系统性而表现出更大的价值,产生更大的影响。

研究方向的确立对研究者选择研究课题会产生直接的、长期的影响,因而研究者必须慎重对待这个问题,不能仓促随意地确立和变换自己的研究方向,而应根据学前教育理论发展和实践变革的需要,结合自己的理论基础和研究兴趣,在科学活动中通过摸索来发现这两者之间的结合部,使之逐渐明朗,逐步形成自己的研究方向。

三、科研课题的类型

学前教育是一个相当复杂的社会实践活动,需要人们不断认识的问题是方方面面的,因而学前教育的科研课题也是相当复杂的。人们为了深入把握各种各样的科研课题的实质,将其根据各种标准进行类别划分,常见的分类有:

1.理论性课题和应用性课题

根据研究的目的不同,可以将学前教育研究的课题分为理论性课题和应用性课题。

理论性课题又称基础性研究课题,主要是指旨在探索和揭示学前教育现象的本质和学前教育过程的基本规律、丰富学前教育的基础理论、拓展新的研究领域的课题。这类课题最显著的特点是重在深入探讨学前教育中某一领域的一般知识,不强调研究结果的直接应用。

因理论具有不同的概括性水平,人们又把理论性课题分为三个不同层级。将那些对构成学前教育理论体系具有全局性影响的核心概念、基本范畴和基本原理等进行突破性研究的课题归为一级课题,如有关学前教育和社会政治经济关系、学前教育活动中师生关系、幼儿的主体发展、幼儿园的素质教育等方面的课题属一级理论性课题。一级课题研究的理论问题涉及面广、概括性水平高,要求研究结论具有开创性,因而研究的难度较大,要求研究者具备较全面的专业理论修养、较宽的知识面和较强的批判性理论思维能力。

凡是对学前教育科学中某一具体领域或某一方面的概念、原理原则进行探索的理论性课题被列为二级课题。这一层级的课题研究不涉及学前教育理论体系的全局,但对某一领域(如幼儿园课程、幼儿园管理)或某一方面(如幼儿音乐教育、幼儿心理健康、幼儿美术教育、幼儿语言教育、幼儿游戏等)的理论作出探讨。如"幼儿科学教育层次化体系化的探索"、"幼儿教育课程的现代化"、"幼儿游戏理论的比较研究"等都属于二级课题。选择二级理论课题进行研究,要求研究者对课题相关领域的基础理论有较深入全面的了解。

三级理论课题是指那些对学前教育中的个别概念、原理作出修正或更详细说明的课题。如"幼儿角色游戏的年龄特征的研究"、"幼儿阅读活动的特点的研究"、"蒙台梭利幼儿教育思想的研究"等都可列入这一层级。三级理论课题涉及的范围较小,理论概括水平相对较低,因而其研究的难度也相应较低。

应用性课题是指以改造学前教育实践活动为目的,在基础理论的指导下,探索具体的各种学前教育活动的途径和方法的课题。这类课题的主要特征是着重探讨运用科学的理论和一般的原则来解决教育工作中具体的实际问题,课题研究形成的结论多为操作型和程序性知识,对学前教育工作者的实践活动具有直接的指导作用。和理论性课题一样,根据其成果应用范围的大小,可将这类课题分为三个层级。

第一级应用性课题探讨的是涉及全局的学前教育实际问题,如"学前教育如何适应市场经济的研究"、"幼儿园评价标准体系的研究"等都属于这一层级的课题。第二级应用性课题是指那些探索学前教育的某一方面、某一部门、某一地区提出的实际问题的课题,如"幼儿园表演游戏的指导方法的研究"、"农村地区学前教育管理体制的研究"、"幼儿教师工作质量评价标准的研究"等都属于第二级应用性课题。凡是旨在解决教育工作中某些个别的实际问题的课题则是第三级应用性课题。如"在数学教学活动中发展幼儿思维能力的有效策略"、"社会主义市场经济下幼儿园自我管理的探索"、"幼儿园大班入学准备教育的研究"等都是三级应用性课题。这一层级的课题涉及面较小,具体明确,研究难度较小,较适合从事学前教育实践工作的人选择。

人们对学前教育科研课题所做的上述分类是相对的,因为学前教育中所表现出的很多问题既具有理论性又具有实践性,两者不能绝对分开,如幼儿园课程、幼儿园管理、幼儿游戏等方面,既有着丰富的理论需要进一步认识和探讨,又和实际的教育活动紧密相连,有大量的实际问题需要解决。

2．描述性课题、因果性课题和预测性课题

根据研究活动对问题探讨的深度,可将课题分为描述性课题、因果性课题和预测性课题。

所谓描述性课题是指对学前教育的某种现象进行具体描述和分析的课题,如"幼儿饮食行为习惯的调查与分析"、"对入园初期幼儿在教育活动中行为表现的观察研究"等课题都属于描述性课题。这类课题的研究结论主要应回答"是什么"、"怎么样"等性质的问题,理论层次较低,研究难度较小。

因果性课题则是探索和揭示学前教育中两种或两种以上现象

之间的因果关系的课题,像"音乐教育与儿童情感发展关系的研究"、"家长文化程度与幼儿学习能力的关系的研究"等都是因果性课题。这类课题的研究活动主要应回答"为什么"、"怎么办"等问题。一般来说,因果性课题的理论层次较高,研究过程相对复杂,因而研究的难度也比描述性课题大一些。

预测性课题是指在认识某些学前教育现象及其因果关系的基础上探索其未来的发展趋势或发展状况的课题,像"2020年××市幼儿园发展的预测研究"、"新世纪幼儿教师应具备的素质"等都属于预测性的研究课题。这类课题主要应回答"将来会怎么样"、"将来应该怎么样"等性质的问题。因为在社会发展过程中,任何事物的发展变化都会受各种因素的影响和制约,所以对其进行预测研究必定要涉及许多的因素和变量,这使研究过程变得复杂,也使预测性课题的研究难度相对较大一些。

除上述两种分类外,还可以按其他标准对课题进行分类。如按照课题的来源不同可以将课题分为纵向来源的课题、横向来源的课题和研究者自选课题;按照课题自身的特性来分,课题又可以被分为承继性课题、再生性课题、开拓性课题等。对课题进行分类的目的是让研究者初步了解不同类型的研究课题的特点和对研究过程的基本要求,便于研究者结合自身的主、客观条件有针对性地选择科研课题。

四、选择和确立科研课题的意义

选择科研课题既是科研活动的第一个环节,也是一个极为重要的环节。能否选择一个好的科研课题,不仅直接影响着研究工作的顺利进行,也直接反映了研究者个人的研究能力。具体来说,其意义有以下几个方面:

1. **课题的选择和确立是科学研究的重要环节**

科学研究是从发现问题开始的,科学研究的过程就是发现问题和解决问题的过程,研究成果的价值更多地取决于问题本身的研究价值。一些学者还认为科学进步的历史表现为科学工作者发现问题和认识问题的历史。一个有意义的问题的提出,不仅能激起人们认识上的疑虑和悬念,而且为科学的进步展示了一个新的可能性。研究者善于在自己研究的领域中发现问题和提出问题,经常被认为是其研究活动的关键所在。像著名科学家爱因斯坦、贝尔纳都认为在科学研究中提出一个问题比解决一个问题更复杂、更困难。"因为解决一个问题也许仅是一个数学上的或实验上的技能而已。而提出新的问题、新的可能性,从新的角度去看待旧的问题,都需要创造性的想象力,而且标志着科学的真正进步。"① 1900年,数学家希尔伯特站在当时数学研究的前沿,提出了数学上未解决的23个问题,吸引了不少的数学家进行研究,并为之奋斗终生,极大地推动了数学的发展。到目前为止,国际上获得菲尔兹奖的20位数学家中有不少正是由于解决了"希尔伯特问题"中的某个问题而获此殊荣。由此可见,发现和确立科研课题是科研活动中的一个极为重要的环节。

2. 选择和确立科研课题对研究活动的内容和方法等都有着直接的影响

选择和确立什么样的课题对研究工作的各个方面都起着直接的影响作用。首先,课题决定了科研活动的内容。如前所述,科研课题是研究者提出的需要通过研究活动解决的问题,问题的背后隐藏着需要研究者具体探索的某种学前教育现象的性质和若干教育现象之间的关系,这些性质和关系即是研究活动的内容。从这种意义上说,课题的选择就是对研究内容的选择。例如,你选择了"音乐教育和幼儿情感发展的关系的研究"这一课题,你的研究活动就必须探索不同的音乐形式、不同的音乐教育方法在儿童情感发展中的作用,儿童音乐教育应如何合理地确立其情感发展的目标等方面的内容,研究结论必须明确地回答这方面的问题;如果你选择了"幼儿饮食行为习惯的调查与分析"作为研究课题,就应具

---

① 裴娣娜:《教育研究方法导论》,安徽教育出版社1995年版,第72页。

体收集有关幼儿饮食行为的事实资料,并进行分析和评价等等。其次,课题的选择和确立影响着研究者对研究活动的主要的方式方法的选择和运用。这是因为研究活动的方式方法主要是研究者用来收集和分析研究资料的方式和方法,而方式方法的选择又应根据课题所需资料的来源、性质和特点而定。像"学前教育课程现代化"等理论性课题要求研究者在大量查阅文献资料的基础上,运用分析、归纳、演绎等思维方法来形成观点,得出研究结论;"幼儿饮食行为习惯的调查和分析"这一课题就要通过观察和问卷、访谈等方法来收集研究资料,用数理统计的方法来处理和分析资料;而"音乐教育和儿童情感发展的关系的研究"则离不开教育实验。由此可见,选择和确立一个具体的研究课题,不仅规定了研究活动的内容,也影响着研究者对研究方法的选用。这些都充分地说明了课题选择对整个研究活动的影响,所以有经验的研究者认为选择一个好的研究课题可以使研究工作事半功倍,反之,研究活动则容易劳而无功。

3. 选择和确立研究课题有助于研究者提高自己的专业素质和研究能力

研究者要在学前教育的某个领域选择一个有意义的研究课题并非是一蹴而就的事情,除了要求研究者具有一定的主客观条件外,还必须经历一个深入的、反复的思辨过程,这一过程有助于研究者自身素质的改变。首先,在选择课题的过程中,研究者必须在掌握与课题相关领域的基础知识和基础理论的基础上,有针对性地查阅大量文献资料,了解该领域研究主要的成果、研究活动的现状和发展趋势等,这一过程无疑会丰富研究者的专业知识,提高其理论水平;其次,研究者在确立研究课题时,不仅要了解前人和他人的研究成果,还要了解其分析问题、获得结论的方法,分析其研究活动的长处和不足,汲取经验,接受教训,这对提高研究者自身的研究能力有着直接的促进作用;再次,选择课题还需要研究者有敢于怀疑的治学精神和善于怀疑、独立思考的能力,对研究领域中众多的理论和实际问题经常性地进行思考,求新求异,这是形成科学态度、提高科研能力的重要途径。由此可见,选择和确立科研课题,不仅使研究者具备一定的主观条件,更能有效地提高研究者自身的科学素养。

第二节 科研课题选择的原则和方法

一、选择科研课题的基本原则

选择科研课题的原则是指人们在选择课题时必须遵循的基本要求,它是人们对长期的学前教育科研活动中课题选择工作经验的认识和概括,在一定程度上反映了选择课题工作的规律。在科研工作中,科研课题的选择是一项复杂的、具有创造性的工作,研究者要想在选择科研课题时少走弯路,就必须遵循一些基本的选题原则。选择科研课题主要有以下几个基本原则。

(一)价值性原则

选题的价值性原则就是要求研究者在选择科研课题时应具体分析和衡量课题的研究价值,尽可能地选择有较大研究价值的课题开展研究工作。一个有意义的课题的研究价值是多方面的,所以,研究者应对课题的研究价值作全面的分析。一般来说,课题的研究价值可以从两个方面来分析:一是其学术价值,二是其社会价值。学术价值是指课题的提出是否能引起人们对某一问题的关注和讨论,课题的结论及其成果能否深化人们对问题的认识并发展有关的理论,等等。课题的社会价值要看课题是否提出了人们在社会实践活动中迫切需要解决的问题,对实践活动能起到多大的指导作用。对课题研究价值的衡量要结合一定时期我国学前教育理论发展和实践变革的实际情况,课题研究中存在的任何问题都有一定的研究价值。但一般来说,在一定时期,相对于学科理论发展和实践变革的具体情况,及其需要而言,不同课题的研究价值有大小不同。凡是那些现实迫切需要解决的问题,或严重滞碍理论发展的问题都是研究价值较大的研究课题。如在20世纪80年代,有关幼儿园课程改革的研究课题不仅激发了人们对儿童观和教育观等理论问题的思考,又通过构建符合时代要求的、各具特点的幼儿园课程体系对当时的幼儿教育实践变革提供了有益的指导,因而这方面内容的课题受到了人们的广泛关注。总之,选择研究课题时,研究者应在条件许可的情况下,尽可能地选择具有多方面的研究价值或研究价值较高的研究课题。

(二)可行性原则

可行性原则就是研究者应根据主客观条件来选择研究课题,以保证课题的研究工作能顺利地、高质量地完成,取得预期的研究成果。

研究的主观条件是指为完成某个课题的研究工作所必须具备的专业知识、理论修养、实践经验和研究能力等。研究的客观条件是指完成某个课题的研究工作所必须具备的人力、物力、时间、图书资料、被试来源和仪器设备、测查工具等。对任何一个研究者来说,在选择科研课题时都应充分地考虑研究的客观条件,使所选课题与自己(或课题组)具备的研究条件相适应,这样的选题才符合可行性原则,才有完成的可能性。某些课题尽管有着重要的研究价值,但对缺乏某些基本的研究条件的研究者来说就不是恰当的选题。若不顾条件地盲目选择和确立课题,则容易导致研究工作的半途而废,或研究活动缺乏应有的质量而浪费研究资源。

要在选择课题时贯彻可行性原则,第一,研究者要具体分析课题研究活动对各方面条件的基本要求,选择一些有良好的研究基础和一定的研究经验的课题,而尽量避免选择那些对自己或课题组来说难以具备条件的课题。第二,要在选择课题时注意发挥自己的优势条件,做到扬长避短。如对音乐有浓厚的兴趣又有一定专长的人就可以选择有关幼儿音乐教育方面的课题,一个有着丰富的管理经验的园长就可以选择幼儿园管理方面的课题,一个有着丰富的研究经验的专职科研工作者就有条件选择有较大影响的重大理论课题,而一个初涉科研活动的教师就应选择一些内容范围较窄的、和具体教育活动密切相关的应用性课题。在一般情况下,根据上述要求选出的课题不仅能较好地保证研究工作的顺利进行,还为提高研究过程的质量创造了条件。第三,应注意不断地创造和改善从事研究工作的主客观条件。研究者拥有的研究条件是相对的,而且大多数的主客观条件是可以改变的,研究者在选择课题时要考虑各种条件,但也不能因为某些条件的不具备而裹足不前,甚至畏惧或放弃研究。而是要在研究活动中根据研究的需要不断地创造条件和改善条件,如通过学习来拓展自己的知识面,提高自己的理论修养,熟悉和掌握研究方法,或者通过合作、通过组织课题组来充分地利用他人拥有的条件等等。但也应注意在日常的学习和工作中有目的地、系统地为进行科学研究准备各种条件,打好基础。

(三)创新性原则

课题选择的创新性原则就是要求研究者选择的课题是该领域中前人或他人所没有解决或没有完全解决的问题,使研究过程或研究的结论能有新的发现,产生新的认识,为人们提供新的知识。创新和进步是科学研究的灵魂,科研活动的创新首先就体现在所研究的问题的新颖性和先进性上。在科研活动中,创新是多方面、多层次的,我们应从广泛的范围去理解和把握,它既可以是研究人们还没有涉及到的全新的问题或全新的领域,也可以是从新的角度或新的侧面去探讨已被研究过的"老"问题;既可以是建立一个新的理论体系,也可以是确立一个新的概念,发现一种新的方法;既可以是在研究内容上进行新的探索,也可以是在研究方法上进行变化。

要保证所选择的课题具有创新性,研究者一方面要注意紧密关注自己的研究领域和研究方向上研究活动的发展变化,始终站在科学研究的前沿,把握研究的动态,及时发现那些还没有被别人研究或者是还没有被别人所完全解决的问题,这些问题往往是新颖的、有着很大创造空间的问题;另一方面,研究者要善于从不同的角度来思考问题,来审视那些已经被研究过的问题,从中发现新的创造空间。

(四)科学性原则

科学性原则是指选择课题必须有事实根据和理论依据,也就是说,理论课题要有事实依据,应用性课题要有理论依据。如果所选择的课题明显违背了被实践反复证明了的有关的科学理论,没有事实依据,它就难以达到所预期的效果,也就不可能得出正确的结论,使研究活动劳而无功。因此,科学性原则是研究者选题所必须遵循的基本原则。如有人确立"以艺术为主线的幼儿园课程模式的研究"的课题,这一课题就有违教育必须促进儿童全面和谐发展的教育目的论,因为"以艺术为主线"的课程模式是不能直接带来儿童的全面和谐发展的,事实上,教育也很难将体、智、德等方面的教育内容都融会在艺术活动之中,因而这个课题的科学性是值得怀疑的。又如,一幼儿教师根据班上部分幼儿对同班一名智残幼儿有戏谑和欺侮的行为的情况,就提出"幼儿偏见"的研究课题,也显得理论依据不足。这是因为偏见是一个人表现出的对人和事的不公正的看法和态度,其形成的基础是个体已形成了独立的相关观念和稳定的态度,而幼儿的生活经验贫乏,认识水平较低,还不能形成独立自主的观念和态度系统,也不太可能对客观事物产生偏见。由此可见,要保证所选择的课题有科学性,研究者必须不断地提高自己的理论修养,形成良好的理论思维能力,能对现实中儿童的各种行为表现作出恰当的、正确的分析。

上述四条选题原则是相互区别、相互联系的。价值性原则指出了研究的方向和目标,可行性原则说明了研究的现实条件,创新性原则则反映了研究者的素质,科学性原则体现了研究的内在要求。只有全面综合地考虑这四个方面,才有可能选出好的科研课题。

二、选择科研课题的方法

研究者要能选出有价值的、适合自己研究的课题,除必须遵循上述基本原则之外,还必须熟悉和掌握一些具体的选题方法。下面我们将从三个方面对选择课题的基本方法加以阐述。

(一)从学前教育实践中表现出的问题中筛选科研课题

教育实践活动中反映出的各种问题是教育科研课题的重要来源。社会总是在不断发生各种变化,儿童的身心发展和学前教育实践活动必然会对此产生反映并出现各种各样的问题,这些问题需要人们不断地进行探索和思考。如在我国现代化进程中学前教育的现代化问题,面向高科技社会的幼儿科技教育问题,以及幼儿教育中幼儿的社会化与个性化的关系问题、当代幼儿教师的素质问题、市场经济条件下幼儿园管理的科学化问题等等都是迫切需要认识和解决的问题。从这些问题中筛选出合适的研究课题是研究者选题的重要途径。

那么研究者应如何从复杂多样的实践问题中筛选课题呢?首先,研究者可以抓住某个时期影响学前教育实践的关键问题来研究。如以上列举的各种问题都是现时期学前教育实践中迫切需要解决的问题,这些问题的解决对学前教育理论的发展和教育质量的提高有着重要影响,具有较高的研究价值。一般来说,一个时期影响学前教育的关键问题也常常是该时期研究的热点问题,选择此类问题进行研究,能与其他研究者形成讨论,有助于研究活动的深入,也有助于扩大研究的影响。其次,研究者可以将自己观察到的实践中有意义的、"感兴趣"的问题作为科研课题。有经验的学前教育工作者,只要留心观察、认真思考,就能从自己的实践活动中发现值得认真研究的问题,这些问题只要具有普遍意义,就可以考虑选为科研课题。例如,一位幼儿教师发现自己班上一个有"妹妹"(亲戚寄养)的幼儿在活动中表现出比其他孩子强的责任心,她想,如果让责任感不强的幼儿都有一个"妹妹"或"弟弟"是否能增强其责任感,于是她确立"用以大带小的方法培养幼儿责任感的实验"作为自己的科研课题;又如,一位教师发现一些幼儿在受到批评时会产生逆反心理,变得更执拗、任性,她就把"幼儿逆反心理产生原因的观察研究"作为自己的研究课题。这都是通过对教育实践活动进行观察和思考而选出的课题,这种选题方法比较适合学前教育的实际工作者。第三,研究者还可以从自己和他人成功的教育经验中去提炼课题。幼儿教师在教育教学活动中积累起来的丰富的经验是幼教科研的宝贵资源,若能将其进行收集整理,对其中的有效成分组织科学论证,往往会从中发现能对实践活动起到指导作用的规律。如"优秀教师的教育行为的研究"、"特级教师与幼儿互动作用的特点"等都是很有意义的课题。

(二)从对专业理论的学习和思考中发现课题

学前教育科学已经形成了包括众多学科的学科群,每门学科都有着自己的理论体系,这些理论作为人们对学前教育规律的认识成果,总是需要不断地完善和发展,因此,只要我们在学习学前教育的理论的过程中认真深入地思考,就能从中发现很多值得进一步研究的问题。通过这一途径来选择和确立研究课题,可以从以下几个方面入手。

1. 为证实某种理论观点而选择研究课题

学前教育是一个综合性的学科,各学科的理论观点既有研究者已通过运用系统的科学方法进行检验的,也有许多是研究者从其他相关学科移植或演绎而来、还没有经过系统科学的验证的,对这些理论观点进行科学检验,这本身就是学前教育科学发展的需要。如在我国的幼儿园教育中,通常是将幼儿按年龄大小分为班级,以班级形式组织教育活动和进行管理。而有人提出如果幼儿园将不同年龄的幼儿进行混合编班,将在教育上具有重要意义,能充分利用不同年龄儿童之间的相互学习、相互影响来促进儿童发展。这一观点就有验证的价值,如果将"幼儿园混合班教育实验"

确立为科研课题则不失其研究意义。

2. 根据不同理论观点之争来选择课题

同其他学科一样,学前教育也存在很多有争议性的理论问题,即对同一教育活动或同一教育现象,不同的人或不同的理论派别会提出各自不同的观点,存在着理论分歧。这些问题恰恰是比较敏感的问题,有些已形成研究热点。如遗传决定论和环境决定论之争,幼儿园是否能进行早期识字和阅读教育之争,儿童美术教育中是应培养技能还是应着重培养想象能力之争,儿童游戏的本质之争等等。可以说这些不同的理论都有一定的事实依据和理论依据,了解这些理论争论的历史、现状和争论的焦点,乃是发现问题、提出科研课题的主要方法。

3. 寻找有关理论的薄弱点和空白点

任何一个学科的理论发展总是呈现一定程度的不完善状态,即存在一定的薄弱点,甚至是空白点。因受社会实践影响,某些理论问题的另一些方面则不同程度地被忽略或者研究注意得不够充分,而呈现出薄弱或不足。研究者如果能在理论学习或思考中善于发现理论研究薄弱和不足的问题,并提出这些问题,也是选择和确立课题的重要策略。如在幼儿园教学活动的研究中,对教师教的方式方法研究得比较充分,而对幼儿学习活动的方法的研究就相对薄弱;在幼儿园的课程研究中,对课程的概念、目标、内容等的研究相对丰富,而对课程的评价的研究相对缺乏等。从这些理论研究的薄弱环节出发选择课题,对进一步丰富、完善理论有着重要的意义。

在理论领域中,选择研究课题,无论从哪个方面入手都要注意充分地熟悉并真正吃透有关理论的内容实质,并通过经常性地阅读有关的研究文献及时地掌握理论研究的进展,这样才能保证所选课题的科学性和价值性。

(三)在研究过程中发现新的课题

科学研究的过程是研究的认识不断深化和扩展的过程。在科研活动中,随着研究过程的展开,研究者往往会发展一些与课题相关的新的需要研究的问题,将这些问题明确并确立为科研课题是很多研究者常用的选择课题的方法。运用这种方法选题,首先可从对相关文献的研读中去寻找课题,在阅读文献时注重发现以前别人所完成的研究随着时间的推移和学前教育实践活动的发展而表现出的各方面的不足。其次,在研究过程中应注重观察研究对象的行为变化,发现新的值得认真研究的问题。如果观察到研究对象的行为发生非预期的变化,则可能是发现新的研究课题的契机,例如,某课题组在进行"以大带小培养大班幼儿的责任感的实验研究"的教育实验过程中,观察到刚入园的小班幼儿在"以大带小"的活动中表现出对大班幼儿的依恋现象,并能比非实验班的小班儿童更快更好地适应幼儿园生活。这就出现了新的值得研究的问题,即以大带小的活动方式能更有效地帮助幼儿适应新的环境。我们就可以从中选择新的研究课题。第三,在研究过程中注意不放过任何有意义的"特殊"现象。学前教育科研活动本身是一项复杂的社会实践活动,要涉及许多方面,如参加研究的各种人员(研究者、教师、幼儿等)、环境条件、研究工具和手段等等,研究过程中任何一方面的变化都可能是有"意义"的,隐蔽着某种可能未被认识的现象或规律,如果能及时被研究者抓住,则可能发现新的课题。

研究者要在研究过程中发现新的课题,首先应该有敏锐的洞察力,能在常人不注意的地方发现新的现象、新的问题,这就要研究者在研究过程中对各种情况保持高度的关注,同时要运用专业理论和专业实践经验及时对发现的各种现象和问题作出深入的分析,确定其研究的价值。

以上我们从三个大的方面介绍了在学前教育科研活动中选择科研课题的一些常见的途径和方法。其实课题选择是创造性很强的工作,选题的方法和途径多种多样,除上述常见的途径和方法外,还有诸如从科学技术的发展和进步所提供的新的认识角度来提出问题,从不同学科交叉的空白区域中选择课题等都是很好的选题方法。研究者可以根据自己的条件灵活地掌握和运用。

三、选择科研课题的一般程序

在科研活动中,科研选题是一个复杂的过程,要选择一个好的课题,除必须遵循一定的原则要求和掌握选题方法外,还要注意选题工作的程序。一般来说,选择一个课题有以下几个步骤。

(一)初步选出研究课题

要选出课题,研究者首先必须初步选出有研究意向的课题。初选课题的途径很多,既可以是从有关的科研部门下达的课题规划中挑选,也可以是研究者从自己在工作和学习中发现的实际问题或理论问题中筛选,还可以是接受有关的横向合作。但初选课题时应考虑所选课题是否符合自己的研究方向、自己对此问题是否感兴趣以及自己是否具有相关的研究条件等。

(二)对初选课题进行初步的探索

课题初步选定之后,研究者就应围绕课题研究的内容、方法以及研究的价值和研究的可行性等方面进行初步的探索。探索的方法有很多,如广泛地查阅有关的文献资料、课题组进行充分的讨论或向同行专家请教等,有必要时可结合实际进行初期预备性的观察、实验。通过初步的探索活动达到对所选课题有一个更明确、更深入的理解。若在这个环节发现初选课题不适合研究,可重新确定课题。

(三)将课题具体化

大多数情况下,初选课题概括性较强,问题所指不够确切,这不利于研究者对研究过程的操作,也不利于提高研究结论的可靠性。因此,对初选课题应有一个具体化的过程。课题的具体工作包括两个方面,即对课题适用范围的具体化和课题内容的具体化。

课题的适用范围主要是指预期的研究结论的应用范围,包括地域范围和被试的年龄范围、性别范围等。如"中国农村地区3~6岁幼儿智力发展状况的研究"这一课题中的适用的地域范围是"中国农村"(即中国大陆以农业经济为主的地区),被试的年龄范围为3~6周岁,性别范围包括男性和女性。课题的适用范围的确定决定了被试选取的范围和预期结论可适用的范围或区域。课题的内容范围是指课题研究的具体内容所涉及的领域范围。一般来说,范围越大,要研究的内容就越多越复杂。如上例课题的研究内容的范围包括智力发展的所有领域,即智力各个因素(记忆力、想象力、思维能力、语言能力等等)发展的水平和特点。在对课题具体化时,就是要求研究者根据自己的主、客观条件来具体确立上述课题两个方面的范围。只有条件允许,研究具备可行性,才可适当地扩大研究课题的适用范围和内容范围,以提高研究的价值。如将"中国农村地区"扩大为"中国大陆(包括城市和农村)"。当然,若条件不具备可适当缩小两方面的范围,减少课题研究的难度,如将"中国农村地区"缩小为"中国中部(南方)农村地区",将被试年龄范围中"3~6岁"缩小为"4~5岁",将"智力发展状况"缩小为"思维能力发展状况"等,这样一来原课题就变成了"中国中部(南方)农村地区4~5岁幼儿思维能力发展状况的研究",这一课题就比前一课题更具体、明确,研究难度相应降低。

(四)撰写课题论证报告

在前述三个方面的工作完成之后,研究者有必要撰写课题论证报告。其目的是对选择课题过程各个方面的研究工作进行一个总结,综合反映课题选择的有关情况。课题论证报告的完成标志选择和确立课题工作的结束,有关论证报告的内容和规范我们将在本章的第三节中进行详细讨论。

上述课题选择的一般过程的四个步骤体现了选题工作的顺序性,但这种顺序并非固定不变和机械的。在很多情况下,研究者在选题时要同时就上述几个方面综合考虑,有时研究者在撰写研究课题的论证报告时又会发现新的问题和新的矛盾,这样又会回到前面的工作上去重新探索,要认真选好一个课题,需要不断地思考、不断地征求各方面的意见,反复地进行修改。

第三节 科研课题的论证

一、课题论证的意义

研究者在选定科研课题和形成了该课题研究的基本思路之后,就必须对课题进行系统的、详实的论证。课题论证就是通过搜集和运用各种理论和事实依据对课题的科学性及课题研究活动的价值性和可行性进行确认和评估。广义的课题论证应包括两个方面的活动,一方面是研究者(或课题组)对选定的课题的研究价值、研究的可行性等所作的说明和深入的思考与讨论;另一方面是同行专家对研究者提交的论证报告所进行的讨论和评价。狭义的课题论证主要是指前者,即研究者(课题组)所进行的论证。课题论证的过程实质上就是确定课题选择的正确性的过程。在科研活动中课题论证有着重要的意义。

(一)能进一步确认课题的研究价值,明确课题研究的目标

一般情况下,研究者在初选课题时就已经对课题研究的意义和作用有了一定的思考和认识,对课题研究要达到的目标也会有一个初步的意向,但在初选课题阶段形成的这些认识和意向都不能满足科学研究的科学性和严密性的要求。而在课题论证过程中,研究者必须严格按照科学研究的要求,搜集可以搜集到的各种理论依据和事实依据,对课题研究的必要性及研究工作对理论发展和实践指导的意义作出详实的说明,同时就课题提出具体而明确的研究目标,构想出预期的研究成果。因而通过研究者个人对

课题的论证可以使初选课题研究的价值和目标具体化,同时通过同行专家的论证还可以使价值得到进一步挖掘、目标得到进一步完善,有利于研究者在后续的研究活动中对课题研究工作的理解和把握。

(二)课题论证是争取课题立项和经费资助的需要

研究者一旦选择和确立课题后,为争取社会对研究工作的认可和扩大课题研究活动的影响、改善课题研究的条件,往往会争取科研管理部门或其他部门的科研立项或经费资助。而科研管理部门或资助机构在决定是否立项和资助某个课题时,主要取决于他们对课题研究意义(价值)的认识和研究可行性的认可,而研究者对课题的论证主要是运用各种依据对课题研究的价值和研究可行性做详细的说明。在其他条件相同的情况下,课题论证越清楚、越深入充分,就越有可能争取到立项和经费支持。

(三)能充分展示研究者的科研态度和科研能力

在研究者呈示的课题论证报告中,有着多方面的内容,一方面有研究者对课题研究的目的和意义、国内外研究状况、预期的研究结果以及研究的主要方式方法的阐述,另一方面有研究者对自己(或课题组)已有的研究基础、技术职务职称、工作经验、研究队伍的组成结构等情况的说明,有的报告中还附有同行专家对课题及课题研究者的评价,这些都能充分地展示课题研究者的科学态度和科研能力,有利于课题研究工作获得来自不同方面的支持、甚至争取到同行的合作,以便进一步改善科研工作的条件,增强研究的实力。

二、课题论证的内容

广义的课题论证包括研究者对课题的论证和同行专家的评议。因这两方面的论证的目的不一样,其论证的角度和内容也各自不同。

研究者(课题组)对选择的课题进行论证时主要应从下列五个方面进行：

(1)研究问题的性质和类型。

(2)课题研究的目的和意义。即阐述某一课题的研究可以丰富和充实学前教育科学中哪一方面的理论,对学前教育的实践能起到哪些方面的指导作用等等。对这一内容的阐述应紧密结合与课题相关的理论发展和实践变革中的问题进行具体而严密的分析,避免空泛。

(3)该课题国内外已完成的研究的状况分析。研究者应在全面占有文献资料并对其进行认真解读的基础上阐述前人在与课题相关的研究中形成的结论和争论,并描述研究的发展动向,对研究取得的成就和留下的问题进行描述。在上述工作的基础上提出课题研究将在哪些方面进行突破和创新。

(4)课题研究的可行性分析。包括对课题研究的基本要求的分析和对研究者(课题组)已有的相关的研究基础(即已完成的相关的研究课题和研究成果),开展研究活动的主、客观条件(包括理论基础、队伍结构、研究经验、研究能力、时间、经费和其他物质条件)的说明。

(5)课题研究的策略、步骤和预期的成果形式。包括对研究内容的重点、难点的分析和确立以及相应的解决重点难点问题的方法,课题研究的主要形式、方法和步骤,预期的研究成果的形式(专著、论文、产品)等。

上述五个方面是对课题进行论证的主要内容,研究者必须按科研管理部门或资助单位的要求将这些内容综合起来,写出课题论证报告,其具体格式要求见附录1。

研究者(或课题组)将课题的论证报告上交到有关部门后,接受报告的部门一般应组织同行专家对课题的论证进行评议,这种评议也经常被看作是课题论证的一个重要部分,一些科研部门根据实际操作的经验,将其评议的内容归纳为7个方面16个问题,即：

1．课题研究依据
(1)课题研究的目的、意义。
(2)课题形成理论、实践、思维方法依据。
(3)与课题相关的国内外研究动态。

2．课题研究的目标系统
(1)课题目标的确切性。
(2)课题的目标体系。

3．课题研究的范畴
(1)课题研究的类型。
(2)课题研究的内容、对象、范围。

4．课题研究的方法、步骤、进度
(1)课题研究方法的预计效果。
(2)课题研究的落实程度。
(3)课题研究进度的可行性。

5．课题研究策略
(1)课题研究工作与常规工作的协调。
(2)课题研究的难点、重点、对策。

6．课题成果结构形式
(1)课题成果的组成结构。
(2)课题成果提供形式。

7．课题研究保证条件
(1)课题研究人员结构及任务的匹配。
(2)课题研究的经费预算和物资器件。

附录　课题论证报告实例①

两种文化中幼儿艺术教育的比较研究
（全国教育科学规划重点研究课题申请、评审书）

数据表

课题名称	两种文化中幼儿艺术教育的比较研究				
主题词	幼儿艺术教育比较				
课题类型	D	1. 重大课题　A. 国家重点　B. 一般课题 C. 青年基金　D. 教委重点　E. 青年专项			
学科分类	基础教育		研究类型	D	A. 基础理论　B. 应用研究 C. 调查研究　D. 综合研究
负责人姓名		性别		民族	出生年月
行政职务		专业职务			研究专长
最后学历		最后学位			担任导师
所在省（自治区、直辖市）					
工作单位				联系电话	单位：
通讯地址					邮政编码

---

①　摘自张燕、邢利娅编著：《学前教育科学研究方法》，北京师范大学出版社1999年版，第325~328页。

续表

	姓名	性别	出生年月	专业职务	研究专长	学历	学位	工作单位
主要参加者								

第一推荐人姓名		专业职务		工作单位	
第二推荐人姓名		专业职务		工作单位	
预期的主要成果	A D	A.专著 B.译著 C.论文 D.研究报告 E.工具书 F.电脑软件 G.其他			
申请经费 (单位:万元)		5万元	预期完成时间	2000年3月30日	

课题论证

1. 对研究课题的论证:本课题研究的基本内容、重点和难点,国内外同类课题研究状况,本课题的理论意义和实践意义。

   艺术活动(文学、音乐、美术)的特点是形象、生动,这与幼儿思维和情绪特点相吻合,对幼儿有很强的吸引力和独特的教育作用,在世界各国幼儿教育中艺术教育都占有很大比重,倍受重视。艺术活动进行得如何牵动着整个幼儿教育的质量,故此,艺术教育上的突破即是幼儿教育的突破。

续表

世界各国的幼儿艺术教育各有传统的优势,也各有偏颇不足。当前的主要问题是:就我国来讲,儿童的艺术教育受传统和习惯影响,既有知识的传授和摹仿一直是教学的中心手段,儿童只是学习现成的艺术形式,缺乏利用媒介特征表达经验和情感的尝试,一旦离开了样本,便无从下手。在国外,以儿童为中心的教育,由于师资难以胜任,走向了过度自由放任的道路。完全仰仗自发,儿童很难将自然表现与艺术表现相区别,发展艺术创造力。多年来国内外的艺术教育工作者深感各自教育的弊端,力求走一条新路。

在近年来的国际交流中,我们北师大教育系学前教研室与澳大利亚昆士兰理工大学学前系走到了一起。对方的幼儿艺术教育的力量很强,很有特色,从1993年两校开始接触,经过历时两年多的酝酿,意在两国间进行幼儿艺术教育的比较研究,解决上述国内外幼儿艺术教育中存在的实质性问题,发展一种培养幼儿的创造力,既强调幼儿自发的艺术倾向,又强调外部环境对调动和发展幼儿艺术能力的作用,既强调幼儿个人经验,又强调人类艺术遗产对幼儿审美和创造的催化作用的双向平衡的幼儿艺术教育实践和理论体系。

研究拟分两步走。第一步,在中国和澳大利亚双方大城市(北京、悉尼、布里斯班)、农村(山东、Gympie)、偏远农村(广西、Cunnamulla)各选好、中、差三个幼儿园,以一年为周期,采取直接观察和调查的方法取得幼儿艺术教育过程和结果的资料。通过比较,发现两种文化中幼儿艺术教育的特征和倾向,环境影响与幼儿艺术能力发展之间的关系,评判两国幼儿艺术教育的得失。

第二步,依据比较所得结论,设计适宜幼儿艺术创造力发展的教育方案,付诸实验,检验确认合理有效之后进行总结,阐明新方案的主要内容和理论依据,编写相应的高师学前教材和幼儿园教材。

本课题研究难点有二:其一是方法。具体于两个环节,即资料的收集和效果分析评定,需要有精心的科学设计,以提高研究的客观可靠性,保证研究的价值和意义。其二是方案设计。需以它的切实可行和创造性克服原有教育弊端,走出新路,实现研究目标。

本课题研究的优势在于它是由两国学者和教育实际工作者共同参加的双边立体合作研究,非单向孤立的研究。同时,它将以第一手材料为依据,展开定性、定量分析,而非从第二手文字材料出发的书斋式比较。比较的目标是建设性的,不局限于"知"的范围。因此,它能使我们更确切地了解两国幼儿艺术教育的得失,取长补短,建设具有中国特色的幼儿艺术教育,并对国际幼儿艺术教育做出贡献。

续表

2. 对课题实施和完成条件的论证:负责人的研究水平、组织能力和时间保证;参加者的研究水平和时间保证;资料设备,科研手段;课题组人员分工。

本课题研究负责人祝士媛教授从事幼儿教育工作43年,其中在高师从事教学、科研36年。专长幼儿文学和语言教育,有9部专著出版,是国内有影响的幼教和幼儿文学及语言教育专家,1993年被国家教委聘为国家教委艺术教育委员会委员。
    祝士媛教授曾担任北京师范大学教育系学前教研室主任11年,担任中国学前教育研究会秘书长16年,现任世界学前教育组织中国委员会主席,有丰富的工作经验和组织能力,曾成功地组织了全国4次学术研讨会,4次幼儿教育国际研讨会,且祝士媛教授多次出国参加国际会议和访问交流,在国内外幼教界都有较高的知名度。
    祝士媛教授自1996年起不再担任教研室主任,除教学和社会兼职以外,能有1/3时间从事研究工作,且本课题研究方向与其从事教学方向同一,完成课题研究具有时间保证。
    本课题研究者包括高师专门从事幼儿艺术教育教学的研究人员、教育实际工作者。高师人员至少可以拿出除教学和日常事务以外的1/3的工作时间,集中或分散使用。且这项研究与他们平时教学内容相关,时间上有充分保证。基层工作者只需调整一下工作重点,即可完成任务,已经表示了积极参与的态度。高师研究人员均有多年从事幼儿艺术教育教学和科研的经历,充分掌握艺术教育的理论和科研方法,其中特有从事文学、音乐、美术的人才,掌握专业理论和技能,有国际合作交流的经验。基层工作者皆素质优良。
    北京师范大学拥有丰富的研究资料,可资利用。教育系拥有研究所需的计算机及打印、复印、照相、录像设备。
    本研究采用观察、调查、作品分析和教育实验手段进行。
    研究人员的分工如下:
    (略)

注:有关预期研究成果、经费预算等项略。

思考题

1. 解释下列名词：

科研课题　　　研究方向　　　价值性原则

可行性原则　　创新性原则　　课题论证

2. 教育问题和教育科研课题有什么联系和区别？

3. 如何确立研究方向？试分析你个人应确立的研究方向。

4. 科研课题有哪些主要类型？

5. 选择和确立科研课题的意义是什么？

6. 选择和确立科研课题有哪些基本原则和主要方法？

7. 选择科研课题的一般过程可分为哪几个基本步骤？

8. 为什么要进行课题论证？应从哪几个方面对课题进行论证？

9. 试选择一个适合你研究的学前教育科研课题，并写出课题论证报告。

第三章 学前教育科研活动的设计

内容提要

科研活动设计就是对某个课题的研究活动和研究过程进行全面规划,科学的研究设计不仅能提高研究活动的质量,也能集中体现研究者的研究能力。本章主要讨论了科研设计中的假设的建立、文献资料的查阅、研究对象的选取和研究计划的形成等几个方面的问题,并介绍了解决这四个方面问题的基本方法。学习本章除应掌握科研设计的基础知识和基本方法以外,还应充分地理解科研活动的基本规律。

选择和确立研究课题只解决了"研究什么"的问题,而对确定的课题怎样研究则是科研活动设计所要解决的问题。科研活动旨在探索和认识事物的本质及其客观规律,而事物的本质和规律总是隐藏在纷纭复杂的表面现象之后,这使人们的探索和认识过程变得复杂而艰巨,因而,没有对活动的精心设计,很难达到预期的目的。同时,人们的科研活动总是在一定的社会环境和条件下进行的,不可避免地要受到各种因素的干扰和阻碍,如研究者时间的不充裕,研究物质条件的相对不足等等,要保证研究活动的客观性和连续性,尽可能提高研究的效率,也必须依赖研究者在特定的环境条件下对每一研究活动进行周密的安排和部署。

所谓科研设计,就是研究者在遵循科学认识的客观规律的前提下,对具体的课题的研究活动中各方面的工作和活动过程进行构思和计划,协调科研活动的各种要素,以便正确有效地达到认识客观事物的目的,获得科学结论的活动。对课题的研究活动进行设计,既是科研工作者研究水平的具体体现,也是科研过程中直接关系到研究活动成败的关键环节,因此研究者对此必须给予高度重视,系统地掌握科研设计的一般方法和基本要求。

科研设计的内容相当丰富,包括建立研究假设、分析和处理研究的内容和变量、选取研究对象、选择具体的研究活动方式和方法、制订研究方案等等。本章将重点阐述科研设计中的一般性问题,对各种不同研究方法的设计我们将在本书的后续各章节中进行讨论。

第一节 建立研究假设

一、假设及其在研究中的作用

课题的确立使我们明确研究应该解决的问题,即揭示问题背后的客观规律或找到解决问题的科学方法。要达到这一目的,就需要我们运用已掌握的理论知识和事实经验来提出研究假设,并运用科学的方法对研究假设进行检验和修正。用著名学者胡适的话说,研究应"大胆假设,小心求证"。

研究假设是在科研活动中研究者根据一定的科学知识和新的科学事实,对研究所要具体探讨的问题的本质或规律所作出的一种推测性论断和假定性的解释,是研究者针对某一研究课题在研究活动之前预先设想的、暂定的研究结论。

例如:如果选定"教师评价对幼儿自我评价的影响"为研究课题,研究者可以根据自己观察到的事实或已有的经验对上述的"影响"进行猜想或假定,如:

(1)教师对一个幼儿的评价越来越好,该幼儿的自我评价也越来越好。

(2)教师评价幼儿方法多样化能促进幼儿自我评价能力的发展。

(3)教师对幼儿的评价与幼儿自我评价的内容有一致性。

上述三种陈述就是从不同方面对"教师评价对幼儿自我评价的影响"这一课题所建立的三种假设。在研究活动完成以前,这些陈述的真伪还没有被确切地证明,因而它们只是假定结论,是假设。

为什么要给课题建立研究假设呢?假设在科研活动中有什么作用呢?

首先,建立假设是科学研究的必经之路。在科学研究中,假设是必不可少的,提出假设不仅体现了在科研活动中人的能动作用,而且有效地推动了科学的发展,成为人们发现规律、寻求真理的一个重要手段。现代社会科学的研究广泛地从自然科学研究中借用各种实证的研究方法,同样依靠建立研究假设和检验研究假设来揭示各种社会现象的本质和规律。

其次,假设为课题的研究活动提供了目标和方向。作为预想的结论,课题的假设一经建立,就使研究者有了明确的研究目标,即证明此假设的真和假。同时,也使研究者明确了研究活动应向什么方向努力,收集哪些方面的、什么性质的资料,这使研究活动变得具体、明确,避免了研究活动的盲目性。

二、如何提出研究假设

在课题研究中,建立一个好的假设,是探讨教育问题、发现教育规律、形成科学理论的前提,研究工作者必须善于为研究工作构思出合理的假设。一般来说,研究者可从下列几个途径来构思和提出假设:

1. 在对问题的阐述中提出假设

在选择和确立某个研究课题时,研究者往往已观察和积累了一定数量的无法用已知的理论进行解释的教育事实,即发现了尚未认识或解决的"教育问题",在明确"问题"的过程中,研究者多半会运用自己相关的理论知识和经验对问题的性质或解决方法进行猜想和假定,进而直接提出课题的研究假设。例如,在我国 80 年代开始的幼儿园课程改革的各种实验研究中,人们发现传统的分科教学的幼儿园课程表现出许多不利于幼儿全面、和谐发展的弊端,如重教学,轻其他教育活动形式;重智力发展,轻个性培养;重结果,轻过程等等。这就是发现了"教育问题"。在明确这些问题时,一些研究提出问题的根本是课程结构的不合理,解决问题的方法是运用现代的儿童观和教育观来重整课程系统中的各种因素,因而提出"综合课程"和"整体课程"等新的模式,这些模式中都包含有系列的研究假设。

2. 从对文献资料的分析中形成假设

分析和研究课题相关的文献资料是科研活动中的一项基本工作,各种类型的教育文献资料都在一定程度上反映了人们对教育现象及其发展变化规律的认识。这些认识成果为我们认识新的问题提供了多方面的借鉴和参考,可以成为我们构思课题研究假设的一个主要途径。如研究者在探讨如何提高儿童在单位时间内的学习效率时,查阅到的资料表明,大量研究证实小学儿童学习不良和其行为问题与社会适应不良有着密切关系。根据对这些资料的分析,研究者提出了"通过矫正儿童的行为障碍,增强儿童的社会适应可改善儿童的学习效率"的假设。

3. 从对问题的初步探索中提出假设

确定了研究课题之后,如果研究者一时缺乏对问题的认识,也没有足够的文献资料来支持其形成假设,研究者就可以考虑采用一定的方法,如观察、调查和实验等,对要研究的问题进行初步的研究,以获取一定的事实、经验,在此基础上提出假设。如行动研究法大都是采用这种方式来形成研究的假设的。

三、研究假设的基本要求

研究假设提出之后,能否有效地对其进行检验,是否能对研究工作起着良好的引导作用,需要研究者对其进行评价。美国学者伯格(Borg)和高尔(Gall)认为好假设应符合四条标准:

1. 假设应该有一定的理论的或事实的依据

尽管研究假设是人们在研究活动开始之前对课题研究结论的一种猜想、一种预测,但不能是毫无根据的猜测,而应该有一定的理论基础或事实依据,能反映研究者对要研究的问题的初步认识。因此,研究者在假设提出后,要能明确该假设有被检验的价值。不能被说明其检验的必要性的假设,是不能引导一个有价值的研究的。

2. 假设应说明两个或两个以上变量之间的期望关系

假设作为一种预想的研究结论应该是对事物发展变化的客观规律的一种预测,而规律则经常表现事物之间或事物不同方面之间存在的某种关系,好的研究假设应是在这种关系被揭示之前对其进行的预测,因而,它必须表现为对两个或两个以上变量之间的某种预期关系的具体说明。如前例课题"教师评价对幼儿自我评价的影响"的三个假设中,假设(1)中两个变量分别是"教师对幼儿的评价"和"幼儿的自我评价",说明的是这两个变量之间的因果关系;假设(3)中的两个变量是"教师对幼儿的评价"与"幼儿自我评价的内容",假设表述的是两者之间的相关关系。只有一个变量或对变量之间的关系不作说明,都不足以构成一个假设。

3. 假设应是可以检验的

在科研活动中建立研究假设的目的就是为研究活动确立一个具体目标,即检验或证明其真假,借以揭示假设所说明的变量之间的期望关系的存在与否。要达到这一目标,所建立的假设就必须是能够被检验的,即假设应具备可检验性。具有可检验性的假设首先要求假设中的用词必须是确切的,可以被操作性地定义和测量,能准确地描述课题中需要研究的具体问题。如"聪明幼儿创造性水平高"这一假设就显得太广泛,不能说明要研究的具体问题,假设中的"聪明"、"创造性水平"、"高"等词就是典型的笼统、粗略、难以操作与测量的概念,聪明与创造性水平之间的关系也显得模糊不清。如果要达到上述要求,就可以改为"在智商(IQ)测验中分数排在前25%的4~5岁幼儿在创造性水平测验中的平均分比排在后75%的同龄幼儿要高"。这样就使假设变得具体明确,使用的术语都具有可操作性。其次,假设的可检验性要求假设中表述的关系应该是现有的科学手段能够进行检验的。在此要特别注意的是,有些假设在理论上说是可以检验的,但由于研究技术和手段的缺乏,实际上难以检验。比如,"多动症幼儿的中枢神经系统的化学成分与一般幼儿有差异"等就属于这类假设。因为目前还没有成熟的技术来测定神经系统细胞的化学变化,使对这类假设的检验难以实现。

4. 假设在陈述上应尽可能简洁明了

一个好的研究假设除必须具备上述三个方面的要求之外,在表述上还应当是简洁明快的,冗长的表述经常会导致歧义,使人们产生误解,不利于人们在研究活动中对其准确地把握。如上述"在智商(IQ)测验中……"的假设虽然符合假设可检验性的要求,但却不符合简洁的要求,如果换成另一种表述"在4~5岁幼儿中,IQ测量分数与创造性水平测量分数之间存在正相关",则假设就简洁得多,而且包含了与前一假设相同的期望关系,也不损害其可检验性。

第二节 查阅研究文献

任何学前教育科学研究工作都应当在继承前人研究的成果之上进行,这就要求研究者广泛地占有和利用有关的文献资料。查阅研究文献并有效地利用研究文献,是研究者必须拥有的从事科学研究的基本功。

一、学前教育文献及其在研究中的作用

"文献"一词最早见于《论语·八佾》,宋代思想家朱熹注:"文,典籍也;献,贤也。"即"文"指知识和思想的记载,"献"是有渊博学识的人。后来"文献"一词演义为专门指学者的著述。如今,"文献"则是泛指运用文字、图形、符号、音像等手段记录人类知识的一切有价值的典籍,包括手稿、书籍、报刊、文物、影片、录音录像、幻灯片、缩微胶片和各种形式的电脑软件等。

学前教育文献则是指记载了有关学前教育知识和信息、对学前教育科学研究有价值的各种文献,它是对人类从事教育活动,尤其是学前教育科学研究的客观记录。

研究者在科研工作中查阅和利用各种文献资料对研究工作和研究者自身来说都有着重要的意义。

1. 查阅研究文献有助于选择研究课题和形成研究假设

科研课题的选择和确立是研究活动中一项复杂的工作,这项工作离不开文献资料的支持。首先,从对有关文献资料的分析中发现值得研究的教育问题是选择课题的一个重要途径和方法,许多研究者都是在对大量文献资料的批判性研读中来确定自己的研究方向,选择有价值的研究课题的。其次,研究者要分析课题研究的价值和意义,也离不开有关的文献资料提供的理论依据和对事实的记述与分析。再次,研究者通过阅读有关文献资料能扩展自己的思路,加深对问题的认识,为自己对问题的性质及可能的解决方法进行合理猜想提供了参考与借鉴,这又为其构思与形成课题的研究假设提供了帮助。

2. 查阅研究文献有助于提高研究的水平

各种学前教育文献资料作为对人类学前教育活动的客观记录,记载有大量对学前教育科研活动有价值的信息。研究者如果能根据相关课题的需要收集并阅读有关的资料,就可以掌握多方

面的内容,如和课题相关的基础理论和研究成果、研究的历史和现状、研究的趋势和动向、研究的方法与经验等等。对这些文献内容的全面把握是搞好课题研究设计、提高研究水平的重要条件,研究者可以从中发现哪些已达到较高研究水平、哪些是难以超越的内容,并寻找到前人或别人留下的研究中的空白点和薄弱环节,藉此选择课题研究的重点,提高研究工作的创造性水平,扩大研究工作对理论和实践的影响,避免了研究工作的不必要的重复。同时,研究者通过利用文献资料来借鉴他人对某一问题所采用的研究方法和成功的经验,吸取他人在研究过程中的教训,使自己的研究尽量避免可能产生的问题或错误,这一切都为研究者提高研究的科学性水平奠定了基础。

3. 查阅研究文献有助于提高研究者自身的研究能力,改善研究的主观条件

决定研究工作的成败或价值高低的一个重要方面,就是研究者自身的主观条件,即研究能力。研究能力是适应研究工作要求的研究者的一种综合素养,包括研究者在相关领域的理论修养和实践经验,对研究方法的掌握和运用的水平以及有关的研究经验。研究能力的形成与提高的一个重要途径就是研究者对相关文献的研读,尤其是集中在特定领域中进行的文献的研读,可迅速丰富研究者的理论知识,使研究者学会从不同角度来认识问题、分析问题,并了解和掌握有关的研究方法和研究经验。从这一点来看,对研究文献的查阅就不应仅仅是在研究活动需要时才进行,而更应该成为研究者一项"日常"的基础性工作。

总之,在现代各类科学研究中,文献的查阅和利用已变得越来越重要,有经验的研究工作者经常会在搜集和阅读研究文献上投入相当的时间和精力。据美国科学基金委员会、美凯斯工学院研究基金会的调查统计,科研人员在一个科研项目中用在研究图书情报资料上的时间要占到全部科研时间的1/3至1/2(见表3-1)。

表 3-1 社会科学和理工科各项研究活动的时间比例

科　　目	选定课题	情报搜集与信息加工	科学思维科学实验	学术观点的形成（论文）
社会科学	7.7%	52.9%	32.1%	7.3%
理工科	7.7%	32.2%	52.8%	7.3%

上表中的数据也是从研究时间分配的角度说明文献查阅在科研工作中的重要性。因而，作为一名科研人员，必须具备能迅速有效地从浩如烟海的各类文献资料中获取自己需要的信息并充分有效地利用信息的能力。

二、学前教育文献的种类

和学前教育科研有关的文献多种多样，按不同的标准可作不同的种类划分。如按不同的载体形式和记录技术，可分为手工型、印刷型、缩微型、视听型等；按其公开程度不同，可分为国外公开文献、国内公开文献和内部资料；按编辑出版的形式不同，可分为书籍、期刊、报纸、学位论文、音像资料、电子文献等。各类文献都具有各自不同的特点。了解文献的种类划分，有助于提高查阅资料的效率。下面我们对按编辑出版的形式不同而划分的几种类型的文献作一个简要的介绍和分析。

1. 书籍

书籍是各种形式的文献中品种最多、数量最大的一个门类，主要包括教科书、专著、资料性工具书和通俗读物等。

教科书也叫教材，它是为某个专业的学生的课程学习而编写的专业书籍，偏重于阐述某门学科（课程）的基本理论和基础知识，介绍学科领域内的研究成果和讨论的问题，在内容的选取和编排上有严格的科学性、系统性和逻辑性。一般来说，如果有关课题能收集到的文献资料较少，则可考虑首先从教科书开始收集材料。对一些最新出版的并附有大量参考书目的教科书应注意查阅，它可以帮助我们了解学术界对某些问题的研究的进展,并提供进一步检索资料的重要线索。但由于教科书出版周期较长、内容更新速度较慢,因而较难跟上学术研究的最新进展。

专著是就学前教育领域某一学科、某一专门问题进行系统全面深入论述的著作,其内容专业性强,有一定深度。在专著中作者往往系统地阐述和讨论某一问题产生和发展的历史,人们对其研究的历史进程、研究的方法与成果,不同学派的观点和争论,分析问题的现状及其发展趋势,并结合阐述介绍大量新颖的材料,反映学术研究的最新进展,同时表述自己独到的见解。而且,专著中还经常附有大量的参考文献和书目。由此可见专著的内容对科研工作者的研究工作有着较高的参考价值,研究者应注意查阅。

资料性的工具书主要有辞书(辞典)和百科全书两种。辞书既有通用的辞书(如《辞海》、《辞源》等),又有专业性辞书(如《幼儿教育百科辞典》)。它是以条目的形式阐述各种名词术语,内容规范、准确。百科全书则是对人类一切门类或某一门类知识进行完备概述。如《中国大百科全书》和《大不列颠百科全书》等都是对人类所有门类知识的概括性阐述。而《学前教育百科全书》、《教育国际大百科全书》等则是对学前教育科学领域和教育科学领域的知识进行完备阐述的专业性百科全书。百科全书经常是按学科不同而分卷编写,在内容上不仅解释有关名词术语的定义,而且还概括性地介绍有关问题的渊源和研究的历史与现状、研究的主要成果与方法,着重反映当代最近的学术成就。百科全书一般由各个领域内的专家学者撰稿,编撰时既注重对研究资料进行全面的汇编和概括,又注重知识的科学分类,因而对问题的讨论全面、系统、深入,是科研工作者不可忽略的文献资料。研究者通过查阅百科全书不仅可迅速获取有关的基本理论知识,而且可获得较新的学术研究的信息。学前教育的科普读物则多是为普及学前教育科学知识而编写的通俗读物,一般来说内容浅显、文字通俗,较少有新的信息。

2. 期刊和报纸

期刊是指定期或不定期连续出版物,定期出版的期刊按出版周期不同,有周刊、月刊、双月刊、季刊等。期刊报纸出版周期短,更新速度快,内容新颖,论述深入,能及时反映研究活动的动向,是科学研究者重要的参考文献。而且期刊报纸的数量大、种类多,仅就期刊而言,我国现有的教育专业期刊就有400多种。学前教育科学领域或相关学科领域的期刊主要有以下几种类型:

(1)专业学术性杂志。这类刊物主要刊载科研工作者撰写的科研论文、各种形式的研究报告,对问题的讨论和阐述较充分、深入,理论色彩浓厚。对与自己的研究方向有关的学术杂志,科研工作者应经常阅读,在研究活动中尤其应注意查阅内容与课题有关的篇章。目前在学前教育科学领域中较有影响的有由中国学前教育研究会主办的《学前教育研究》。此外,在我国,与学前教育关系密切的教育科学类、心理科学类和卫生保健类的学术性杂志多达几十种,并有大量的外文杂志,研究者都应注意查阅。

(2)专业综合性杂志。专业综合性杂志主要是指兼容理论研究与实践指导的刊物,每期杂志既刊载一定数量的理论性文章或研究报告,又刊载教师有关教材教法方面的探讨和教育经验交流方面的文章。在我国学前教育领域有较大影响的有《学前教育》、《幼儿教育》《幼教园地》等,此外还有一些地方或部门的未公开出版的这类刊物。这类刊物能及时反映学前教育实践活动的动态,对研究工作也具有较好的参考作用。

(3)文摘类杂志。这是一种情报索引刊物。如中国人民大学情报资料中心编辑出版的各门学科的复印资料就属这类杂志,它将全国各种报刊发表的文章和研究报告按学科汇总,编印成册,定期出版,内容有全文复印和篇目索引,可帮助研究者及时掌握某一特定课题的文献概况。

报纸是以刊登新闻报道和评论为主的定期连续出版物,大多为日报或周报。报纸出版迅速,内容新颖,发行量大。我国正式出版的报纸有数千种,经常刊登教育类的新闻,反映教育(包括学前教育)研究成就和实践动态。像《教师报》、《中国教育报》、《光明日报》和《文汇报》等报纸都有教育科学版,定期刊载教育方面的理论性文章,其中不乏有关学前教育的文章。

3. 教育档案类

档案资料是人类在各种社会实践中直接形成,并具有保存价值的原始文献资料,其种类和内容都极为丰富。主要种类有教育年鉴、学术会议文献、学位论文和有关教育机构的档案资料等。

年鉴是系统汇集一年内重要的事件和统计资料的工具书。教育年鉴的主要内容有教育方面的学术动态和教育实践、教育政策等方面的情况,其中的统计资料对研究工作具有重要价值,有些年鉴还附有重要学术论文的目录、摘要和出处,供读者查阅。我国和教育有关的年鉴主要有《中国百科年鉴》、《中国教育年鉴》、《中国教育统计年鉴》和地方(省、市)年鉴。

学术会议是各专业领域内的研究者或学者交流各自研究成果的重要场所。各级学前教育专业学术团体都定期或不定期地召开各种学术会议,交流各自最新的研究成果,研究学术问题。一般众多与会者会向大会提交大量的论文或研究报告,而且主题内容相对集中,因而往往有大量有价值的信息。

学位论文是高等学校或研究机构的学生为申请学位而撰写的科研论文。一般来说,硕士学位论文和博士学位论文是在专题研究完成之后撰写的,并有导师的指导,因而体现了较高的研究水平,对问题的讨论比较深入,学术性强,具有重要的参考价值。但学位论文大多没有公开发表,查阅有一定难度。

有关的教育机构,如托儿所、幼儿园、学校也都保存有大量的档案资料,这些档案有园(所)务工作计划、会议记录、教师教育活动计划(教案)、教育工作笔记、儿童保健资料和幼儿作品等,这些资料在学前教育科学研究中也经常表现出独特的价值,如可为研究者形成研究假设提供各种事实材料等。

4. 电子文献

所谓电子文献,是以数字形式存储在光盘、磁盘上,需借助计算机阅读的各种文献资料。随着计算机科学尤其是网络技术的发展,电子文献的数量急剧增加,各种电子版图书和文集不断出版,越来越多的图书馆、情报资料机构、各级各类教育机构、政府机关、学术团体以及报纸杂志等都在国际互联网上建立自己的站点,定期发表各种信息,上载书籍和文章,使国际互联网成为一个巨大的信息库。在学前教育方面,国内已经建立了"中国学前教育网"、"天才幼教网"、"中国幼儿园名录"等许多专业网站,还有为数不少的我国港、台地区相关网站,而英、日、法等外文网站更多,这些网站中都有不少值得了解的内容,对科研活动也具有参考价值。和其他种类的文献相比,电子文献有容易保存、便于检索的特点。

三、学前教育文献检索的方法

文献检索就是研究者运用科学的方法从图书馆和资料中心查找文献资料的活动。在当代社会,随着科学研究活动的广泛开展和科学技术的进步,每年都有大量的文献出版发行,再加上长期的积累,使人类的文献资料浩如烟海。在研究活动中能根据研究的需要,快速有效地从数量庞大、种类繁多的文献中检索出有价值的情报资料,应是每个研究工作者必备的能力。

要快速有效地检索出所需文献,就应作好充分的检索准备。检索的准备工作有两个方面:一是确定要检索的资料的主题,找出"关键词"。检索资料的主题往往是和课题或研究内容一致的,而"关键词"则应是和研究的中心内容相关的名词术语。如选择的研究课题是"幼儿园课程现代化",其文献资料检索的主题就应是"幼儿园课程",检索的关键词可以是"幼儿园"、"课程"和"现代化"。二是要确定合理的文献检索范围。是否能确定出一个合理的检索范围关系到检索活动的效率。范围过大则有价值的文献检出效率低,在时间和精力上都显得不经济;范围过小容易遗漏一些有价值的文献资料。一般而言,文献检索的范围与课题所涉及的学科和领域相关。研究应根据课题的研究内容,以内容所涉及的学前教育科学的某个具体学科的某个方面的著述为核心,逐渐扩大到其他相关的学科的论述与课题有关的问题的文献。要确定合理的检索范围,研究应对有关内容有价值的资料所集中的学科领域或可能的出处有一个初步的了解和判断,同时能根据课题的类型不同来确定需要重点检索的文献的类型。如理论性课题的文献资料一般多集中在专著和相关类型的期刊上,检索时就应以有关专著和学术性杂志为重点。

在完成了文献检索的准备工作之后,就应该运用科学的方法来从确定的范围内搜索和检出需要的文献资料了。就一般而言,搜集研究文献的主要方法有两种:

(一)检索工具查找法

检索工具查找法即利用已有的检索工具来查找所需文献资料的方法。现有的检索工具可分为手工检索工具和计算机检索工具两种。

手工检索工具主要有目录卡片和资料索引两种。

目录卡片就是摘录文献资料的主要信息按一定格式制作而成的卡片,主要内容有文献的题目、作者、出处、发表年月、编号等。一般的图书馆或资料中心都对其收藏的文献制作了目录卡片,并按某种方式分类存放,便于使用。一个较完善的图书馆一般同时具备三套目录卡片,即分类目录、书名目录和著者目录,研究者可根据自己的情况选择其中一套使用,也可同时使用多套目录进行检索。

资料索引是汇集了一定时间内各类文献的题目、出处和作者姓名的检索工具。其特点是分类明确统一、检索方便快捷。其主要种类有综合目录索引、报刊目录索引、专业目录索引等。目前,供学前教育科研工作者使用的主要是有关情报部门编辑的综合性或专业性索引(如《报刊资料索引》、《中文报刊教育论文索引》等)和各种期刊每年最后一期刊登的该期刊全年目录索引。

计算机检索工具是由计算机程序人员编制的、储存于计算机中帮助读者查阅文献资料的软件。一般又分为两种:一种是图书馆或资料中心使用的文献检索系统,它和该图书馆或资料中心的数据库连接,读者能利用它来从数据库中检索出所需资料;另一种是国际互联网上的各种网站上的搜索引擎,如"搜狐(Sohu)"、"中文雅虎(Yahoo)"等网站上都有搜索引擎,读者利用搜索引擎可以从庞大的互联网中搜寻和阅读所需文献资料。计算机一般都带有"打印"或"下载"功能,能帮助读者把所需资料用打印机打印出来,或"下载"到磁盘上。计算机检索工具操作简便,尤其是在互联网上搜寻资料时不受地域限制,可随时修改调整检索策略,具有更大的优势。利用计算机检索工具查阅文献资料时,有两种操作方法可供使用:一种是利用电子查阅系统提供的分类目录,根据研究工作所需资料所在的学科或领域,进入相应的栏目来搜寻所需资料;二是利用电子查阅系统提供的搜索功能,将确定的关键词输入搜索功能的对话框,让计算机在数据库(或互联网)中进行搜寻,然后在计算机提供的搜索结果所列出的相关条目中查找或阅读所需的资料。

(二)参考文献查找法

参考文献查找法又称引文查找法或追踪法,是读者以已掌握的文献中所列出的引用文献、附录的参考篇目作为线索来查找所需文献资料的方法。采用这种方法一般是从自己掌握的最新资料开始,根据其引文或附录的参考文献去查找过去的相关文献,再根据查找到的过去的文献资料的引文和参考文献去查找更早一些的相关文献,依次类推。

参考文献查找法的优点是查找范围比较集中,资料的获取迅速方便,而且能迅速地查找到反映最新研究成果的资料,还可不断地扩大线索。但存在着引文和参考文献受原文作者的主观性的影响,使查找资料的范围和数量受制约,容易疏漏有价值的资料的缺点。因而在使用此种方法时一是要注意查阅比较有权威性的综述或专著,二是和其他方法结合使用,以尽可能克服上述不足。

要想快捷有效地获取所需的研究资料,除应掌握和运用正确的文献检索方法外,研究者还必须对与自己的研究方向一致或相关的文献资料的出版和发表保持经常性的关注,并尽可能地阅读和记录有关内容,这样在研究活动中就能对文献资料做到"心中有数",这对收集文献资料是大有裨益的。

四、学前教育文献的阅读和记录

(一)文献阅读的方法

检索文献的目的就是要从各种文献中找出对课题研究活动有参考价值的各种资料和信息。要达到这一目的就必须对检索出的文献进行系统的阅读。

1. 浏览

浏览就是对搜集到的各种文献进行粗略的快速翻阅。浏览的主要目的就是了解各种文献的主要内容,初步判断文献的价值,在此基础上对文献去粗取精,适当缩小阅读范围,提高阅读的效率。要实现上述目的,读者在浏览时应注意以下要领:第一,明确阅读目的,在浏览时要边了解文献的主要内容,边判明其对研究活动的参考价值,将参考价值较大的文献清理出来,以备后续阅读。第二,要善于抓住要点,对篇幅较长、容量较大的文献,要根据其不同部分与研究课题的关系的密切程度,有选择地进行阅读。如浏览书籍时,先从目录中找出重点章节进行阅读,对与研究活动无关的章节可以跳过;浏览论文时,将重点放在文章的主副标题和主要论点上;浏览研究报告时,重点审阅报告的文献综述、研究结论和问题讨论等部分。第三,要边浏览边进行文献分类,即通过浏览后对各种文献的初步了解和判断来按某种标准(如按参考价值的大小、按内容不同或按时间顺序)对需要进一步研读的文献进行分类,并做好标记,以备进一步查阅。

2. 粗读

粗读就是对浏览后选出的文献进行快速的通读。粗读的主要目的是较快地了解文献的主要内容,并从中发现对研究有参考价值的重要观点、数据和事实。研究者应采用粗读的方式在有限的时间内尽可能多地涉猎各方面的文献材料,这样一来,一方面可以具体地了解本学科、本专业范围内当前研究的概貌,即讨论的主要问题、争论的焦点、取得的最新成果、研究活动的趋向等等;另一方面可以扩大视野,获得启示。另外,在粗读时,研究者应将注意力集中在文献中的基本观点和重要的事实、数据上,并结合自己的知识经验对文献的观点、事实和数据的科学性、价值性作出初步判断,对所读文献的参考价值作出比较,挑选出有重要参考意义的文献供精读使用。

3. 精读

精读是在粗读的基础上所进行的一种求通、求透、求新的阅读。通过精读,研究者不仅要全面地掌握文献的内容实质和不同内容之间的逻辑关系,而且要通过质疑和批判对文献所论述的问题形成新的思考,提出新的见解。它是科研工作者有效利用研究文献的一个重要环节。

研究者在精读一部(篇)文献时,首先要力求对文献内容的透彻理解,对文章表述的观点、呈示的事实和数据要仔细推敲,深入思考,对文献内不同的观点要进行比较分析,并且对文献各个部分的逻辑关系要全面分析和把握,对各种类型的研究报告中所描述的研究方法、各种数据和有关结论要研究和鉴别,并判断其科学性和客观性;其次要在理解的基础上力求在阅读中有所发现,获得启示。检索和阅读文献的最终目的在于运用,即充分利用文献中有价值的内容材料来指导自己的研究活动。要实现这一目的,研究者就要做到批判性或创造性地进行阅读。所谓批判性阅读,就是要求研究者带着怀疑的眼光去阅读文献,逐一审视文献中的观点、事实、数据和研究方法、研究结论,甄别其科学性、客观性和合理性,力图从中发现疑点和问题;同时要试图从不同的角度来分析文献,用不同方法来解释文献中引用的事实和数据,力求从中受到启发,形成新的思路,发现新的问题,为自己在研究活动中选择课题、建立假设、形成结论等环节的工作做好准备。

(二)文献资料记录的方法

要深入地理解文献并充分地利用文献,研究者在阅读文献时就应做好有关文献资料的记录工作。所谓记录,就是在阅读时对文献中有价值的资料进行标记和摘录,供进一步的分析研究之用。对有价值的资料进行记录,不仅有利于研究工作者对文献资料的利用,还可以帮助记忆、锻炼思维、提高文字表达能力。在研究活动中记录资料的方法主要有:

1. 标记和批语

标记资料就是在阅读文献时,根据自己的习惯用各种符号(如圆点、圆圈、着重号、问号)将文献的重点、难点、疑点等标志出来。注意标记不宜过多过密,否则难以突出有用的资料,会失去标记的意义。批语则是在所读文献的空白处用简洁的词句记下自己对有关内容的评论、见解和疑问等。

2. 摘录

摘录即是在研读文献时将文献中有价值的、自己需要的部分研究资料有选择地抄录在文摘卡片或读书笔记上,以方便在课题研究中使用。在摘录有关资料时要注意准确,不随意改动原文字句,不断章取义,而且应注明资料的类型、主题、作者姓名和出处,便于查找与核对、引用。在摘录到文摘卡片时应尽量做到一段资料一张卡片,这样便于资料分类,也便于存放和使用。

3. 撰写文献综述

文献综述是研究者在全面搜集和广泛阅读的基础上,通过归纳整理、分析鉴别和比较,就一定时间内出版发表的有价值的文献的主要内容所撰写的评述。在许多课题的研究活动中,系统地归纳和概括已有的文献资料,撰写文献综述是研究活动极为重要的一个组成部分。通过撰写文献综述可以全面深入地分析某一专题已经获得的研究成果和已达到的研究水平,了解该专题研究的动态,发现研究中存在的问题,这不仅为研究者确立科研课题提供了理论依据,还能帮助研究者分析研究内容,明确研究的方向,而且还能为课题研究中建立假设、形成结论提供思路或准备必要的研究材料。

文献综述不能是对文献资料的简单摘录和拼接,而必须是研究者在对文献内容批判性阅读的基础上,根据研究工作的需要从总体上对各种文献资料进行概括性叙述和评价。一般来说,对一个专题(或某个课题)的文献综述应有三个方面的内容:(1)问题提出部分,主要概括问题的性质、特点、研究的重要性等。(2)主要研究成果的概括和分析,这是综述的主要部分,主要应系统阐述某项专题研究活动的历史发展,概括各个研究阶段的成果和研究活动的特点,具体分析和比较不同国家、不同理论派别在研究方法、研究结论等方面的差异,并给以客观公正的评价,明确指出各自的优点和不足,并分析其产生的背景和原因。(3)研究趋势预测。在全面分析和概括已经完成或正在进行的研究活动的基础上,分析该专题的研究活动今后应该努力的方向或发展的趋势,明确提出目前的研究必须解决的主要问题。

研究者在撰写文献综述时要注意首先应坚持概括文献的全面性和代表性的统一,即点面结合。既要广泛地概括各个时期各种类型的文献内容,又要突出重点,充分地突出文献中有影响的、能体现研究最高水平的文献。其次,综述文献既要客观、准确,又要有一定的针对性,能满足具体课题研究工作的需要。最后,综述时行文要简洁利落,提纲挈领,做到让人一目了然,印象深刻。

第三节 选取研究对象

研究对象就是研究活动的分析单位,在学前教育科学研究中,研究对象通常是作为个体的婴幼儿、教师或家长,但在一些课题研究活动中,其研究对象也可以是教育机构(如幼儿园、学前班等)或行政区域(如区、县、市等)。作为研究活动的分析单位,一方面研究对象是研究所需资料的源泉,即研究必须通过对研究对象活动的观测来获取赖以形成科学结论的事实资料,另一方面它又是研究结论适用的主体。因此,如何采用科学的方法来选取研究对象以提高研究结论的科学性和有效性,就是研究活动设计必须认真对待的一个问题。

一、抽样及其在科研活动中的意义

抽样是科研活动中选取研究对象的方法。要理解抽样就应首先了解总体和样本等基本概念。

所谓总体,又称研究总体,它是指在课题适用的时空范围内研究对象的全体,即全部研究对象的总和。因学前教育科研探索和揭示的应是某种教育活动的一般规律,其适用的对象往往是一个数目庞大的群体,要对该群体中的每个对象进行研究就面临许多困难和障碍。因此人们经常是从研究总体中抽选一部分对象作为直接的研究对象展开研究活动。这些从总体中抽取的、对总体具有一定代表性的部分个体就称作样本,样本中个体的数量就称作样本容量,按照一定原则从总体中抽选样本的过程就叫抽样,它是研究者选取研究对象的方法和程序。抽样在科学研究活动中有着多方面的意义:

1. 解决总体研究难以进行的困难

如前所述,在学前教育科学中研究总体的数量往往很多,截至1997年,我国有各类学前教育机构18万多所,在职教职工为60多万人,入园(所)婴幼儿达到2 000多万,没有入园(所)的婴幼儿数量更多,而且这些机构和人员分布在全国各地。研究活动要研究总体中的每个个体面临许多难以克服的困难,实践上几乎是不可能的。因而要设计切实可行的科研活动,而且同时保证科研结论的准确性,就必须采用某种抽样方法从总体上抽选具有代表性的样本,以样本为直接的研究对象开展研究。

2. 节省研究资源,提高研究效率

因总体数量大,以总体为研究对象必然耗费大量的时间、人力和物力,这既不经济又难以达到研究目的。因为一般研究难以具备全面以总体为研究对象的各种客观条件,难以完成研究工作,同时,有些课题的研究对研究结果的时效性要求较高,必须在相对较短的时间内获得结论。要克服这些困难,就必须抽选一个有限数量的样本,依靠对样本的研究来获得可靠的资料数据,这样就能节省时间、人力和物力,提高研究的效率,达到研究对时效性的要求。

3. 提高研究结论的准确性

从理论上说,对总体中的每个个体进行研究,可全面占有资料,获得准确可靠的结论。但实际上由于研究对象数量过大,需要参与研究的人员过多,此外,对资料的占有虽然全面,但资料处理的规模巨大,这无疑会增加研究过程中发生错误的机会或概率,反而会影响资料的准确性和可靠性。通过抽样将研究对象控制在合理的数量上,无疑会减少误差发生的机率,提高研究资料和研究结论的准确性和可靠性。另外,以总体为研究对象制约了研究方法的选用,像观察法、访谈法和实验法都无法处理数量过大的研究对象,也只有通过抽样来控制直接研究对象的人数,满足科学方法的要求,提高研究活动的质量。

二、抽样的一般程序

抽样是从总体中选取样本的过程,这个过程应包括四个基本的步骤:

(一)规定研究总体

规定研究总体就是为课题的研究活动确立一个理论上的抽样范围,也是为研究结论预设一个应用的范围。总体的大小一方面影响了课题研究结论的推广价值,一方面又制约着样本的来源与数量。一般地说,总体的数量和分布范围大,研究结论的推广范围也大,这有利于提高研究的价值,扩大研究的影响,但却会给研究抽样和保证研究的科学性增加难度。因此,研究者在规定研究总体时,一定要慎重地处理研究活动这两个方面的关系。

对研究总体的规定包括规定总体的个体类别或分布范围两个方面。其中对总体中个体类别(如具备某些特征的儿童或教师等)的规定是和选择与确立研究课题一同进行的,课题研究的内容与哪方面的人员或机构相关,自然这方面的人员或机构就成了课题研究的对象。如"新入园幼儿在教育活动中行为表现的观察研究"这一课题的总体就是某个学年初期全国各级各类幼儿园小班刚注册入园的所有幼儿,而"幼儿教师继续教育状况的调查研究"课题的研究总体就应是全国所有在编的幼儿教师。至于总体分布范围大小的规定则必须根据研究的目的,通过对课题的限制来进行。对以上两例课题,如果因研究条件所限,难以从全国范围内来抽取样本,而预计难以在可能的条件下使研究形成的结论可在全国范围内推广,就可根据情况通过对总体附加某些条件来对课题进行限定,以此缩小总体范围,如将课题变为"城市新入园幼儿在教育活动中行为表现的观察研究"和"××市幼儿教师继续教育状况的调查研究"。

(二)确定样本容量

样本容量即样本中个体的数量。在一般情况下,样本容量越大,其对总体的代表性越好,若样本容量过小则容易使样本失去代表性。但样本容量愈大,则研究活动所需人力、物力和时间愈多。要为研究活动确立一个合理的样本容量,应综合考虑下面四种因素:

(1)研究类型,不同类型的研究对样本中个体数量有不同的要求;(2)总体的同质性,即总体中不同个体在研究变量方面的相同或相近的程度,同质性好则较小的样本就具备对总体的代表性;(3)研究者具备的时间、人力和物力;(4)取样方法。

根据对上述四种因素的分析,有经验的研究者提出了不同数量的总体应选取的研究样本的参考值。

表 3-1　从给定的总体确定样本大小一览表①

N	S	N	S	N	S
10	10	220	140	1 200	291
15	14	230	144	1 300	297
20	19	240	148	1 400	302
25	24	250	152	1 500	306
30	28	260	155	1 600	310
35	32	270	159	1 700	313
40	36	280	162	1 800	317
45	40	290	165	1 900	320
50	44	300	169	2 000	322
55	48	320	175	2 200	327
60	52	340	181	2 400	331
65	56	360	186	2 600	335
70	59	380	191	2 800	338
75	63	400	196	3 000	341
80	66	420	201	3 500	346
85	70	440	205	4 000	351
90	73	460	210	4 500	354
95	76	480	214	5 000	357
100	80	500	217	6 000	361
110	86	550	226	7 000	364
120	92	600	234	8 000	367

① 裴娣娜:《教育研究方法导论》,安徽教育出版社 1995 年版,第 120 页。

续表

N	S	N	S	N	S
130	97	650	242	9 000	368
140	103	700	248	10 000	370
150	108	750	254	15 000	375
160	113	800	260	20 000	377
170	118	850	264	25 000	378
180	123	900	269	30 000	379
190	127	950	274	50 000	381
200	132	1 000	278	75 000	382
210	136	1 100	285	1 000 000	834

注 N:总体大小 S:样本大小

(三)抽取样本

完成上述两个方面的工作后,就应该开始采用一定的方法从规定的总体中抽选出符合研究要求的样本了。抽样的方法很多,不同的方法适用于不同的条件,能满足不同的要求,研究者应根据研究的目的和对样本代表性的要求来选取合理的方法。

(四)判断并纠正抽样偏差

所谓抽样偏差是指抽取的样本的个体组成在某些方面与总体的个体组成不相同,偏差大,则样本对总体的代表性差。如前两例"幼儿教师继续教育状况的调查研究"的课题中,其研究总体应是所有在编的幼儿教师,如果我们的样本只集中在城市幼儿园抽取,则样本中因缺少农村幼儿教师而出现偏差;如果样本中的教师过于集中在某一年龄阶段,就使样本中个体的年龄结构和总体年龄结构不一致而出现偏差。这些抽样偏差往往使研究的结论不准确,必须予以纠正。一些对研究精确度要求较高的研究在抽取样本后,应运用专门的方法对偏差进行计算,力求将其控制在可接受的水平。一般情况下,研究者可以通过对总体结构与样本结构的分析和比较来判断抽样是否有偏差及偏差程度。如果偏差过大,必须通过重新设计和重新抽样来进行纠正。

三、抽样的基本方法

抽样的方法很多,根据抽样是否按随机性原则进行可将其分为随机抽样和非随机抽样两大类。随机性原则就是指抽样时应使总体中每个个体都有同等被选入样本的机会或概率。

(一)随机抽样的主要方法

随机抽样也叫概率抽样,就是在抽取样本时,严格遵循随机性原则的抽样,即通过某种随机化过程以保证总体中每一个个体(单位)都有同等被选入样本的机会。随机抽样的主要方法有:

1. 简单随机抽样

简单随机抽样是一种较为简便的随机抽样方法,具体的操作方式有两种:①抽签。即将总体中的每个个体都编上号并将每个号码写成一个标签,然后将所有的标签放入一个器皿进行充分搅拌,使之均匀后,从中抽取所需数量的标签,被抽取的标签上的号码所代表的个体即为样本。②随机数表法。随机数表是经过统计专家严格编制的、数字随机排列的一种工具表格。利用随机数表时,也需要先给总体中的每个个体编号,然后在随机数表中确立一个"起点数",由此开始按某种顺序或方向(如从上到下或从左向右)在数字表中查找和个体编号相同的数字,每找到一个即将该数字的编号指代的个体选入样本,直至选够数目为止。这种抽样方法也可利用计算机上的随机数字功能来进行。

简单随机抽样方法直接,使用方便,尤其是在总体中的个体之间差异较小或总体数量较大时是一种较好的取样方法。但运用此方法时,事先编号费时费力,而且在总体数量不大时,抽样偏差较大。

2. 系统随机抽样

系统随机抽样也叫等距抽样,这种抽样方法是先将总体中各个个体按某一标志或顺序排列并编上号码,然后计算出抽样间隔,从第一间隔中选出一个号码作为样本号,尔后按数量的相等间距从每一个间隔中抽取一个个体,直至抽满规定的数目为止。如要从5 000个幼儿中抽出100名幼儿做样本,先给5 000个幼儿排序编号,然后求抽样间隔。具体的计算方法为:

$$K = \frac{5\ 000}{100} = 50$$

算出抽样间隔后,再从第一间隔0001—0050中确定一个号码,如确定0021作为第一个号码,最后作等距抽样,0021、0071、0121、0171……直至选满100个个体为止。系统随机抽样既简便,又能保证从总体的全范围内选样,和简单随机抽样相比,能较好地控制误差,因而比较常用。

3. 分层随机抽样

分层抽样也叫类型抽样、配额抽样。这种方法是研究者基于事先对总体的了解,将总体分为若干个层次或类型,然后根据各层次(类型)的个体在总体中所占比例来给各层次分配样本数,再分别在各层次中进行随机抽样以获得规定数量的样本。如我们已知某市已有幼儿园800所,根据研究目的,我们可以按其举办者不同将其分为四个类型,了解到各类型占总体比例分别为:事业单位举办160所、企业单位举办240所、街道居委会举办100所、私人举办300所。如果我们要从总体中选出40所幼儿园做样本,我们就先将40个样本按比例分配到四个类型的幼儿园去,它们分别是:8所、12所、5所和15所。然后按随机性原则分别从各个类型的幼儿园中抽取各自分配到的数量的幼儿园。

分层随机抽样适合在研究对象总体数量较多而且内部差异较大的条件下使用,通过分层可提高样本在结构上与总体的一致性。但关键是要做好分层,分层的原则是:各层内的个体之间的差异要小,而层与层之间的差异要大,能作明确的区分;各层之间既不能相互交叉重叠,使某些个体重复参加抽样,又不能有所遗漏,使某些个体不能参加抽样。

4．整群抽样

整群抽样也称区域抽样、聚类抽样或成组抽样。它是指成群或成组地抽取样本单位或个体的一种抽样方法,也就是说,它把总体中的群体而不是个体作为抽样单位进行随机抽样,然后把抽取的群体中的全部个体作为样本。整群抽样通常用于抽样单位本身就是抽样分子,而且实际上无法确定抽样范围的情况。例如,我们要统计某县3~6岁儿童的入园(班)率,而要首先获得一份包括该县所有适龄幼儿的名单又不太可能,这时就可以采用整群抽样的方法,随机选取该县的一些乡或村作为抽样的群体单位,再对这些乡或村的适龄幼儿进行调查就可以达到目的。

(二)非随机抽样的主要方法

非随机抽样是指不用严格遵循随机性原则而进行的抽样。它是在研究对样本的代表性要求不高、或没有条件进行随机抽样的情况下采用的抽样,其主要的抽样方法有:

1．随意抽样

随意抽样就是研究者在假设各种变量在总体中分布均匀的情况下,从总体中任意抽取规定数目的样本。这种方法往往是在研究者对总体缺乏认识而又没有采用随机抽样的方法的情况下使用,一般难以保证样本的代表性,因而较少使用。

2．判断抽样

判断抽样是研究者根据自己对研究总体的了解和经验,从总体中确定对总体具有代表性的"典型",将"典型"作为直接研究对象的抽样方法。这种方法适合在总体数量较少而且样本容量也比较少的研究中使用。样本的代表性取决于研究者对总体的认识和对"典型"判断的准确性。其缺点是研究者对总体认识和对"典型"判断的主观性较强。

3．定额抽样

定额抽样类似于上述的分层抽样,即研究者根据某个标准将总体分为若干部分,然后给每个部分分配样本数额,按数取样。不同的是在各个层次中抽选样本时,不特别强调严格遵循随机性原则,而是采用任意抽样或判断抽样的方法抽选出与总体结构特征大体相似的样本。

总而言之,抽样不仅有严格的程序,而且有多种不同的方法。研究者要保证研究过程能顺利地获得可信的数据资料,形成可靠的结论,就必须对抽样过程进行设计,根据研究的要求和各种条件选择不同的方法进行严格的抽样,选出符合要求的研究对象。

第四节 制订研究计划

在完成对研究活动各个方面的周密思考和严谨设计之后,研究者就应该对整个研究活动和完整的研究过程进行系统的筹划和安排,形成一个研究计划,以保证研究活动能按计划、有步骤地开展。

一、研究计划及其在研究活动中的作用

研究计划是研究者在研究设计的基础上对研究活动各方面的工作和研究活动的过程所作的全面规划,是指导和规范研究活动的纲领性文件。制订完整的研究计划对高质量地完成研究活动具有多方面的作用:

1. 研究计划能对研究设计进行系统总结,有助于进一步改进研究设计

因科学研究是一项十分严肃而又十分复杂的工作,对研究活动的设计包括了为课题的研究建立假设、分析研究内容、选择研究的方式方法和选取研究的对象等多方面的工作,在每个方面研究者都要根据研究的目的和可能的条件作出选择、进行构思。研究计划必须完整地、系统地对上述各方面的设计工作进行总结和反

映。在制订计划过程中,一方面研究者可以通过对各方面设计工作的反思进一步明确研究设计的内容和思路,另一方面还通过统筹安排各方面的活动来认识和处理不同研究因素之间的关系。从这一角度看,制订研究计划是研究设计工作的延续,使研究设计从局部设计走向整体设计。上述两个方面都有助于研究者发现研究设计中存在的问题,进一步改进和完善研究的设计工作。

2. 制订研究计划能规范研究活动,提高研究活动的一致性

科学研究活动的复杂性使研究者在研究工作的不同阶段(或不同时间)要开展不同性质的工作,各种性质的工作只有紧紧围绕研究目的运行才能达到预期效果。同时,在较大的课题研究活动中还需要有各方面的人共同参与,所有的参与者只有在研究活动中做到认识上乃至行动上的统一,才能保证研究工作高质量地进行。而制订研究计划的过程乃是通过对研究过程系统的思考和设计来协调各种性质的工作,使之对研究目的来说是统一的、完整的。而且,研究计划也通过对各方面工作人员的活动的指导和规范来达到研究参与者思想上和操作行为上的一致,使之符合研究的要求。

二、研究计划的主要内容

研究计划作为研究者对课题研究工作的总体规划,应对研究活动各个阶段的主要的内容、方式和方法以及预期的研究成果等进行全面的安排和叙述,其主要内容有:

1. 研究课题

课题的描述应简洁、具体、明确,准确地概括研究的内容与方法,并说明课题的来源与性质,即课题为哪一级科研部门的"重点"课题,是横向委托的课题,还是自选课题,是理论性课题,还是应用性课题等等。

2. 课题研究的目的和意义

课题研究的目的往往随着课题的性质和要探讨的问题不同而

各不相同,研究者应在研究计划中作具体的说明。课题研究活动的最终目的应是具体探明某种学前教育现象的本质(或本质特点、特征)、揭示学前教育活动中某些因素之间的必然联系(或曰活动规律)、寻求科学的学前教育活动的方式方法等等,也有些课题研究活动在上述目的之外,还附带有提高研究参与者的专业素质,培养专门人才或建设科研队伍等方面的目的。所有这些目的研究者都必须结合具体的研究课题作出明确的说明。

课题研究的意义往往是和研究目的相联系的,但也有一定差异,它具体表现为预期的研究结果在学前教育的理论发展和实践变革中所应有的、或可以发挥的作用和功能。在理论上其研究结论可以发展学前教育科学中哪一学科(或哪些学科)哪一方面的理论,或是澄清或修正一种理论观点,或是填补某方面理论的空白,或是形成某种理论体系;在实践方面是改变人们的某种不合理的认识,还是提供一种行之有效的操作方法,还是纠正实践中哪种不科学的做法等等。对意义的表述不论是理论还是实践的意义都不应是抽象的、笼统的,不仅表述要求具体明确,还应有很强的针对性,即针对研究者在确立课题时所发现的现有的理论或实践上的局限。

3. 课题研究的内容

对课题研究内容的叙述和说明应是研究计划的重要内容之一,应用相当的篇幅对其进行具体明确而有逻辑的处理。

内容的叙写方法根据课题内容的复杂程度而异。若课题内容涉及的领域范围较宽、内容本身较复杂,就应先按某种内在的逻辑将内容分为若干部分(子课题),然后对每个部分的内容进行具体表述。若课题内容单一,就可直接进行表述。

内容的表述首先应列出课题(或各子课题)中必须探讨的每一项具体内容,并分别阐明每一项具体内容中的主要名词术语的概念,明确其内涵和外延,然后还应阐述各具体内容之间的联系。如果课题要进行的是观察、测量、实验等实证研究,就必须分析内容中的各种变量(如自变量、因变量和无关变量等),并给出每个变量的概念和操作定义,并阐明各种变量之间的关系。

4．课题研究的方式和方法

为协调各方面和不同人员的工作,研究计划必须对研究活动的方式方法作具体的说明。说明的方式方法包括整个研究过程各个阶段的工作方法,主要有:

(1)选取研究对象的方法:即用什么方法从什么样的总体中选出具备哪些条件的研究对象多少人。

(2)收集资料的方式方法:即各自要使用什么样的手段收集什么性质的资料,如何记录资料并重点强调收集资料时应注意的问题,有必要时要附上收集资料的工具。

(3)整理资料的方法:即对不同性质的资料应作什么样的整理,经过整理的资料应符合哪些要求。

(4)分析资料的方法:即运用什么样的思维方法和统计方法来分析资料。

(5)表述成果的方法:即成果的表述形式和发表途径。

5．课题研究进度和人员分工

对课题的研究进程作计划主要是按照研究活动的基本规律和课题内容的需要对各方面的工作作顺序上的安排和时间上的分配。这方面的计划还应具体规定各个阶段或各个方面工作的具体目标和任务以及必须形成的阶段性成果。

人员分工是另一个计划内容,即根据研究工作的需要和研究参与者的特长,给研究参与者指派不同的工作,分配不同的任务,使大家相互协调,共同努力以顺利完成研究。

6．研究经费概算及仪器设备的购置

经费概算中一般应包括图书资料费、调研费、文具费、上机费、成果打印费以及添置仪器设备费等内容。仪器设备应根据需要来确定。

以上六个方面是就各种类型的研究活动的一般情况来分析的,对不同性质的课题和不同类型的研究来说,在计划的具体内容上都各有不同侧重,不可千篇一律。

三、制订研究计划应注意的问题

要使编制的研究计划能有效地引导和规范研究活动,保证计划的顺利实施,在编订计划时必须注意以下几个方面的问题:

1. 研究计划应反映科研活动的基本规范

科研活动作为人类探索未知领域的认识活动,在各个环节上都必须遵循认识活动的规律,这种规律就体现在科学研究方法所阐明的研究活动各个环节的操作规范上。研究计划要对研究活动进行科学的规划,有效地引导不同的研究者在研究活动中的行为,使研究活动达到目的,就必须使计划充分地反映研究活动的规范。如在确立研究目的和各阶段工作的目标,选取研究对象,选择研究方式方法,收集、整理和分析资料等环节,都应充分考虑研究活动本身的需求,力求严格而准确,同时还应充分地协调各环节工作之间的关系,使之相互衔接、互为条件,使整个研究过程形成一个有机的整体或一个流畅的过程。

2. 研究计划应考虑具体的研究环境和条件

科研活动总是在一定环境中进行的,特定的环境中存在的各种因素有些能为科研活动提供不可缺少的资源,有些可能干扰研究活动的正常进行。研究者在制订研究计划时必须对研究环境中的各种因素作系统的分析,分清环境中能被研究充分利用的因素和干扰研究活动的因素,使各种具体的研究活动能有针对性地利用环境可能提供的有利条件(如良好的行政支持等),同时尽可能地回避和消除环境可能造成的不利影响(如季节或气候变化等)。另外,对学前教育科研活动来说,科学研究活动与日常的教育活动在一定条件下可能相互冲突,计划制订者也必须充分考虑两者之间的矛盾与冲突,通过合理的设计来解决有关矛盾,保证科研活动的顺利开展。

3. 研究计划应做到严肃性与灵活性的统一

制订计划的目的就是严格地执行计划,避免研究活动出现随意性和盲目性,从而损害科研活动的严肃性和客观性。因此,研究者在制订研究计划时,就应充分地考虑各方面的因素,将可能出现的各种情况纳入计划思考的范围,对各个环节、各个方面的活动进行细致的安排,使计划尽可能周密,以确保其顺利执行。但环境中诸多因素的变化发展是客观的、不以人的意志为转移的,有些变化我们能预料,有些变化是我们难以预料的,因此,研究计划对研究活动的设计与安排,也应在不损害研究的质量的前提下留下一定的可以修改的余地,以适应环境条件可能发生的变化,而不至于由于环境条件的变化而导致研究工作陷入困境。

思考题

1. 解释下列名词：
科研设计　　假设　　文献　　　　学前教育文献
抽样　　　　样本　　随机性原则　　研究计划
2. 为什么要建立研究假设？建立的假设应符合哪些基本要求？
3. 在学前教育科学研究中查阅研究文献的意义是什么？
4. 学前教育文献有哪些种类？文献检索的基本方法有哪些？
5. 如何进行文献的阅读和记录？
6. 试就某个专题查阅文献,并写出文献综述。
7. 抽样在科研活动中有什么意义？
8. 抽样的一般程序是什么？有哪些基本的抽样方法？
9. 研究计划在科研活动中有什么作用？
10. 研究计划应包含哪些内容？
11. 制订研究计划时应注意哪些问题？
12. 试就你选定的研究课题制订一份完整的研究计划。

第四章 观察法

内容提要

观察法是学前教育研究中常用的研究方法之一,它在获取教育事实、认识教育现象方面有着重要的作用。本章系统地讨论了观察法的含义、特点、作用及其局限性,并从不同的角度分析了教育观察法的基本类型,介绍了教育观察设计的基本步骤和操作要领,以及实施现场观察的方法与要求。学习本章应从整体上理解和掌握教育观察研究,形成从事观察研究的基本能力。

观察是人们认识事物、了解世界的一种基本方式。在科学研究中,科学家们通过运用观察法作出了许多重大的科学发现,如19世纪英国科学家达尔文在为期五年的环球旅行中,通过搜集、观察和分析动植物和地质等方面的大量资料,形成了生物进化的概念,创立了进化论,被恩格斯誉为19世纪自然科学三大发现之一。俄国生理学家巴甫洛夫也是通过对动物行为的周密细致的观察而建立了"条件反射"学说,他将"观察、观察、再观察"作为座右铭写在实验室的门上。由此可见,观察在科学研究中有着非常重要的作用。

第一节 观察法概述

一、观察法的含义和特点

观察法是研究者运用感官或借助一定的仪器设备对处于自然状态中的客观事物进行有目的、有计划的考察和探究,从而获取科学事实、探索科学规律的一种科学研究方法。

在学前教育研究中使用的观察法属于科学观察的范畴,与人们日常生活中的观察活动有着一定的区别。这种区别表现在以下三个方面:

1. 观察的目的性

人们日常观察活动带有很大的随意性,一般不会事先确定出一个具体的观察目的,而科学观察则必须满足课题研究活动的需要,在观察活动正式开始之前就应拟定明确而具体的观察目的,并依此确定观察的对象、内容和方法。

2. 观察的客观性

在日常观察活动中,人们往往偏重追求对观察对象的理解,在理解过程中经常伴随个人经验的运用,使观察结果带有较多的主观色彩,而科学观察首先强调观察过程的客观性和周密性,注重收集真实可信的资料,在此基础上运用科学的手段进行客观的分析,观察者应以不损害观察过程的真实性和客观性为原则。

3. 观察的计划性

日常观察活动中人们一般凭自己的经验进行,缺乏对观察过程的预想和计划,而科学观察则要求研究者事先对观察过程作出计划和安排,观察活动的时间的选择、观察方法的使用、观察结果的记录和分析等都应严格地按计划进行。

从上面几个方面的比较可以看出,观察法作为一种科学研究方法,超越人们日常的观察活动,体现出研究活动的目的性、计划性和客观性的要求,为实现研究的目的服务。

观察法是一种主要借助人们的感官来考察事物、获取研究资料的研究方法,和其他研究方法比较起来,它有下列特点:

1. 观察法是一种自然的研究方法

人们对客观事物的观察往往是在自然状态下进行的,即不改变客观事物存在的状态和发展的过程,使研究者能够考察研究对象在日常生活、学习活动中一般的、典型的行为表现。在观察过程中一般不需要有特殊环境或使用复杂的工具,比其他研究方法简便,研究者可以结合日常的教育工作进行,因而在学前教育研究中观察法成为一种人们普遍使用的方法。

2. 观察法是一种"直接"的研究方法

和其他研究方法比较起来,观察法有较强的"直接性",这种直接性既表现在观察法考察的是研究对象现时正在发生的真实情况,同时还表现在观察时研究者和被研究者大多处在同一个时空关系之中,研究者可以亲身经历和直接感受被研究者所处的环境和所进行的活动。观察研究的这种直接性既有利于考察研究对象的非语言行为(如动作、态度、表情等),也使收集到的资料真实可靠,而且使研究者对研究对象的行为或某些教育现象产生、变化的条件和过程有一个整体的认识。

因观察法具有自然、直接的特点,在学前教育科学研究中就有其独特的优势。学前儿童因其年龄特点和身心发展水平的制约,其言语表达能力和理解能力较差,行为的随意性强,自我控制水平低,这给其他方法的使用带来了一定的限制。但学前儿童的内部心理活动与外部行为表现的一致性程度较高,不善掩饰,非语言行为丰富而自然,这又为观察法的广泛使用提供了良好的条件。

二、观察法的作用与局限性

在学前教育科学研究中,观察法作为一种常用的研究方法,有着十分重要的作用。

1. 观察法有助于研究者选择和确立研究课题

学前教育工作者在日常的教育活动中可以通过有目的、有计划的观察活动发现各种新的问题,通过对发现的问题的思考可以形成新的观点,选择和确立新的科研课题。在选择和确立科研课题的过程中还可以为检验课题的科学性和价值性收集可靠的事实和相关的资料。

2. 观察法有助于研究者形成研究假设

为课题建立研究假设是科学研究一个不可缺少的环节。而假设作为在研究活动之前对研究结论的猜想,必须有一定的依据。这种依据大多来源于研究者在教育实践中所观察到的客观事实,观察到的事实越多,事实之间表现出的一致性程度越高,假设的事实依据就越丰富。

3. 观察法可以深入考察教育现象,探索教育活动的规律

一些学者认为观察法在科学研究中的作用主要在于收集各种形式的研究资料,一般无法探明客观事物发展变化的规律。但随着科学技术的发展和观察手段、技术的进步以及教育科学研究领域的拓宽,观察法在探索教育规律中的作用却越来越明显。研究者通过对教育活动中某一现象进行有目的、有计划、系统全面的观察可以获得该现象产生、发展、变化的广泛可靠的资料,通过对观察资料的科学分析就可以获得对此现象的直接认识,概括出该现象产生和发生变化的条件和原因,从而达到对现象深入的认识。学前儿童心理和教育领域中,一些卓有成就的学者的研究成果都是通过对观察法独创性地运用而取得的。如著名的儿童心理学家皮亚杰就通过大量观察儿童的行为和活动来研究儿童的思维、语言、游戏等方面的问题,获得许多有重要科学价值的结论,在其著作中引用了许多的观察事例;我国著名的幼儿教育家陈鹤琴对其儿子陈一鸣进行为期808天的追踪观察,并作了系统的观察记录,不仅为我们提供了大量可靠的科学资料,并以此为基础撰写了专著《儿童心理之研究》,分析和概括了儿童心理发展过程的规律,成为我国儿童心理学领域中的重要文献。正因为观察研究的重要作用，所以爱因斯坦说："理论所以能够成立，其根源在于它同大量的单个观察关联着，而理论的'真理性'也正在此。"

但观察法是一种以感知活动为基础来收集资料的研究方法，在科学研究中也存在其自身的一些局限性。

首先，观察活动的范围有限。由于人的观察能力的局限，一个人在同一时间内能观察到的研究对象的人数或观察的空间范围都受到限制，在观察对象人数较多且分散的情况下，应用观察法存在许多困难。因而，在一般情况下，观察研究的样本数量较少，而样本数量少又导致结论的推广出现困难而影响研究的外在效度。

其次，在运用自然观察法时容易出现观察者和被观察者之间的相互影响。因为在自然观察中，观察者和被观察者相互知觉，观察者在观察被试的行为时，其自身的身份、行为、态度等都不可避免地给被观察者带来影响，从而使其行为表现发生变化而失去真实性，如果这种影响出现并持续存在自然就使观察者难以收集到真实可信的资料。同时，被观察者的态度、行为方面的表现也容易对观察者形成影响，不自觉地改变着观察者在观察和评价被观察者行为时的态度和标准。

第三，观察资料的质量受制于观察者的素质。科学观察中既要求观察者不断地感知事物的变化，又要求观察者迅速地对感知到的现象作出分析、评价，及时地进行归纳分类，作出合理的记录。无疑，在这一过程中研究者敏锐的观察能力、丰富的专业经验起着重要的作用。尤其是在学前教育活动中儿童的行为随意性强、变化快，对观察者的观察能力提出了更高的要求。如果观察者在某方面的素质不能充分满足观察研究的要求，便容易使观察收集到的资料不全面、不真实，进而影响研究结论的科学性和准确性。因为观察法的这些局限，研究者在应用这种方法时一定要事先作好充分的准备，对观察活动进行周密的计划，同时注意经常进行有目的的练习，不断提高自己观察的能力，丰富自己的观察经验。

三、观察法的类型

在学前教育科学研究中,具体的观察研究活动是丰富多样的,我们可以根据不同的标准来对其进行分类。

(一)自然观察法和实验观察法

根据对观察的环境条件是否进行控制和改变,可以将观察法分为自然观察法和实验观察法。

自然观察法是指在自然状态下所进行的观察,即对要观察的事物的存在的条件不加控制或改变。自然观察法又分为公开的观察和隐蔽的观察两种方式。公开的观察就是观察者对被观察的对象公开自己的身份和活动,隐蔽的观察则是在观察过程中不让被观察对象了解观察者和观察活动的存在。这两种方式在观察中要解决的问题或可能达到的效果是有差别的,公开的观察能保证观察者进行全面的观察,但如果观察者和被观察对象之间不够熟悉,就容易使被观察对象的行为发生变化,导致其行为表现不真实、不自然,影响观察资料的可靠性。隐蔽观察能让观察避免观察活动对观察对象造成影响,但如果要观察的被试的行为表现在时间上和空间上不能集中,则观察活动就比较困难,如儿童的游戏活动、自由活动的范围较大,研究者很难隐蔽地进行贴近观察。

实验观察法是研究者根据研究的目的,在对观察对象发生的环境和条件加以控制或改变的条件下进行的观察。实验观察的主要目的是在教育实验中为验证实验假设而收集资料。由于受实验特点的影响,实验观察必须系统而周密,因此,实验观察在对研究对象的行为表现的观察、分析和记录方面要求更精确,这就对观察设计要求更高。实验观察因观察的环境和条件得到了控制,有利于排除无关因素的干扰,使观察到的研究对象的行为表现更直接、客观,还可以反复进行,这为探索不同教育现象之间的因果关系提供了条件。

(二)直接观察法和间接观察法

根据观察时是否借助仪器设备,可以把观察法分为直接观察法和间接观察法。

直接观察法就是观察者直接运用自己的感官对研究对象的行为进行感知的观察方法。直接观察多是观察者以面对面的方式对研究对象进行观察,其优点有二:一是能避免因中介环节引起的遗漏与差错,获得直接、具体而生动的真实资料;二是观察者能充分发挥自己的能动性,根据研究的目的和要求及时地调整观察的重点,及时地抓住各种重要的细节,使观察更全面,重点更突出。但仅凭感官进行的直接观察因为人的感官感觉能力的局限,也有其不足之处,具体表现为:(1)由于人的感官的灵敏度的限度,使人无法观察变化过快或过慢的事物(如稍纵即逝的表情等)、过小过远的事物(如微弱的声音,远处的人的细小动作等);(2)由于人的注意的广度与短时记忆的容量有限,使人不能同时观察多个事物的变化,也无法把同时观察到的大量信息都完好地记忆保存下来。这两方面的不足容易导致观察活动不全面、记录不完全,有可能遗漏一些有价值的研究资料。

间接观察法是指研究者借用一定的仪器设备来考察研究对象的方法。使用仪器设备的目的是克服直接观察中人感官能力和记忆力的局限,经常使用的仪器设备有单向观察屏、录音机、照相机和摄像机等。但在间接观察中,如果仪器设备的设置或使用不当,就容易引起研究对象的注意,造成其行为发生变化,而导致观察资料的真实性水平降低。

(三)参与性观察法和非参与性观察法

根据观察者在观察过程中是否参与研究对象的活动,可以将观察法分为参与性观察法和非参与性观察法。

参与性观察法就是观察者在不暴露观察目的的情况下参与到研究对象的活动中去,在与研究对象共同活动时从内部进行的观察。如研究者在参与幼儿游戏活动时观察儿童在游戏中的合作行为,就属这种观察类型。参与性观察能使观察者在不破坏研究对象原有的群体结构和活动氛围的条件下贴近地进行直接观察,有利于获得真实可信的资料。但实施这种观察时的效果要根据观察者和研究对象之间的关系而定,如果两者之间不熟悉,则容易导致研究对象的异常反应,使其行为表现不同于日常的表现,从而使观察结果的真实性受到影响。因此,研究者在进行参与性观察之前应先和研究对象"熟悉"起来。

非参与性观察法则是观察者不参与被观察者的任何活动,完全以局外人的身份所进行的观察。如研究者要通过观察来考察教师在组织教育活动中的教育行为,研究者就不参与教育活动,而是作为旁观者来进行观察。非参与性观察的目的是获取更客观、更真实的资料,在具体实施时可以有公开观察和隐蔽观察两种方式,这两种方法都各有优点,又都有应注意避免的问题,具体内容参见前述"自然观察法"。非参与性观察相对参与性观察而言简便易行,而且由于不参与研究对象的活动,观察者能更集中注意力进行观察、记录,能提高单位时间内的观察效率。

(四)有结构观察法和无结构观察法

根据是否对观察活动进行严格的控制,可将观察法分为有结构观察法和无结构观察法。

有结构观察法是指在观察前有明确的观察目标、详细的观察内容和指标体系,能对整个观察过程进行系统、有效的控制,并要求有完整的观察记录的观察。有结构观察法的长处是能系统地、高效地收集到大量确定的观察资料,观察的记录也比较容易,而且收集到的资料的形式比较整齐,有利于对其进行定量处理和比较分析。因此,人们在以观察为主要方法的课题研究中大多采用有结构观察法。但有结构观察法设计难度较大,在设计观察的内容和指标体系以及记录工具时要求较高,同时观察的过程比较呆板,缺乏灵活性。

无结构观察法是指只有一个总的观察目的和一个大致的观察内容范围,记录简单,对观察过程也不进行严格控制的观察。如教师相互进行教育活动观摩就是一种无结构的观察。在这种类型的观察中,观察者可以根据自己的兴趣和需要选择具体的观察内容,并有选择地进行记录。如教育活动观摩时,可选观察教师的语言或对教育内容的组织、对教育方法的运用,或者选择观察学前儿童在教育活动中的学习态度、学习习惯等。这种类型的观察的主要优点是灵活、简便易行、适应性强。但由于缺乏严格的计划和专门设计的记录工具,观察的结果零散、不集中,不同的观察者观察的内容和获得的结果不一致而无法进行比较,而且结果的可靠性易受观察者各种主观因素的影响。因此,这种观察法大多只被用来辅助选择研究课题和形成研究假设。

(五)时间取样观察法和事件取样观察法

在一般情况下,教育研究中的研究对象(教师、儿童或家长)活动范围较广,其行为的发生在时间或空间上都比较分散,研究者无法对其行为的全部进行观察,只能选取其中一部分进行考察。根据对研究对象行为取样的方式不同,可以将观察法分为时间取样观察法和事件取样观察法。

时间取样观察法就是研究者根据研究对象行为表现的时间特点确定具体的观察时间,对选定时间内研究对象的特定行为表现和相关事件进行全面的观察和记录。如研究者要通过观察来研究幼儿生活卫生习惯,就可选用时间取样观察法。这是因为儿童生活卫生习惯集中表现在进餐、入厕、睡眠等生活活动中,而在我国幼儿园中,幼儿的生活活动有着较严格的作息制度,如在午餐到午睡这段时间,幼儿上述各种生活活动都集中进行,其有关生活卫生习惯的表现也多集中在这段时间。我们就可以确定在这个时间段(如每天的11:00~12:00)来观察幼儿的生活卫生习惯。

事件取样观察法则是研究者根据自己对要观察的研究对象的行为的认识,选择与该类行为的发生密切相关的事件进行全面系统的观察。在学前教育中,研究对象的许多活动或行为的发生在时间上是没有规律的,研究者不能预测,如幼儿同伴之间的合作性行为或攻击性行为以及幼儿的创造性活动的发生都无法进行预测,但这类活动的发生可能与特定的事件密切相关,如合作性行为与攻击性行为的发生与幼儿的游戏活动或自由活动有关,创造性活动多发生在其独立自主的探索活动中。这样我们就可以通过对这些活动密切关注来观察儿童的上述行为。一旦观察到幼儿的某种行为产生,我们就对行为产生的事件进行考察,如对该事件产生的背景、原因、过程、结果、持续时间、造成的影响等进行系统的观察和全面的记录。

以上我们从不同的角度对观察法进行了分类,并分别讨论了不同类型的观察法的性质和特点。实际上,这些分类都是相对而言的,各种类型之间都有着交叉,分类的主要目的是为了更深入地认识观察法,认识其应用的条件和拥有的优势与存在的局限,以便研究者在运用时能更好地进行选择和创造性发挥观察法的功能。

第二节 教育观察研究的设计

运用观察法来研究学前教育问题同人们日常生活中的观察有着区别,它不仅有着明确的目的性和计划性,而且观察活动本身还有诸如观察的内容、观察的方法、观察的记录等其他问题需要妥善地进行处理。这就是说,在观察活动开始之前应对观察活动进行系统的设计。所谓观察设计就是研究者为了提高观察过程的客观性和观察结果的真实性,对观察活动的目标、内容、方法以及观察活动的环境条件、观察对象等因素进行全面的规划。尽管对观察研究活动的设计随着课题的不同而有差别,但总的说来,设计工作应包括观察内容和标准体系的确定、观察活动方式的选择、观察记录方法的制定和观察人员的培训等方面。

一、观察内容的确定

确定观察的内容就是解决在观察活动中应观察什么的问题。观察内容是由课题所规定的,它一般是反映课题研究内容的研究对象的行为表现和相关事件。因此,被确定的观察内容必须满足两方面的要求,一方面应准确地反映由研究目的所决定的课题研究内容,另一方面应具有操作性,即能用观察法清楚明确地将其从研究对象复杂多样的行为表现中或相关事件中剥离出来。

要使观察内容准确地反映课题研究内容,首先就应对课题研究内容进行分析,分析研究内容的涵盖范围,即内容应具体指研究对象的哪些行为和哪些事件,尽可能地将研究内容所涉及的研究对象的行为和相关事件排列出来;在排列时既应避免列出和研究内容不相关的行为和事件,但又应避免遗漏,尽量做到全面准确。其次,对所列出的行为和事件按某种逻辑标准进行分类,使之形成一个体系。分类是内容具体化的过程,使研究内容更清晰、明确,便于观察者按类别来观察和分析研究对象的行为表现和事件。

如上海教育科学研究院的黄娟娟等人在进行"优秀教师外显教育行为"的研究时,就将优秀教师的外显教育行为分为六类,即:对幼儿的观察、对幼儿的指导、对幼儿的启发引导、对幼儿的批评和表扬、对幼儿常规的建立和培养、对幼儿学习动机的激励与维持。[①] 又如美国社会学家贝尔斯在对小群体的互动行为研究中按不同标准对研究内容作了二级分类,具体见表4-1。

---

① 参见《学前教育研究》1999年第3期,第17页。

表 4-1　贝尔斯记录群体互动行为标准分类[①]

社会情感部分	积极情感	(1)团结(表示团结,尊重他人,给予帮助,赞同) (2)轻松(消除紧张,开玩笑,发笑,表示满意) (3)一致(同意,表示消极接受,理解,参加,让步)
	消极情感	(4)分歧(不同意,消极拒绝) (5)紧张(出现紧张) (6)对抗(表示反对,贬低他人,进行自卫)
工作任务部分	提供情报	(7)提供情况(提出建议,指导,暗示他人自卫) (8)发表意见(提出意见,评价,分析,表示感情、愿望) (9)提出建议(提出方针,指导,重复,阐述,证实)
	获取情报	(10)打听情况(指导,报导,重复阐述,证实) (11)听取意见(评价,分析,表示感情) (12)征求建议(指导,行为,不可能方式)

在完成对观察内容的分类之后,为了保证观察过程的准确性和客观性,使所有参与观察的人都对观察内容有一个正确的、统一的认识,不再在对观察内容的理解上出现分歧或差错,研究者还必须使观察内容操作化。

观察内容的操作化包括两个方面的工作:一是要给各类观察内容给出操作性定义,二是必须设计出各类观察内容的观察指标。

给观察内容下操作性定义是对观察内容的进一步具体化。因观察研究主要是要考察研究对象的行为,观察操作定义就必须对研究对象的行为表现的主要特征和不同类型、不同水平的行为之间的差别进行具体描述。如美国心理学家帕顿(Parten)在"儿童游戏的研究"中观察 2~5 岁幼儿在游戏中的社会参与性行为,他预先将儿童参与社会性活动或群体活动的行为分为六类,并确定了各类型的操作性定义,具体内容见表 4-2。

[①] 裴娣娜:《教育研究方法导论》,安徽教育出版社 1995 年版,第 188 页。

表 4-2　社会参与性活动类型操作定义①

> (1)无所事事:幼儿不参与任何游戏活动或社会交往,只是随意观望任何可能引起兴趣的情景。如没有可观望的,便玩弄自己的身体,走来走去,跟从老师,或站在一边四处张望。
>
> (2)旁观:幼儿基本上是观看别的孩子游戏。可能与那些孩子说几句话、问个问题,或提供某种建议,但不参与其游戏。始终站在离那些孩子较近的地方,故可听见他们说话,了解他们玩的情况。与无所事事幼儿的区别是,旁观幼儿对某一组(或几组)同伴的活动有固定的兴趣,不像前者对所有的组均无特别兴趣,一直处于游离状态。
>
> (3)单独游戏:幼儿独自游戏,在近处有其他幼儿在用不同玩具游戏,但幼儿不作任何努力设法接近他人或与别人说话,只专注于自己的活动,不受别人的影响。
>
> (4)平行游戏:尽管有别的幼儿在旁边用同样的玩具游戏,幼儿仍独自玩,不想影响别人,也不受别人影响。因而,他们只是在旁边各自玩而不是一起玩。
>
> (5)联合游戏:幼儿与其他孩子一起玩,分享玩具与设备,相互追随,有控制别人的企图,但并不强烈。幼儿们从事相似的活动,但无组织与分工,每人做自己想做的事,而不把兴趣首先放在小组活动上。
>
> (6)合作游戏:幼儿在为某种目的而组织起来的小组里游戏,如用某种材料编制东西、竞赛、玩正式的游戏等。具有"我们"的概念,知道谁属于哪个组。有1~2个领头者左右着小组活动的方向,故要求角色分工,并相互帮助,支持这种分工角色的执行。

在一些研究中,由于研究目的要求,观察者不仅要观察和考察研究对象某方面行为表现的不同种类,还要更细致地观察和考察研究对象各种行为表现出的在水平或程度上的差异。在这类研究中,研究者不仅要对各类观察内容给出操作性定义,还应对同类观察内容划出水平或程度上的等级,给出每个等级的操作性定义。如表4-8中的每种观察内容都被分为四个等级(A、B、C、D),各等级

---

① 王坚红编:《学前儿童发展与教育科学研究方法》,人民教育出版社1991年版,第84页。

之间都有着程度上的差异,都有相应的操作定义。

在给研究内容设计操作性定义时,首先要求操作定义要准确地反映研究内容,是对观察内容的具体化,既不偏离研究内容的内涵,又不扩大或缩小研究内容的外延(即涵盖研究对象行为表现的范围);其次,操作定义对研究对象行为的描述要具体、甚至应生动形象,能将要观察的行为和研究对象其他的行为清晰地区别开来,同时能对要观察的各种行为和行为的不同等级作出明显的区分,使观察者在应用操作定义进行观察时不至于发生偏差和错误,不至于因感觉各类和各等级行为之间界限模糊而混淆各类研究行为,或在观察中无所适从。要做到上述两点,研究者一方面要对研究内容进行深入分析,在对研究内容分类或分等级时尽可能扩大各个类别、各等级之间的差异;另一方面要使操作定义建立在对研究对象相关行为表现的充分了解的基础之上。在必要时,研究者在设计操作定义之前就应开展初步的观察,积累有关研究对象行为表现的经验和认识。

二、观测指标的设计

在学前教育科学研究中使用观察法,目的在于探究研究对象行为表现的特点和发展变化的规律。为实现这一目的,就必须对观察中观察的研究对象的行为作出客观的、准确的评定和全面的记录。在以量化方法为主的观察研究中要求研究者为要观察的研究对象的行为表现设计出科学的观测指标。

所谓观测指标就是衡量观察对象行为表现及其变化的数量化表征。在观察研究中,观察指标一般有三种类型,即定类指标、定序指标和定比指标。

定类指标是最简单的观测指标,它只标志研究对象某种行为的"有"或"无",或研究对象完成某种行为的能力的"能"或"否"等等,为了记录或统计上的方便,也可将其设计为数字,如分别用数字"0"和"1"来代表"有"和"无",这时的数字不具备量化功能,只是一种标志,不能进行运算。

定序指标多用于标志研究对象的行为等级和顺序程度,如在观察儿童的社会交往情况时,可对儿童的各种社会交往行为确立如下观测指标:

(1)发起活动

(2)邀别人一起玩

    总是 常常 一般 较少 从不

(3)……

这类指标只能说明研究对象行为表现上的程度,可统计频率和比例。

定比指标是数量化程度最高的一种观测指标,它可以标志研究对象行为表现的次数和单位时间里某种行为出现的频率。直接用数字来记录和统计,对记录下来的数据可进行各种形式的运算。

观测指标的设计应重点考虑以下三个方面的因素:

1．课题研究的目的和研究的类型

在学前教育的观察研究中,课题研究的目的不同,对观测指标的要求就不一样。如果课题研究只是外在地描述研究对象行为或活动的主要特征,而不要求对具体行为的精确分析,研究者就可以采用定性研究的方式,根据选定的内容对研究对象进行观察,运用自然语言来记述观察过程或结果,就不用设计观测指标;如果课题研究要通过(或只有通过)观察来分析研究对象的某种行为表现及其变化,并要求对研究对象的行为进行精确的描述和分析,从中发现教育活动的规律,研究者就应采用定量研究的方式,设计系统的观测指标来客观、准确地描述和记录观察内容。

2．观察内容的性质和特点

观察内容的不同对观测指标的设计有着直接的影响。如果课题要求观察的是研究对象的某种活动或复杂的事件,就很难对其进行量化,其观测指标往往只能是定类指标,即对活动或事件作种类上的区分和识别,对不同种类出现的次数或频率进行描述。如果观察内容是研究对象某种单一的行为,且该行为会在活动中反复出现,则可以为其设计观察的定比指标。只有当同一观察内容在不同对象的表现上有程度之分时,才能为其设计定序指标。

3. 研究活动在统计方法上的要求

不同类型的观测指标在统计学上有不同的意义。一般来说,定类指标只能作频率和比例运算,即只能计算和比较某种行为在单位时间里出现次数的多少和其在整个行为表现次数中所占比例的多少;定序指标除能进行上述两种统计外,还可进行等级相关统计;只有定比指标才具有较高的数量化水平,能进行各种统计和运算。所以我们在设计观测指标时还应考虑到研究活动在处理观察结果上的要求,即将用什么样的统计方法来分析和处理观察中记录下来的资料和数据。

三、观察方法的选择

对学前教育活动进行观察时,研究者能否通过观察收集到有关的事实资料,以及所观察到的资料的真实性、客观性如何,往往有赖于研究者对观察的方式和方法的选择与运用,因此,选择观察的方式和方法就是观察设计时所必须认真对待的问题。

教育观察法有各种不同的种类,不同种类的观察方法有着各自不同的优点和局限,研究者应如何正确地对这些方法进行选择,以保证观察活动能获得科学的结论呢? 一般说来,选择观察方法时应系统地考虑以下三个方面的因素:

1. 观察的目的

观察活动的目的对观察方法的选择有直接的影响,如观察活动只是为选择课题或为课题建立研究假设提供事实资料,就不需要对观察过程进行严格的控制,就可以选择无结构的观察;如果观察目的是要为形成科学的研究结论提供系统的、精确的事实或数据资料,研究者就应选择对观察过程进行严格控制的有结构的观察。

2. 研究对象活动的特点

研究对象活动的特点是指研究对象的活动在时间上的规律性和在活动空间上的分散与集中,以及活动中行为的复杂性和变化的快慢等等。这些特点是研究者选择研究方法时必须考虑的一个重要因素。如与要观察的研究对象的行为相关的活动的发生有确切的时间规律,就可选择时间取样观察法;如果要观察的研究对象的行为出现的空间比较分散,就很难进行参与性观察,只有在行为表现(或活动)的空间相对集中时,参与观察才有可能;若要观察的研究对象的活动是一种包括多种多样的行为,且行为变化快、情绪激烈的活动,直接的参与观察就难以获得真实细致的资料。由此可见,选择的观察方法只有适合于要观察的研究对象活动的特点才便于研究者观察到要观察的现象,收集到真实可信的资料,达到研究的目的。

3. 观察者具备的观察条件

观察者所具备的观察条件也是影响研究者选择研究方法的重要因素,而且应考虑的观察条件的内容是多方面的,如观察者的身份(观察者和被观察者的关系)、时间、从事科研观察的能力、观察设备等。就观察者与被观察者之间的关系而言,如果观察者和被观察者之间是一种非常熟悉的、没有利害冲突的关系,选择参与性观察就不会损害观察对象行为表现的真实性;就观察设备而言,只有当观察者拥有并能合理地熟练使用诸如单向观察屏、照相机、摄像机等设备时,实施间接观察才有可能等。当然,观察条件在一定程度上是可以创造和改变的,选择方法时虽然要尽可能考虑各种条件因素,但研究者也应努力根据研究的需要去创造合适的条件。

四、观察记录方法的选择和设计

在观察研究中,如何客观地、完整地记录和保存观察的结果,也是研究者需认真对待的问题。要实现对现场观察所获资料的完整记录,研究者就应根据研究的要求选择恰当的记录方法。观察记录的主要方法可以分为三类。

(一)描述记录法

描述记录法就是运用文字对观察到的事件或研究对象的行为表现作客观、全面的描述式的记载的记录方法。这类方法又可分为三种:

1. 日记描述法

即观察者采用记日记的方式将在不同时间观察到的结果记录下来。这种方法一般用于对少数研究对象进行的较长时间的追踪观察,重点描述观察者所发现的有研究价值的事件或行为表现,并可做相应的评价。

2. 轶事记录法

即观察者发现研究对象表现出有价值的行为时随即进行的描述性的记录,它不受时间条件的限制。如表4-3就是一位小学一年级教师的轶事记录实例。

表 4-3　轶事记录①

> 日期:1980 年 9 月 11 日,儿童:班米拉
>
> 刚刚下课才一会儿,沙沙就尖叫起来。一条无毒的小蛇正在她桌上爬着。全班同学哗然,过了一阵总算安静下来了。班米拉用纸做了一个口袋,主动提出让他把蛇弄出去。我同意了。放学后我把班米拉留下,问是不是他在沙沙桌上放了蛇。他说:"难道你也不喜欢蛇么?"我重复一遍我的问题。他开始抽泣,嘴里不停地咕哝着关于喜不喜欢蛇的事,说是奇怪怎么会有人喜欢蛇,有人又不喜欢。等班米拉停止哭泣时,我告诉他,如果他想谈谈蛇的话,以后我可以找个时间专门和他讨论蛇。他点头说:"好吧。"就离开了。
>
> (解释:今天的行为对于班米拉来说,是一种异常行为。在我过去对他的印象中,他总是对同学们很友好,他与沙沙的关系尤其不错。是不是可能由于他实际上是想与沙沙共享这一令人惊喜的发现而这么做的呢?尽管他的这种愿望是不可能实现的。我很奇怪他在哪儿找到了这条蛇。全班为此热闹了好一阵子。)

3. 连续记录法

即在特定的一段时间内对研究对象的行为表现作连续的、不间断的描述性记录。如有必要可附上观察者对研究对象行为表现的解释和评价。由于人们书写速度较慢,这种记录方法使用较困难。

(二)仪器记录法

仪器记录法就是运用照相机、录音机、摄像机等仪器对事件和研究对象的行为进行记录的方法,这种方法既简便,又能生动客观地记录,而且事后能反复再现,便于后续研究的分析和整理,同时还能弥补人类感官的感知能力和记忆能力的不足,因而也受到了

---

① 王坚红编:《学前儿童发展与教育科学研究方法》,人民教育出版社 1991 年版,第 91～92 页。

人们的重视,但这些仪器在使用中仍然存在一些难以克服的困难。首先,这些设备只能被动地记录场景或事件,无法在观察过程中实现对观察资料的分析、判断和整理;其次,使用设备时难以使观察者灵活地确定和调整观察的重点,并且在大多数情况下难以实现对整个场景的"全景"式记录,容易导致有价值的资料的遗漏;再次,在观察过程中使用设备容易对研究对象产生影响,以致改变其行为表现的真实性。

(三)表格记录法

表格记录法是观察者运用专门编制的观察记录表来记录观察结果的方法。观察记录表是研究者编制的供观察者在观察活动中使用的能准确地反映观察的目的和内容、有效地记录观察资料的记录工具。研究者在制订观察记录表时要注意以下两点:

1. 完整地、准确地反映课题研究内容

表中所列项目应和观察内容在内涵和外延上是一致的,同时有清晰的逻辑关系。所以表格的制订应建立在对观察内容的分析的基础上,是对观察内容的具体化和条理化。

2. 应方便观察者在观察活动中使用

编制记录表的目的就是使记录工作快速高效,因而在保证系统收集资料的基础上,应力求表格简洁,记载简单方便,能最大限度地节省记录者的记录时间,提高记录的准确性。

观察记录表在形式上是多种多样的,不同形式的记录表能满足不同的记录要求。其主要的形式有:

1. 事件记录表

事件记录表适用于记载某种事件发生的过程和环境条件、原因结果等方面的情况,表格形式见表4-4,表中具体项目可随研究目的不同而不同。

表 4-4　幼儿争执事件记录表

姓名	年龄	性别	持续时间	发生背景	行为性质	做什么说什么	结果	影响

2．时间取样记录表

如果观察活动是按时间取样进行的,其记录方式也应按时间发展的顺序来进行,其表格应能全面记录取样时间里研究对象相关的行为表现。其具体形式可参见表 4-5。

该表是用来记录 4 岁幼儿早晨入园后的反应情况的。

表 4-5　4 岁幼儿早晨入园后的反应[①]

时间:8:30—9:00
活动:自由游戏

行为类型:

(一)对环境的一般反应

1．乐意进入环境(标出具体游戏活动区)。

2．勉强进入环境。

3．拒绝进入环境。

(二)对设备、材料的一般反应

4．自由运用设备与材料。

5．有限制地运用设备与材料。

6．不运用设备与材料。

(三)对别人的一般反应

7．寻求与同伴的接触。

8．寻求与成人的接触。

9．避免或中断与同伴接触。

10．避免或中断与成人接触。

[①] 王坚红编:《学前儿童发展与教育科学研究方法》,人民教育出版社 1991 年版,第 98 页。

11. 勉强与同伴接触,接触中缺乏动机或注意力分散。
12. 勉强与成人接触,接触中缺乏动机或注意力分散。

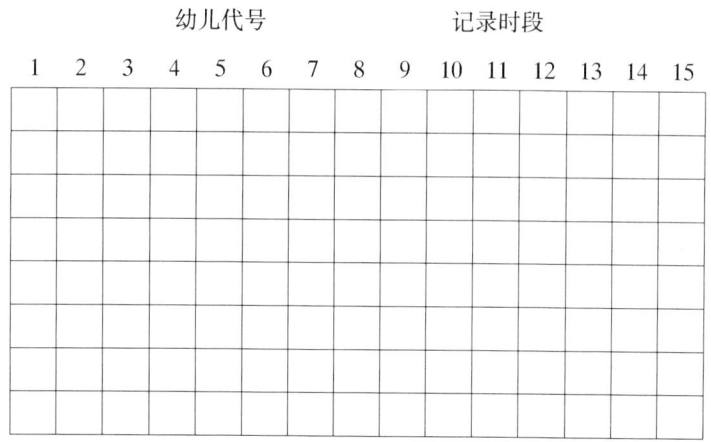

3. 行为核对表

行为核对表是用来记录要观察的研究对象的行为是否出现以及出现的时间等方面资料的表格,其形式可以根据观察目的的不同而有所变化,如表4-6是记录与幼儿数概念发展有关的能力的表格,表4-7和图4-1是记录幼儿参与室内游戏活动的行为的记录表图。

表4-6 幼儿数学技能观察核对表[①]

儿童姓名　李成功　　　　观察日期:1989年9月4日

任务	能	否	第一次出现时间
①能否根据名称指出相应的图形			
圆	√	—	——
正方形	√	—	——
三角形	√	—	——
长方形	√	—	——
②能否从1数到10	√	—	——
③能否给下列图形命名			
圆	√	—	——
正方形	√	—	——
三角形	√	—	——
长方形	—	√	10月2日
④能否举例说明下述关系概念			
大于	√	—	——
小于	√	—	——
长于	—	√	10月19日
短于	—	√	10月26日
⑤能否一一对应地计数			
两个物体	√	—	——
三个物体	√	—	——
五个物体	√	—	——
十个物体	—	√	10月9日
十个以上物体	—	√	10月9日
⑥能否在指导下理解下述概念			
最先	√	—	——
中间	—	√	10月16日
最后	—	√	10月13日
⑦能否举例说明			
多于	—	√	3月7日
少于	—	√	4月2日

[①] 张燕、邢利娅编著:《学前教育科学研究方法》,北京师范大学出版社1999年版,第97~98页。

表 4-7 幼儿参与室内游戏活动情况记录表①

日期_____ 活动类型 / 幼儿姓名	猜谜	变戏法	数的游戏	绳画	拼贴	触摸板	过家家	积木	木偶	阅读	备注
1.	✓		✓	✓	✓		✓		✓		
2.		✓	✓		⊙	✓	✓		✓		
3.											
4.		✓	✓			✓		✓			
5.	✓		✓	✓				✓	✓		缺席
⋮											
总计											

核对表法还可以结合图示作记录。如要记录儿童对室内各项游戏的兴趣与选择情况,可以预先绘制好室内游戏区设置平面图,在游戏时间内每隔 10 分钟将儿童从事何种游戏记入平面图中。

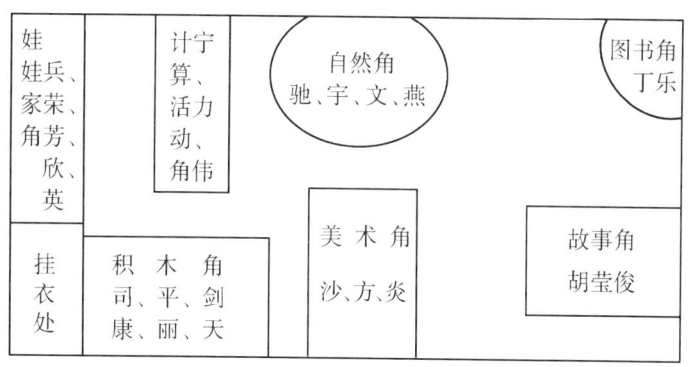

图 4-1 平面图

---

① 张燕等:《学前教育科学研究方法》,北京师范大学出版社 1999 年 1 月第 1 版,第 97~98 页。

4. 等级评定记录表

等级评定表不仅可以记载在观察过程中儿童某种行为出现与否,还能对其行为表现的程度进行测定和记录,可广泛运用于对儿童社会性发展的水平和个性特征进行的观察研究。但此类记录表设计难度相对要大一些,要求对儿童行为表现程度作出等级划分和确切的描述,并制定观察评定的指标。如表4-8就是一个等级评定记录表。

表4-8 幼儿性质性情绪观察评定表

观察评定指标	等级
1. 发起活动	A B C D
2. 注意力长度	A B C D
3. 好奇心	A B C D
4. 挫折忍耐力	A B C D
5. 与教师的关系	A B C D

第三节 学前教育观察研究的实施

一、观察的准备

如前所述,和人们的日常观察相比,科研活动中的观察有着明确的目的和具体任务,要使观察活动能有效地完成研究任务或实现研究的目的,就必须为现场观察作好充分的准备。观察的准备工作是多方面的,主要有:

1. 做好观察的计划

研究者要使观察活动能按研究的要求收集到系统的、客观的资料,得出科学的结论,就应对观察活动作出全面的计划。计划工作应建立在对观察活动进行科学设计的基础上,同时兼顾研究对象活动的特点和要求,并考虑到观察者自身所具备的主客观条件,力求观察活动在能达到研究要求的基础上切实可行。观察计划在内容上应尽可能全面细致,既处理好观察内容、观察时间和地点、观察的方法、观察结果的记录,还应对观察资料的整理和分析、观察报告的撰写等方面的研究工作进行规划。如果观察活动是由若干观察者共同完成的,观察报告还应具体规定不同的人所应承担的任务、达到的要求,并将计划形成文本,以规范和统一不同观察者的观察行为。

2. 培训观察人员

在一些科研项目中,由于观察对象较多,为了提高观察的效率,保证如期完成观察任务,就必须相应地增加观察人员。对学前儿童进行科学观察是一项专业性很强的工作,观察者不仅需要有较强的观察能力,还应具备相应的理论知识,并对观察的目的和内容有透彻的理解且熟悉观察的方法及要求。这就要求研究者应在观察活动之前对参与观察的人员进行培训。培训的主要内容应包括:①与研究内容有关的理论背景知识;②观察的目的和内容;③观察对象及相关活动的特点以及观察的背景因素分析;④观察的方式方法和重要的观察技能;⑤观察记录的方法、工具和要求;⑥意外事件处理的方法。在必要的情况下,还应在知识培训的基础上进行实践练习,以保证观察人员形成基本的观察技能。

3. 获准进入现场

学前教育的观察研究大多要进行现场观察,这就涉及到现场准入问题。要能顺利地进入现场,研究者必须做好两个方面的工作:第一,通过向研究对象所在单位(托儿所、幼儿园或家庭)详细解释观察的目的,争取有关人员的支持和配合,尽快建立良好的工作关系,保证观察活动能如期进行;第二,要充分了解研究对象的活动规律和工作单位的工作安排、作息制度等,尽可能使研究的观察活动和研究对象的活动以及单位的工作活动协调一致,避免彼此间的冲突。

在开展参与性观察时,观察者必须参与研究对象的某些活动,这就涉及到如何按研究的要求来处理观察者和研究对象之间的关系的问题。在大多数情况下,观察者要观察到研究对象真实的行为表现,避免因自己的出现而给研究对象带来行为上的变化,就必须首先和研究对象熟悉起来,并建立相互信任的关系。这就要求研究者在正式进入现场观察之前,应通过各种途径,来尽快地达到这一要求。

二、实施现场观察

在学前教育的观察研究中,现场观察是一个极为关键的环节,它关系到能否收集到系统的、真实可信的资料,关系到研究项目能否如期高质量地完成。观察者要做好现场观察工作,必须注意和处理好以下五个方面的问题:

1. 严格执行观察计划

科学观察是一种目的性和计划性很强的活动,尤其是采用有结构的观察时,事先研究者都应按研究的要求作出系统、周密的计划,对观察活动进行具体的安排,并对观察者的观察行为提出明确的要求。执行计划是保证观察活动具有统一性和客观性的基本条件。因此,一般来说,在进行现场观察时,观察者应严格执行观察的计划,按计划的要求观察、分析和记录研究对象的行为表现和有关事件。如果在现场观察时发现某些现象或情况与观察计划有出入,也不要轻易地放弃或调整计划,而应先将观察到的异常情况如实地记录下来,留待观察后专门进行思考或讨论。当观察计划和现场情况出现较大的出入、足以导致研究无法进行时,可暂时中止观察,重新回到研究设计阶段上去。

在无结构的观察中,往往只有一个大致的计划,研究者在现场观察时,可在明确把握观察目的的前提下,根据现场情况灵活地调整观察的内容与方法,当然调整的目的仍应是最大限度地获取真实可信的、符合研究要求的资料,增加对研究对象和有关事件的认识。

2. 选择最佳观察方位,并合理地使用仪器设备

观察方位的选择对能否全面地观察到研究对象的行为表现有着重要的意义。课题规定的观察内容不同,选择的观察方法不同,对观察者的观察方位的要求就不相同。就观察内容来说,如果观察内容包括儿童的语言、细小动作和面部表情,那观察者就必须选择一个和儿童较近的、且面对面的方位,才能保证进行全面观察;如果观察对象较多或者是一个团体(小组、班级),观察者就必须选定一个能"总揽全局"的位置;在非参与性观察中,观察者就应选择一个既不引起儿童注意、又能清楚地观察到其活动或行为变化的位置;而参与性观察要求观察者既要接近儿童进行观察、又不能干扰儿童的正常活动,等等。总之,选择观察方位的基本原则,是在满足研究的客观性要求的前提下,尽量做到能全面准确地观察到研究对象的活动和行为表现。

在一些观察活动中,观察者为弥补感官的不足,克服现场观察的困难,在观察活动中使用特定的仪器来帮助观察。在使用仪器时,要注意使用的合理性,即不至于因仪器的使用而导致研究对象的行为表现受到影响。研究者可在取得相关人员的许可的前提下,将仪器事先隐蔽放置,使其不干扰观察过程,或是在条件许可的情况下,让使用仪器成为研究对象习惯了的"平常事"而不致引起其感到新奇或"抗拒"。

3. 边观察边思考

良好的观察应由三个部分组成,即注意、感知和理解,因而观察过程既是一个感知过程,也是一个思考过程。科研中的观察活动之所以不能由仪器取代,而必须由人来进行,就是因为观察不是对研究对象的活动和行为表现的被动地感知和反映,而是一个伴随着观察者的积极思考和主动反映的过程。在进行现场观察时,观察不仅要保证对现场发生的事件或研究对象的行为表现的全面细致的感知,同时还要根据研究的要求对观察到的现象及时进行分析和归纳,准确地判定其类别或程度等级,并作好记录,因而理性的思维活动渗透于观察的全过程。

要在现场观察时对发生的教育现象或研究对象表现出的行为作出及时的分析和准确的判断,一方面依赖于观察设计者对观察内容作出具体明确的分类,并提供操作性定义,使各类行为之间的关系和界限明朗清晰;另一方面更依赖于观察者对观察内容的深刻理解和对相关的教育现象及研究对象的行为的完整的认识;还依赖于观察者良好的思维能力。因而观察者有必要通过学习和培训来提高理论水平和思维能力。

4. 防止主观偏见

因为在观察活动中离不开观察者对观察到的事物进行分析和理解,这就不可避免地在观察结果中渗透着观察者的主观因素,甚至产生主观偏见。所谓主观偏见,就是在观察过程中,因主观因素的影响而导致观察者对观察结果所作的不符合客观性原则的或不公正的评价、判断和解释。它往往使观察过程不客观、观察资料不真实,影响研究结论的科学性。

因人的主观因素复杂多样,故而在观察过程中可能产生的主观偏见也不尽相同,主要有三种,即理论性偏见、角色性偏见和期待性偏见。

理论性偏见是指观察者因受某种理论观念的影响而对观察到的教育现象或研究对象的行为表现作出不符合客观事实的评判与解释的现象。如一位深受"以课堂教学为主,以传授知识为主"的传统教育思想影响的观察者,在观察"提供材料、鼓励儿童活动、让儿童从做中学"的教育活动时,就可能作出这种教育活动使儿童"一无所获"的评价和解释。角色性偏见是指观察者因受社会对某类研究对象的"角色定位"的影响而对观察到的研究对象的行为作出不客观的评价和解释的现象,如社会的性别角色"定位"让人们认为男性幼儿应比女性幼儿更好动、更淘气、更多攻击性行为,如果同一种攻击性行为出现在不同性别的幼儿身上,观察者往往容易作出不同的理解和评价,这就是性别角色偏见。期待性偏见就是观察者因受对研究对象期望值较高(低)的影响,而在观察时出现对研究对象的行为表现进行与事实不符的评价和解释的现象。

这种现象较容易发生在对研究对象有一定的了解的观察者身上。

在进行现场观察的过程中,我们无法绝对地排除主观因素对观察活动的影响,但我们必须尽可能地防止主观偏见的发生。防止主观偏见的主要方法就是观察者必须以"中立"的身份或心态来开展观察活动,尽可能有意识地、自觉地克服各种主观因素的干扰。同时,了解和认识可能产生的主观偏见,也是防止主观偏见产生的有效方法之一。

5. 合理地处理突发事件

所谓突发事件是指在现场观察过程中出现的预料之外的对观察活动产生不利影响的事件。如观察时突然出现的新奇事物干扰了研究对象的正常活动(如停电、天气变化等),观察对象因受伤、生病等因素而不能进行正常活动等。对临时事件的出现,观察者必须及时地根据研究的要求进行处理,如果进行的观察是无结构观察,临时事件影响不大,可让观察活动继续进行;如果是有结构的观察,临时事件会影响观察资料的真实性和完整性,就必须暂时中止观察,根据情况对观察计划进行修改和调整。

三、观察资料的整理和分析

在现场观察时观察者所记录下来的观察资料都是研究的原始资料,在现场观察结束后,研究者必须对收集到的原始资料按研究的要求进行全面系统的整理和分析,为形成观察研究的结论、撰写观察报告打好基础。

由于研究目的不同、观察的类型不同和记录的方法不同,在学前教育观察研究中收集到的原始资料的形态可能多种多样,有的是文字资料,有的是等级资料,而有的则是数据资料。原始资料的类型不同,其整理和分析的方法就不同。文字资料的整理主要是审查补充、归纳分类、提炼摘要、编码加注,在分析时要运用比较、综合等定性分析方法;而数据资料的整理主要是审核质量、剔除、补充、汇总等,在分析时要采用合理的数理统计方法进行定量分析。

观察资料的整理和分析是一项细致的工作,也是研究工作中一个极为关键的环节,有着严格的方法学上的要求,具体内容详见本书第九章。

四、形成研究结论,撰写观察报告

形成研究结论就是要发现和概括出观察资料中所反映出的学前教育现象或儿童行为表现的特征及其变化规律。要使形成的结论科学、准确,研究者必须在科学理论的指导下,正确地运用科学的思维方法,对观察资料进行全面客观的分析和比较,深入地研究观察资料所反映的隐藏在现象背后的原因及不同现象之间的因果关系,并进行客观的描述和解释;同时考虑结论形成和存在的条件,避免结论的绝对性。

观察报告是对观察研究活动的全面、客观的描述和总结,是观察研究成果的主要表现形式。写好观察报告有利于使研究成果得到社会公认,有利于研究成果对教育实践产生影响,达到研究的最终目的。不同类型的观察研究报告在具体的内容和形式上都有一定的差异,但报告的格式应基本相同,撰写要求也有一定的一致性,具体内容可参见本书第十章中"研究成果的表述"。

思考题

1. 解释下列名词:
观察法　　　　　时间取样观察　　　　事件取样观察
参与性观察　　　非参与性观察
2. 观察法的特点有哪些?
3. 观察法在学前教育科学研究中有哪些作用与功能?存在哪些局限性?
4. 教育观察法有哪些主要类型?

5. 教育观察研究设计的主要内容是什么?
6. 应如何选择观察研究的具体方法?
7. 试确立一个观察研究的课题并进行观察设计。
8. 观察前的准备工作应有哪些内容?
9. 现场观察中应注意哪些问题?
10. 结合实际工作开展教育现场观察,并写出观察报告。

第五章　调查法

内容提要

调查法是一种侧重于研究学前教育现状的研究方法,以其多样化的研究手段和广泛的适应性而成为学前教育科学研究中的一种常用的研究方法。本章主要讨论了调查法的含义、特点、分类及调查研究的一般程序。重点阐述了问卷调查和访谈调查两种主要的调查手段,介绍了问卷设计的基本要求以及访谈调查的一般步骤和实施规范。

调查是人们了解历史、认识现状的一种重要途径,作为一种研究方法,从19世纪开始,就为人们认识自然和社会、探索自然和社会发展变化的规律发挥了重大作用,成为许多学科的重要研究方法。在近代教育史上,最早将调查法运用于教育研究的是美国的肯德尔·N,1910年他主持了一个为期一周的地区学校制度的调查。到了20世纪30年代,调查法在教育研究中的运用就开始变得非常广泛,成为一种主要的教育科学研究方法。

第一节 调查法概述

一、调查法的含义和特点

调查法是调查研究法的简称,它是研究者根据研究的目的和课题的需要,有计划地运用座谈、访问、测验、调查表等手段来收集研究对象的有关资料,并通过对资料进行整理和分析,来认识事物的现状及其发展变化规律的研究方法,它是社会科学的一种常用的研究方法。在学前教育科学研究中,我们可有目的、有计划地运用上述各种手段收集反映学前教育现状或学前儿童身心发展情况的资料,通过对资料进行系统的分析,概括出学前教育现状的特点及不同学前教育现象之间的联系,这就是调查法在学前教育研究中的应用。

调查研究活动包含了两个相互联系的过程,即调查和研究。调查就是根据研究的目的用科学的手段和方法收集有关研究对象的事实材料;研究就是运用科学的方法对收集到的资料进行整理、分析,从中发现规律,形成结论。这两个过程在调查研究过程中是有机联系、共同构成一个完整的研究活动的。

调查法作为一种相对独立的研究方法,和其他类型的研究方法比较而言,有以下的特点:

1. 调查法是一种间接的研究方法

调查法不同于观察法,观察法是研究者到现场对教育现象进行实际的、直接的感知,而调查往往是运用各种手段来收集资料,对研究者感兴趣的某些教育现象的历史和现状进行研究,其研究过程有着间接性的特点。这种间接性表现在两个方面:一是研究手段的间接性,研究者并不是在要研究的教育现象发生的时间和空间里进行直接研究,而是在该教育现象发生后,或在教育现象发生的现场之外进行研究,并且研究往往通过中介手段(如问卷、调查表等)进行;二是研究方式的间接性,在许多情况下,研究者为更真实、更全面地收集到研究资料,就采用广泛收集和研究内容相关的各个方面的资料的方法来研究某一种教育现象。如在由山西大学教育系王春燕等人进行的"家庭与幼儿园教育一致性的调查研究"中,研究者要研究的是家庭和幼儿园在教育上的一致性,但他们除调查了家庭和幼儿园不同教育要求形成的影响外,还调查了幼儿在自理能力、生活习惯、交往行为、文明礼貌、意志品质方面的表现,从一个更广泛的范围来探讨家园教育一致性的现状及其影响。[1] 甚至一些调查在涉及到"敏感"问题时,经常采用通过调查 A 方面的资料来反映 B 方面的问题的方法,这使研究方式上的间接性更明显、突出。

2. 调查法是一种微观与宏观相结合的研究方法

调查研究首先应系统地收集每个样本单位(个人、班级、幼儿园等)的个别资料,充分掌握每个单位在调查内容方面的事实、态度和意见等等。调查无论用什么方式进行,都应深入到每个具体的人的生活空间和精神领域,调查对象的回答也应该是在自由状态下的自由表白,所以个别因素、个别特点都应能得到充分的反映。但是调查的目的却不仅是为了反映个别因素和个体特点(这有别于测验法),而是借助于一定数量的个别因素和个体情况来探讨和揭示总体的一般特征和普遍现象。也即是说,调查过程立足于个体或个性,但研究过程却必须在整理和分析资料时,运用科学的手段来排除个性因素,突出共性特征。因而人们认为调查法是一种起源于个性、归宿于共性的研究方法,是一种微观和宏观相结合的研究方法。在应用过程中,微观在前,宏观在后,相接、相承、相济,使调查研究的结论既有巩固的基础,又有宽广的覆盖力。

---

[1] 王春燕等:"家庭与幼儿园教育一致性的调查研究",载《学前教育研究》1988 年第 3 期,第 21~23 页。

3. 调查法是一种研究手段灵活多样的研究方法

调查法是一种综合性的研究方法,它有多种多样的收集资料的调查手段,常用的有各种形式的问卷、调查表、访问、座谈等等,不同的手段可以收集到不同性质的资料。研究者不仅可以根据研究的目的对各种手段进行灵活的选择,而且还可以在应用中根据需要进行多种手段的组合,使之更有效地服务于研究的目的。如前述的"家庭与幼儿园教育一致性的调查研究"中,研究者就采用了问卷、调查表和谈话法进行调查,以保证资料的广泛性和真实性。

二、调查法的类型

调查法是一种应用极为广泛的教育研究方法,在应用中,根据不同的标准可将其分为不同的种类。

(一)根据收集资料的手段不同划分

根据调查研究收集资料的手段不同,可将调查法分为问卷调查、访谈调查和调查表调查。问卷调查是指调查者通过向有关单位或研究对象发放经过设计的统一的问卷来收集研究资料的调查。问卷调查能在短期内收集到大量的信息资料,高效、快速,是一种常见的调查法。但这类调查在问卷设计上有较高的要求。本章第二节将对此作专门阐述。

访谈调查指调查者通过口头交流的方式,向调查对象提出经过思考或设计的问题,引起调查对象回答问题来收集信息资料的一种调查。访谈调查的过程较灵活,对问题的调查较深入,获得信息的方式较问卷调查直接,但操作过程难以控制,访谈对象的数量有限。

调查表调查是指调查者通过向有关的调查对象(单位、团体或个人)发放按研究要求设计好的各种调查表格来收集有关事实或数据资料的调查。调查表主要是收集各种形式的事实资料,尤其偏重于收集数据资料。这种调查形式简洁,信息密集,且收集到的资料的标准化程度高,便于处理。但研究内容比较复杂时,表格统计难度较大。

(二)根据调查对象范围不同来划分

根据调查对象范围大小不同来划分,可将调查分为全面调查、抽样调查、典型调查和个案调查。

全面调查也叫普遍调查,简称普查。它是对特定范围内的所有被研究的对象无一遗漏地进行调查。普查的范围是分层次的,较大的范围可以是全国性的或地区性的,如"中国0~6,7岁学龄前儿童身体发育状况的调查",就必须是对全中国所有的0~6,7岁儿童,不论民族、地区、家庭状况如何,都无一遗漏地进行调查;而"城市4~5岁幼儿玩具拥有和使用情况的调查"就应是对所有生活在大、中、小城市中的4~5岁幼儿进行的调查。较小范围的普查可以是对一个机构的调查,如一个幼儿园就可以对自己幼儿园中所有的幼儿的家庭生活状况进行一个全面调查。全面调查对象的主要目的是建立一个全面的信息系统。这种调查方法能够收集到有关范围内全部调查对象的资料,调查的结论有普遍意义,可为制定重大决策、编制教育规划提供必要的依据。但由于调查的范围大,调查对象的人数多,一般需要统一部署、统一行动,难度较大,且耗费的人力、物力和财力也比较多。同样,全面调查由于对象数量庞大,经常只能用填写表格的方式进行,所得资料比较肤浅简单,难以对研究的问题进行深入的了解。

抽样调查,简称抽查。它是根据研究的目的从所有的调查对象总体中按照一定的抽样方法抽取一部分样本,通过对样本的调查来推断总体情况的一种调查。如我国每隔几年就进行一次的全国百分之一人口状况的调查就是一种抽样调查,它从不同地区抽选出百分之一的人作为样本,通过对样本的调查研究来推断全国人口的基本情况。如果我们要了解某个城市幼儿教师的继续教育情况,该城市有幼儿教师20 000人,我们可以从中抽选一部分,比如抽取300人作为样本,通过对这300人的调查来推论总体为20 000人的全市幼儿教师的继续教育情况。抽样调查的优点在于能节省时间、人力、物力和财力,简化调查过程,缩短调查周期,经济高效;但抽样调查的结果往往是由部分推论总体得出的,因而其结果的可靠性和准确性取决于样本对总体的代表性。尽管如此,抽样调查在学前教育科学研究中仍是应用最广泛的一种调查研究。

典型调查也称重点调查。它是研究者根据研究的目的,在对调查对象进行具体分析的基础上,有意识地从中选择若干具有代表性的典型对象进行的调查。这种调查旨在通过对个别事物的全面调查和深入认识表达认识事物的一般特点和规律。

典型调查的关键是选好典型,一般来说,有三种类型的典型:

(1)突出典型。就是反映某种教育现象存在的两种极端情况的典型。

(2)特殊典型,也叫异常典型。即在教育发展变化中出现的脱离同类发展的常规和惯例的典型。

(3)全面典型。即能够全面地、完整地反映某一类教育现象或教育活动的主要特征或发生、发展的过程的典型。

在学前教育科研活动中进行典型调查,选择典型时应注意以下几点:

第一,要根据调查研究的目的来选择典型。调查的目的不同,所选择的典型就应不一样。如要研究某市幼儿园游戏活动开展的情况,就应选择全面典型;要总结幼儿园游戏活动开展的经验和教训,就应选择突出典型等等。

第二,研究者为提高典型的代表性,应先对所要了解的对象进行一般性调查,以此作为选择典型和进一步作典型调查的基础。

典型调查方法灵活,容易组织,能在较短的时间内对某种教育现象进行较深入细致的了解,所得材料生动具体。但是,典型调查所收集到的典型材料,未必能很好地代表总体,人们很容易将典型表现出的异常现象误认为一般现象。因此,要防止把典型调查的结果简单地推论到总体中去。

个案调查是指研究者就某种教育事件或教育问题,以某一个体、单位为对象进行的调查。如关于某个智力超常儿童成长过程的调查,关于一位优秀教师某种突出的教育能力形成过程的调查,关于某个幼儿园管理经验的调查等,都是个案调查。个案调查的意义在于,通过深入实际、解剖麻雀,能够对某一教育现象进行具体、细致的分析,详细了解其发展过程及其变化的原因,掌握其与环境之间多方面的联系。它主要用于反常个体、事件或新异教育现象的调查。

(三)根据调查内容的复杂程度划分

根据调查内容的复杂程度不同,可将学前教育调查分为综合调查和专题调查。综合调查是指对某一种(类)教育问题或教育现象进行全方位的调查,调查的内容涉及该问题或现象的各个方面、各个层次以及彼此之间的相互关系。如对某一城市(地区)幼儿教育状况的综合调查就应涉及到幼儿、幼儿教师、各类幼教机构、教育设施、教育经费、教育内容,教育质量、幼儿园管理等各个方面以及这些方面之间的相互关系,调查的内容多而庞杂。综合调查有利于对某一现象或问题进行全面的了解和分析,但调查过程比较复杂,操作难度大。

专题调查是研究者对某种教育现象或教育问题的某个具体的方面所进行的专项调查。如研究者根据研究的需要对幼儿教师的工作态度进行专门的调查,就属于专题调查,或者对幼儿园玩具购置情况进行专门调查也是专题调查。这类调查在内容上涉及面较窄,有利于调查过程的深入,但难以达到对教育问题或现象的全面认识。

以上我们从三个不同的角度对学前教育研究中常见的调查研究方法作了分析,这种类型的划分都是相对的,划分的目的是为了深入地认识调查法。除上述三种划分方法外,还有许多其他的划分方法,如根据调查的目的不同,可以分出常模调查和比较调查;

根据被调查对象的专业特长不同,可分为一般调查和专家调查;根据调查内容的性质不同,可分为经验调查和理论调查,等等。在实际的研究活动中,研究者应根据研究的目的、内容的性质以及调查对象的特点不同来选择恰当的调查方式。

三、学前教育调查研究的一般过程

虽然不同种类的调查法在应用过程中需要处理的具体问题不同,操作方法也不尽一致,但在学前教育研究中运用调查法来研究和探索各种教育现象或问题时,其过程一般由以下一些基本步骤构成。

(一)确定调查的目的与内容

在课题确定之后,如果要运用调查法来进行研究,必须首先明确调查的目的和任务。调查的目的和任务往往和课题的研究目的有关,有些调查是为完成一个独立的科研课题的研究任务,而有些调查只是一个综合性课题研究的一部分。不论调查属于何种类型,其目的大致有以下几个方面:

(1)系统调查某种学前教育现象或问题产生和发展的过程,探索其产生、发展和变化的规律。如关于超常儿童发展过程的调查、优秀教师教育技能形成的调查等,调查研究的目的都是探究其产生、发展和变化的规律。

(2)具体了解某种学前教育现象和问题存在的现状及其特征,以及不同的教育现象或因素之间的相互关系,为管理部门形成教育管理上的决策或制订教育发展规划提供科学的依据或具体建议。如"××市幼儿教师基本情况的调查"、"××地区农村幼儿教育现状的调查和分析"等调查就应达到上述目的。

(3)为综合性课题的研究系统收集有关方面的资料。如在"农村经济发展与幼儿教育发展关系的研究"这一课题的研究活动中,研究者就必须运用调查法来系统收集反映农村经济发展的各种资料和农村地区幼儿教育需求方面的资料,为明确描述农村地区经济发展与幼儿教育发展的关系提供理论的或事实的依据。

课题调查的目的应由课题研究的需要来决定,在许多调查研究中,其目的往往具有多样性,既旨在系统搜集反映某种学前教育现象或问题现状的科学资料,也力图揭示该现象或问题产生、变化或发展的规律,有时还意在为科学管理、科学决策提供科学建议。

在确立了调查的目的之后,就应根据目的来确定调查的具体内容。确定调查内容就是研究者根据课题研究的需要来具体分析、选择和确定应调查的具体问题、应收集的资料,拟订调查提纲。例如一项研究要探讨建国以来儿童游戏发展变化的特点、趋势和原因,研究者就将调查内容确定为不同年代儿童游戏的内容、种类、地点、时间以及游戏的群体性等五个方面。[①]

(二)选择调查手段,编制或选用调查工具

如前所述,调查法是一种综合性的研究方法,它拥有问卷、访谈、测验等多种调查手段,不同的手段用于收集不同形式的资料。研究者在确定了调查的目的和内容之后,就应根据不同的目的要求与不同性质的内容来选择具体的调查手段。从调查目的上来看,如果调查要广泛(或全面)地了解某种学前教育现象存在的现状及其特点,就应选择问卷,如果要深入地认识某种学前教育现象或问题产生的原因及变化的规律,就必须选用访谈;从内容的性质上看,如果调查要收集的是事实性资料,则可以考虑选择问卷或调查表,如果要收集态度资料或行为资料,则可以选择访谈和测验。当然,在实际的科研活动中,调查的目的和调查内容的性质都具有多样性,并不是单一的,这就使研究者必须同时选择多种资料收集的手段。在同时使用两种以上的调查手段时,应考虑对各种手段进行有机组合,使之扬长避短。如就"××市幼儿教师基本情况的

---

① 参见刘焱等:"建国以后儿童游戏发展变化的特点、趋势及原因分析",载《学前教育研究》1999年第4期,第22~26页。

调查"而言,采用调查表或问卷可以全面地收集该市所有的幼儿教师在工作、生活、学习、个人素质等方面的资料,还可以选择代表不同年龄、不同类型的幼教机构的幼儿教师若干人进行访谈,深入地了解上述各个方面存在的问题,这样就使调查达到了一种点面结合、既全面广泛又深入细致的效果。

调查法还是一种间接的研究方法,无论运用什么样的方式来收集资料,都必须借用一定的工具,如问卷、调查表、访谈提纲或测量量表等。编制或选用调查工具,是调查研究必须解决的一个重要问题。有关调查工具的编制、选择或运用,我们将在后续不同的章节中详细进行讨论。

(三)选取调查对象

在调查研究中选取研究对象是一个重要环节,选出的调查对象对总体的代表性程度上的高低直接影响到调查结论的准确性和科学性。要选好调查对象,就必须系统地考虑调查的总体、样本数量、抽样方法等问题。

就调查对象而言,首先应严格界定总体的范围和属性,如要调查幼儿教师的情况,如果调查对象中包括有保育员(甚至是承担教师职责的保育员),就超出了总体的范围,混淆了总体属性。所以对调查总体的界定应具体包括对象总体中个体的单位(如是幼儿园、班级还是幼儿、教师等)、对象的年龄范围、职业种类、地域分布等特点。其次要根据研究的需要和研究者的主客观条件来确定样本容量(即调查对象的数量)和具体的抽样方法。有关这方面的内容可参阅本书第三章第三节。

(四)制订调查计划

调查计划是研究者对调查研究工作及其过程所作的具体的规划和安排。制订计划的目的在于确保调查研究工作有目的、有计划、有系统地进行,以提高研究工作的实效。一些涉及内容较复杂、对象数量较多的大型调查实际上是一个系统工程,它需要许多调查人员在不同的时间、不同的地区收集研究所需要的各种形式的资料,若计划不细致周密,很容易导致调查工作出现各种差错,无法形成科学的结论。

调查计划在内容上主要应包括以下几个方面:
(1)调查的目的和意义;
(2)调查内容提纲和内容的操作性说明;
(3)调查对象的总体、样本数量和抽样方法及其要求;
(4)调查手段及工具的说明;
(5)调查工作的步骤及时间安排;
(6)调查资料的分析处理及调查报告的撰写。

(五)收集和整理调查资料,撰写调查报告

收集资料的过程就是根据调查计划实施调查的过程,即调查者运用设计好的调查工具对选定的对象进行逐个的调查,以记录他们各自的事实、数据和态度、观点等。在收集资料的过程中应做到细致缜密,并及时判断资料的真伪。调查者收集到的原始资料往往是零散的、杂乱无章的,需要调查者根据研究的需要及时地进行分类、汇总、概括、统计,这就是资料的整理。只有在对原始资料进行系统整理的基础上才能反映出事物存在或变化的特征,才能形成研究结论,才能完成调查报告的撰写。

四、调查法的优点和局限

调查法是学前教育研究中一种常见的研究方法,和其他类型的研究方法比较而言,它有着多方面的优点:

(1)调查法应用的范围广泛。因调查法拥有多种收集资料的手段,可以收集到不同性质、类型的原始资料,因而在学前教育研究中有着非常广泛的应用范围。既可以通过测验收集儿童的行为资料来研究儿童身心发展的特点和水平,探讨各种教育活动对儿童产生的影响,也可以通过问卷收集态度资料来研究教师和家长等的教育观念、态度、素质及其教育行为,还可以通过调查表等方式收集各种事实资料来研究幼儿园管理等。总之,几乎各个方面的学前教育问题和形形色色的教育现象都能运用各具特点的调查法加以研究和探讨。

(2)调查法所获资料丰富、全面,结论的说服力强。和其他研究方法相比,调查法更适合用于样本数量较大的研究课题。它使研究者能够在较短的时间内调查大量的研究对象,收集到各种性质的研究资料。因而和观察法、实验法等方法比较而言,调查法能使研究者占有更多更全面的资料,使研究结论具有更强的说服力。

(3)调查法的研究过程经济、简便。运用调查法进行研究一般研究周期较短,能在较短的时间内完成收集资料的工作。同时研究过程中对物质条件的要求较低,因而调查法是一种较为经济的研究方法。此外,调查法的研究过程也相对容易操作一些,不像观察法和测验法对研究过程需要全程进行严密的控制,操作难度很大。

但在学前教育的实际应用过程中,调查法也存在一些需要引起研究者注意并尽力克服的局限:

(1)运用调查法来研究学前教育的现象或问题时,研究者无法对研究过程进行主动的操作来引起某种问题或现象的发生或改变,只能客观地收集业已存在的事实资料,这往往将研究工作局限在对事实的概括或推断这一层次上,而无法对存在的事实作出深层的原因分析,因此,调查研究的结论虽然有很强的说服力,但对同类教育现象或问题的类化能力较差。

(2)调查资料和结论的客观性或可靠性程度在一定程度上依赖于被调查单位或被调查对象的合作。因调查法是一种间接的研究方法,在收集资料的过程中,研究者需要研究对象以及研究对象所在单位的合作。这样,研究者所获资料的真实性程度就有赖于调查对象及其所在的部门、单位对调查目的的理解和实事求是的精神。如果基于各种原因,调查对象所提供的资料不客观,或在形式上不能满足研究的需要,则容易直接导致研究资料的不真实,进而使研究结论不科学。

总之,同其他任何研究方法一样,调查法要有效地获取科学结论也有赖于研究者对研究过程深思熟虑地进行设计和规划,通过充分地发挥调查法的优点来避免或克服其局限,以实现调查研究的目的。

第二节 问卷调查法

一、问卷调查法的含义和特点

问卷的原意是指"一种为了统计和调查用的表述问题的表格"。在科学研究活动中,问卷就是研究者根据研究的需要编制而成的用以反映研究内容、收集研究资料的一种文件,是研究者收集研究资料的一种工具。其内容和形式往往根据研究的目的和内容不同而各不相同。

问卷调查法就是运用问卷来收集研究资料的一种调查研究方法。在学前教育科学研究中,问卷调查与其他形式的调查相比,有其独特的优势,也有其自身的不足。其优势表现在:

(1)收集资料的效率高。在利用问卷法来研究学前教育的现象和问题时,调查者能够同时对大量的调查对象进行调查,能在短时间内收集到大量的信息资料。相对而言,问卷法省时省力,所需经费较少,是一种高效率的收集资料的方法。

(2)匿名性强。在科研活动中使用问卷,一般不要求填写问卷者署名,因而有较好的匿名性,这有助于调查对象在填答问卷时消除各种顾虑,真实地、客观地回答问题、提供资料,尤其是当研究涉及一些与单位、个人切身利益相关的问题时,有助于调查获取全面而真实的资料,以提高研究过程和研究结论的客观性和真实性。

(3)能获取多种形式的资料。教育现象和教育问题都是相当复杂的问题,其在现实中的表现是多种形式的。而问卷也可以根据研究的需要和研究内容的本身的性质和特点设计成各种不同的形式,以直接获得不同形式的资料,从不同角度来反映和描述实际问题。如封闭性问卷能较好地收集到标准化的数字或文字资料,而开放性问卷则有利于填答者充分地阐述自己的观点和发表自己的看法,有利于研究者深入地了解事物变化的条件或过程。如研究者能灵活地运用各种类型的问卷,收集的资料在形式上就可多种多样,既全面又深入地反映客观现实。

但在研究过程中,书面形式的问卷在使用中也存在一些局限或不足,其局限主要表现为两个方面:

第一,由于问卷中的问题都是用文字或符号的形式表述,也要求调查对象用文字或符号来填答,这就对调查对象的阅读能力和表达水平提出了较高的要求,文盲或文化程度不高的人难以适应问卷的要求,尤其在学前教育研究中,由于身心发展水平的限制,儿童不具备相应的能力,就被排斥在问卷调查对象的范围之外。

第二,由于问卷多是在研究者不在调查现场的情况下由调查对象自由填答,且填答者不在问卷上署名,这样所获资料的真实性无法核对和评估。如果填答者对调查目的或内容进行错误的理解,或者采取敷衍的态度随意作答,不能客观地反映实际情况,就使研究者收集到的资料缺乏真实性,甚至是虚假的。

二、问卷的类型

在学前教育科学研究活动中,问卷是一种常见的收集资料的工具,其形式和内容极其多样。根据不同的标准可以对其作出不同的划分,其中常见的有以下几种类型。

(一)封闭性问卷、开放性问卷和综合性问卷

根据研究者是否控制问题回答的形式,可以将问卷分为封闭性问卷和开放性问卷两种。

封闭性问卷也叫结构型问卷,它是问卷设计者既提出问题,又

对问题回答的形式作出具体规定的问卷。标准化程度较高的封闭性问卷中,设计者直接为每个问题提供若干种答案供被调查对象挑选。如:

下面是有关儿童游戏的一些问题,请你在每个问题后的五个答案中选出一个最适合你的答案,将选中的答案前的号码用铅笔涂成黑色圆点。

①你对要在幼儿园尽可能多地开展游戏活动这一说法抱什么态度?

A. 很赞成　B. 赞成　C. 不置可否　D. 不赞成　E. 很不赞成

②你对让幼儿在游戏时不受任何限制地取用玩具持什么看法?

A. 很赞成　B. 赞成　C. 不置可否　D. 不赞成　E. 很不赞成

……

封闭性问卷在每个问题提出后都根据研究的需要提供了若干个可供选择的答案,这一方面有助于填答者准确地理解问题,不至于发生歧义;另一方面也使填答者在填答时能有所比较,有所选择,同时还能使收集到的资料标准化程度较高,便于统计和分析。但对问题回答的形式的统一,或只提供几种简单的可能答案,就使填答者有一种"答案有限,强迫挑选"的感觉,不利于充分地反映填答者的个性或问题在现实中的复杂性,有时甚至使极有价值的研究资料都无法收集起来。

开放性问卷也被叫做无结构型问卷,它是指设计者只提出问题,而不提供答案,甚至对问题回答形式不作任何具体要求的问卷。如:

请你根据你的实际情况如实地回答以下的问题,注意充分阐述你的观点。

①你对应在幼儿园尽可能地开展游戏活动这一说法有什么看法?

②你认为应如何看待让幼儿在游戏时不受任何限制地取放玩具?

……

开放性问卷只控制问题的范围,不控制被调查者回答问题的形式,这既有利于填答者在回答问题时自由发挥,充分地表述,较好地反映了不同填答者的个性或研究问题在现实中的复杂性、多样性,又有利于在深度和广度上来充分挖掘有价值的研究资料,甚至有时能获得出乎研究者意料的答案。但也正是因为开放性问卷对问题回答不作限制,容易导致资料的泛化,即可能收集到大量的和研究内容无关的信息资料,同时,收集到的资料多为描述的文字资料,标准化程度较低,这都增加了资料处理和分析的难度。此外,开放性问卷对填答者的文字表达能力有一定的要求,容易造成问卷的回收率不高等问题。

从以上的分析可以看出,封闭性问卷和开放性问卷都有各自的优点和缺点,而且从一定程度上说,两者的优点与缺点是互补性的,这就使研究者产生了对两种问卷取长补短、综合利用的思路,由此出现了第三种问卷,即综合性问卷。

所谓综合性问卷就是研究者根据课题研究的需要设计而成的兼有开放性问题和封闭性问题的问卷。在设计问卷时,对其中一些问题的回答形式作具体的规定,并为填答者提供选择的答案,而对另外一些问题的回答形式则不作出任何具体规定,让填答者自由作答。这种问卷如果设计合理,就能有效地在同一个研究中既兼具上述开放性问卷或封闭性问卷的优点,又同时避免两者的缺陷或不足。

在具体的问卷设计中还有一种值得借鉴的方法,即研究者先在一个较小的范围内发放经过设计的开放性问卷进行一次小规模的调查,以充分地了解现实情况。在对这种小规模开放问卷所收集的研究资料进行分析的基础上来设计封闭性问卷,这样使封闭性问卷既有充分的事实基础,又有一定的针对性,同时还能提高整个调查所获的资料的标准化程度和问卷的回收率,一举多得。

(二)送发问卷和邮寄问卷

根据问卷发放和回收的方式不同,可以将问卷分为送发问卷和邮寄问卷两种。

送发问卷是指由调查者直接送发到被调查者手中,等被调查者当面作答后当场收回的问卷。送发问卷一方面使调查者能够就问卷的内容和回答方式向被调查者做必要的解释,减少填答者对问题的误解,另一方面有助于提高问卷的回收率。但这种问卷的匿名性得不到保证,填答时间、地点受限制,容易影响收集资料的质量。

邮寄问卷是通过邮局来发放和回收的问卷。邮寄问卷既能不受限制地扩大问卷发放的范围,同时也能确保问卷的匿名性,便于提高调查资料的客观性和真实性水平。但这种问卷的回收率难以得到保证,由此也难以保证调查对象对总体的代表性。

三、问卷的设计

问卷的设计就是研究者要根据调查目的编制一份完整的问卷。因问卷是收集资料的重要工具,编制和设计问卷是开展问卷调查的前提,而且设计出的问卷的质量如何直接影响到调查结论的科学性,乃至决定调查能否成功。设计一份符合研究要求的问卷,要系统地考虑一系列问题,这些问题主要有:问卷的结构、问题的陈述、问题回答的形式、问题的编排顺序等等。

(一)问卷的结构

问卷的结构是指一份完整的问卷的各个组成部分以及各部分之间的相互关系。就一般而言,一份完整的问卷应包括题目、前言、指导语、问题、供选择的答案和结束语等五个部分。

每份问卷首先都应有一个具体的题目。在问卷中题目具有表现调查的目的和调查内容的作用,因而一般要求题目表述精炼、明确。当然对某些敏感性问题的调查,也可以有意地使题目含义模糊一些。

前言和指导语是置于问卷前面,对问卷加以说明的部分。前言首先应对问卷的目的和意义加以说明,让填答者了解自己为什么要回答问题,同时消除他们在填答问卷时的种种疑问或顾虑,保证他们提供客观的、真实的信息和资料;指导语一般是对问卷回答的方式、方法作具体的规定或对被调查者作答时应注意的有关事项作具体的说明,以引导被调查对象正确地填答问卷。如在一份"征求学生意见的问卷"中,其指导语为:

"请实事求是地回答下列问题。不要写姓名。为了鼓励你们开诚布公,答问卷时,你们的老师不在课堂监督。你们的老师和学校的任何人都不看你的问卷。……请你在1~10题的每一问题的答案下面划线,并写出你对11~14题的答案来。"

在一些样本数量相当大的问卷调查中,为了便于使用机器来处理问卷,要求问卷在填答方法上规范统一,因而在指导语中还增加了填答示范,即举出一个典型例子来显示正确的、规范的填答方法,供填答者参照模仿。

问题及其供选择的答案是问卷的主体部分。问题是研究者根据调查研究的目的将有关的调查内容转化而成的一系列不同形式的问题。在封闭性的问卷中,问题后必须以不同形式附上供选择的答案;而在开放性的问卷中,问题后不必提供任何形式的答案。

问卷的最后一部分是结束语。问卷的结束语应包括两个方面的内容:一个是答谢词,即对被调查者的合作表示感谢;一个是对问卷回收方法的说明,即填答者完成填答后,用什么方法将问卷返回给调查者。此外,有些问卷在末尾还应署上问卷设计者的姓名和问卷设计、使用的时间。

(二)问题的编制

问题是问卷的基本部分,问题设计是否符合特定的研究的要求往往直接影响到所收集的资料的质量和调查的成败。所以问题的编制是问卷设计的关键内容。

1. 问题的类型

在一般的问卷中,根据问题内容的不同,可将问题分为两类:

即事实性问题和态度性问题。①

事实性问题是关于曾经发生过的、业已存在的或将要发生事件、事物的状态、人的实际行为等方面的问题。事实性问题一般涉及三种事实:人口学资料、事物的状态和人的实际行为。

(1)人口学资料是指反映调查对象基本情况的各种资料,一般包括姓名、性别、年龄、受教育程度、家庭情况、职业、婚姻状况、工作单位等等。这些资料都是一些基本事实,如果研究需要就加以调查,一般排放在问题的前面,可用填空或表格等各种形式出现。

(2)事物的状态是指有关事物存在的形式等方面的事实,在学前教育研究中一般要调查的事物的状态有幼儿园的性质、幼儿园的场地设施、玩具和教具、图书、管理机构、规章制度等方面情况。

(3)人的实际行为主要是指研究对象个人相关的行为方式和具体的行为表现等方面的问题。如要通过家长调查幼儿在幼儿园外的社会交往情况,可就儿童的社交方面的行为表现提出如下问题:

①你的孩子经常和小伙伴一起干些什么?
　A.做游戏　　B.看书　　　　C.看电视　　D.听故事
②你的孩子愿意和小伙伴分享玩具或食物吗?
　A.经常　　　B.有时但不经常　C.偶尔　　　D.从不

态度性问题是关于被调查者对某一事物、某一现象或某类人的认识、态度以及有关的感受或体验等方面的问题,它往往涉及到人的思想、观念、价值倾向、动机、兴趣爱好等方面的内容。如有关家长儿童观的调查,可在问卷中提出以下态度性问题:

①你更愿意你的孩子是
　A.男孩　　　B.女孩　　　　C.男女均可
②你喜欢男孩的原因是男孩
　A.能传宗接代　B.将来在社会竞争中有优势　C.更适合继

---

① 参见杨小微主编:《小学教育科学研究方法》,北京师范大学出版社1998年版,第125~127页。

承你的事业

③你喜欢女孩的原因是女孩

A.性格比男孩文静些　B.比男孩更能与你沟通感情　C.更适合继承你的事业

在一般的调查研究中,往往既有事实性的问题,也有态度性的问题。问题的内容是研究者根据研究的需要和调查内容的性质来确定的。

2.问题的表述

在问卷中,问题都是通过语言来进行表述的,为了保证收集到的资料的客观性,问卷在表述问题时对语言的使用有一定的要求:

(1)语言要简洁精炼、词句要通俗易懂。首先,提出问题的句式要简单,以简单疑问句和简单陈述句为主,尽量不用有多层意思的复杂的句子。其次,用词要准确,避免使用推测性的、多重否定的词句。如"你是否应该不赞成……""你也许可能……""你不是没有……"这类表述方式很容易起暗示作用,引起填答者不应有的猜疑或揣摸,影响其回答问题的真实性。再次,要注意使用通俗化的语言来表述,使问题不至于让填答者"看不懂"。如"你认为我国的学前教育在体制上应作什么样的改革?"这一问题中的"体制"就很难为非专业人士所正确理解,使他们在回答这类问题时不知所云。

(2)问题的内容应具体、清晰、含义单一。要使问题的内容具体明确,第一,每个问题只能涉及一个方面的具体内容,不要将两个以上的内容囊括到一个问题之中,使被调查者不能作出确定的回答。如"你的孩子喜欢参观旅游吗?"这个问题中就涉及到"参观"和"旅游"两种不同性质的活动,容易让填答者将两者混淆回答,使资料不准确。第二,问题不能过于笼统和抽象,如"你认为幼儿教师应有什么样的专业素质?"这一问题中的"专业素质"所指非常笼统和概括,其中包括了许多方面的内容如知识、态度、能力、道德品质等,这就不具体,不明确,使人费解。

(3)设计者应持中立态度,使问题不带任何暗示。问卷要想收集到准确反映实际情况的客观资料,设计者就不能在问卷表述时掺杂任何个人的观点和想法,必须严守中立,客观地表述问题,不给填答者任何形式的暗示或诱导。如在"你认为幼儿这一不良习惯会对其发展带来什么影响?"这一问题里的"不良"两字就表示了设计者对这一"习惯"的否定,就会给填答者选择答案时带来诱导,使其倾向于按设计者的观点来选择答案,使调查不能反映出他原有的实际情况。

(4)要妥善处理与社会规范一致或冲突的问题,避免填答者出现"社会认可效应"。所谓社会认可效应是指被调查者在填答问卷或回答问题时,是按照社会通常的规范或人们普遍的期望来回答问题,而不反映自己真实的观点、态度和行为。如像"你倾向于尊重幼儿吗?""你运用惩罚的手段来教育孩子吗?"等总是会让被调查者一般地回答"倾向于尊重幼儿"和"不运用惩罚手段"。在问卷设计中碰到上述问题时,为避免"社会认可效应",设计者可采用下述方法来解决:第一,使问题和答案涉及"一般人"而不是调查者本人,如"有人用惩罚的手段来教育孩子,你怎样看?"第二,运用"有人认为…… 还有人认为…… 你认为应如何?"的形式来表述问题。这两种方法都有助于减轻被调查者的心理负担,使之能在较轻松的气氛中客观地表述自己的观点和态度,有利于提高调查资料的真实性。

3. 问题答案的设计

如前所述,对开放性的问题,设计者不用设计具体的答案,只是在问题之后留下相应的空白页面让填答者自己作答。但对于封闭性的问题,研究者就必须为每个问题设计出在内容和形式上都符合研究要求的答案。

从答案的内容上分析,设计出的答案应符合下列要求:(1)答案的意义要明确、简洁;(2)各个选项应相对独立,选项之间不应有相互包含或彼此交叉的情况;(3)有层次的选项应层次分明,有一定的区分度,且选项排列应讲究逻辑顺序。

从答案的形式上看,人们常用的有以下几种基本格式:

(1)是否式:每个问题均提供两种答案,即是或否,由被调查者从中选择一个作答。如在调查幼儿家庭教育状况时,可用这种形式。

①你会让你的孩子不受限制地看他喜欢的电视节目吗?

A. 是　　　　B. 否

②你经常给你的孩子讲故事吗?

A. 是　　　　B. 否

③你是按孩子的要求来给他买玩具吗?

A. 是　　　　B. 否

(2)选择式(多择一或多项选择):设计者给每个问题设计几种可能的答案,让被调查者从中选出一项或几项适合其情况的答案。如:

①你最担心自己的孩子(只能选出一个最适合你的答案,多选无效)

A. 长不高,长不胖,身体不好

B. 没有别的孩子聪明,缺乏学习能力

C. 没有好的行为习惯

D. 没有小伙伴,孤独

E. 无一技之长

②你可接受的幼儿行为有(可选择三项,多选无效)

A. 经常提出你难以回答的问题

B. 经常要求买新玩具或新衣服

C. 总要你陪他(她)一起玩

D. 爱和小朋友打闹嬉戏

E. 不太喜欢认字画画

(3)排列式(又称顺位法):让被调查者根据自己的情况和态度按某种标准给提供的答案排列顺序。例如在一项对员工管理工作的问卷调查中,有这一类问题:

△在你的管理工作中,下列哪类措施更有效果?请你根据位置越后效果愈差的排序方法将答案前的字母进行排列。

A. 严格规章制度　　B. 日常督促检查　C. 树立好的典型
D. 经常性的物质奖惩　E. 多做思想工作　F. 注意联络感情
（　　）

(4)量表式:将答案根据某种标准分成一定等级由被调查者进行评定,并要求其用某种方式标示出自己所在的等级。如,关于托幼机构教育活动状况的一项调查中,有以下问题:

△请你对刚刚看过的这所幼儿园按下列问题作出评定,在1. 2.3.4.5.中任选一个画圈:

①每班的儿童数

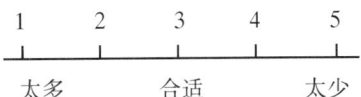

②教师的态度

③教师对儿童活动的指导

④教师对儿童的限制和约束

⑤玩教具、图书等物质材料的提供

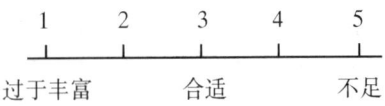

……

(5)表格式:将答案有等级区别的问题和答案编成表格,让被调查者用填表的方式来回答问题。如一份幼儿家庭教育调查的问卷中有这类问题：

请你根据你孩子的实际表现在相应的空格内打"√"

行为表现	做不到	偶尔做	做得一般	做得好
①不随地吐痰、乱丢杂物				
②不破坏花草树木				
③不说脏话				
④不拿别人东西				
⑤不无理由地攻击他人				

4. 问题的编排

一份问卷往往包含十几个或几十个不同的问题，设计者必须将这些问题进行编排，使之形成一个有机的整体。问题的编排应遵循一定的原则，使问题之间形成一定的逻辑联系，这既有利于填答者在回答问题时按某种逻辑展开思路，也有利于研究者对问卷收集到的资料系统地进行整理。一般来说，问题的排列应遵循以下几条原则：①同类组合。即将性质或回答形式相同的问题编排在一起。②先易后难。即将较容易回答的问题排在前面，较难回答的问题排在后面。③先一般后特殊。即把不容易引起被调查者情绪反应的一般性问题排在前面，将容易引起被调查者情绪反应的特殊问题排在后面。④先大后小。即把概括性、背景性的问题排在前面，把涉及细节的问题排在后面。⑤先次要后主要。即将应调查的主要问题排在前面，将相对次要的问题放在后面。⑥先封闭后开放。若同一个问卷中既有封闭性问题，又有开放性问题，则一般将封闭性问题排在前面，将开放性问题排在后面。

四、问卷的回收率和有效率

(一)问卷回收率

问卷回收率是指研究者收回的由被调查者填答好的问卷的数量占发放问卷数量的比例。用公式表示为:

$$问卷回收率 = \frac{收回的填答好的问卷份数}{发放问卷的份数} \times 100\%$$

问卷回收率与调查资料的可信程度有直接关系,也使调查结论的科学性受到影响。因为问卷发放的范围和对象都是按随机原则或某种特殊的方法确定的,意图使选择的样本对总体有良好的代表性,如果回收率过低,就破坏了样本对总体的代表性,收集到的资料就无法说明总体的情况。所以有研究者认为[①]:发送问卷的回收率不应低于 70%,邮寄问卷的回收率不能低于 50%。回收率仅为 30% 的问卷所收集的资料只能作参考,50% 的问卷收集到的资料可作采纳建议的依据,只有回收率达到 70% 的问卷收集的资料方可作为研究结论。一般来说,影响问卷回收率有以下几个方面的因素。

1. 问卷的设计

问卷设计是否合理对问卷的回收率会产生很大的影响。具体地有三个方面的因素影响较大:第一,问卷的题目和内容是否具有吸引力。题目和内容对被调查者有吸引力,就能激发他们的兴趣和填答意愿,使他们乐于认真回答问题。所以那些与人们切身利益相关的问题,人们普遍关心的热门问题以及有新异性的问题,往往能吸引被调查者,取得其积极配合;而一些过于敏感的问题,老调重弹的问题或威胁到别人利益的问卷容易被拒绝。第二,前言

[①] 参见杨小微主编:《小学教育科学研究方法》,北京师范大学出版社 1998 年版,第 134 页。

和指导语的表述。前言简洁,对调查目的交待明确、诚恳、有权威性,指导语清晰明了,语气谦逊,往往能提高问卷的回收率。第三,问题的复杂程度,问题数量的多少。问题过于复杂,难以理解,难以回答,容易使问卷被拒绝;同样,问题数量过多、问卷过长也容易被拒绝。所以有经验者认为,一般来说,问卷中的问题不应超过50道,能让被调查者在30分钟内做完比较合理。

2. 选取的被试的态度和能力

如果选取的被试能严肃地对待调查,认真地填写并积极上交,问卷的回收率就高。同时被调查者填答问卷的能力也是影响回收率的一个因素。因而有经验的调查者往往在研究许可的情况下,倾向于选择相对集中或有组织的被试,如会议代表、学校的学生等,并在他们填答问卷时给予必要的指导,及时回收。

3. 问卷送发和回收的方式

问卷送发和回收的方式与回收率有密切的关系。访问问卷的回收率很高,甚至可以达100%,送发问卷次之,可达80%~90%,邮寄问卷相对较低一些。当然,在采用邮寄的方式发放和回收问卷时,也可以采取一些有利于提高回收率的措施,如在寄发问卷时,附寄回邮邮票和写好回邮地址的信封,有必要时可寄出语气委婉的催促信等。

(二)问卷有效率

问卷有效率是指研究者收回的问卷中资料完整有效的问卷所占的比例。与问卷的回收率一样,问卷的有效率的高低也直接影响着问卷资料对总体的代表性,影响着研究结论的科学性。因问题回答不全面或提供不真实的资料而导致无效的问卷同没有回收的问卷一样不能进行处理和分析。因而研究者应弄清影响问卷有效率的基本因素,有针对性地采取措施来提高有效率。一般来说,影响问卷有效率的因素主要有以下几个方面。

1. 问卷设计

问卷设计的不合理或本身的错误是导致问卷无效最常见的因

素。这主要有以下两种原因:首先是指导语含糊不清,使填答者在填答时不规范,答案不合乎资料处理的要求而导致无效;其次是问卷内容的偏差,主要表现为问题表述不明确、排列不合理或答案设计不合理等,这些因素都容易导致填答者回答问题时不明确、不规范,甚至提供了错误信息而使问卷无效。

2. 被调查者的态度和心理因素

被调查者如果态度积极、愿意合作,那么他们在填写问卷时往往认真仔细,这能有效地提高问卷的有效率;同时,如果被调查者文化程度较高,有一定的经验,也能提高其对问题的理解的准确性,避免出现错误。被调查者在填答问卷时有某些思想顾虑,对某些项目不作答或提供不真实资料,也是导致问卷无效的重要原因。

3. 外界因素

除问卷和被调查者方面的因素外,还有许多外在的因素可能影响问卷有效率。这方面的因素主要有:问卷填写的时间和环境、问卷发送和回收的方法、有关机构或个人对被调查者施加的影响等。因而在进行问卷调查时,研究者必须认真地对待这些问题,有针对性地采取必要的措施来保证问卷收集到完整、真实的资料。

第三节 访谈调查法

一、访谈调查法的含义和特点

访谈调查法是研究者通过与研究对象进行面对面的交谈,以口头问答的形式来收集资料的一种调查研究方法。其基本的研究方式就是研究者根据课题研究的需要设计好要调查的问题,由访谈人员探访研究对象,面对面地逐一向研究对象提出问题让其口头回答,通过记录、整理和分析研究对象提供的口头资料来探讨和认识教育现象和教育问题。

访谈法和观察法都强调通过研究者与研究对象面对面地接触来收集研究资料,但观察法更有利于收集有关研究对象行为表现方面的资料,而访谈则更倾向于收集研究对象的语言资料,尽管在一些访谈中也要收集研究对象在交谈中的面部表情、姿式动作等行为资料,但多是对语言资料的补充。此外,观察中一般研究者和研究对象不直接就要研究的问题发生相互作用,而访谈则是在两者的相互作用中获取资料。

访谈和问卷都是调查研究中的收集资料的主要手段,但两者之间也存在着多方面的区别:第一,问卷主要依赖书面语言来收集信息资料,而访谈更多地依赖口头语言;第二,问卷多是间接地通过书面文件来实现研究者与研究对象之间的联系,而访谈时研究者和研究对象则应直接以面对面的方式进行交流;第三,问卷可以在较大的范围内一次性地调查比较多的研究对象,而访谈则一般只适于在小范围内进行,且调查对象有限。

访谈调查法也是学前教育研究中常见的一种研究方法,它在学前教育管理、儿童家庭教育方面的研究中广为使用,和其他方法相比较而言,在应用中它既有一些独到的优点,也存在着一些缺陷和不足。其主要的优点有:

(1)访谈调查的过程能灵活、深入。尽管作为一种研究方法,研究者在访谈之前也应对访谈的内容和过程进行设计,但在具体的访谈过程中,访谈人员可以根据实际情况对有关问题作进一步解释,使被调查者正确理解问题的实质,同时还可以根据被调查者的特点对不同对象提出不同的问题,或者针对同一问题用不同的方式提问,使调查方法对不同的被调查者有较好的适应性。而且访谈者还可以根据需要就某个问题补充询问或追问,使之对资料的掌握更全面深入。再者,访谈可以通过彼此的交流深入到被调查者的内心世界,获取有关研究对象更有价值的、深层次的心理活动和心理特征等方面的信息资料,有助于研究的深化,这往往是其他研究方法所不能及的。

(2)访谈调查能够获得直接、可靠的研究资料。因为访谈调查是调查者和被调查者直接的面对面的交流,不需要任何形式的中介环节,所以调查者能直接从研究对象口中获得最直接的、不通过任何形式转换的信息资料。同时调查者可根据具体情况采取不同的方法来评估资料的真实性程度,如通过他人旁证,通过对被调查者背景的了解,通过细致观察被调查者在谈话时的语气、表情、姿势、动作等。如果所收集的资料被证实不具备真实性,调查者还可通过进一步的访谈,或者调换访谈对象等方式来重新收集真实的资料。

(3)访谈调查有利于调查者主动性的发挥。在调查活动中,访谈过程从某种角度看,是调查者和被调查者相互交流、相互作用和相互影响的过程,而且有经验的调查者还能在保证被调查者充分发表意见的基础上发挥自己的主动性,根据研究的需要对谈话进行引导,使调查对象更充分、更积极地交流情况、发表看法,获得更多、更有价值的资料。

访谈调查除有上述优点外,也有一些需要调查者注意的缺点和局限:

(1)收集资料的效率较低。因访谈法需要通过面对面的交流来收集资料,所以在单位时间内,调查样本的数量比较有限,因而相对而言,需要较多的人力、物力和时间,导致效率不高。

(2)资料的标准化程度低。访谈是通过口头语言进行的,所收集的都是语言资料,而有些信息则是被调查者的语气、表情、姿势等方面的内容,这些资料个性化程度高,形式上难以统一,不容易标准化,也难以统计。

(3)对被调查者的心理状态不好控制。这表现在两个方面:一是在面对面的谈话时,对被调查者的各种各样的思想顾虑难以完全消除;二是对一些被调查者情绪化的谈话不好处理。被调查者在不同的心理状态中谈话的真实性和客观性程度不同,而这种纯粹个人内心的感受是调查者难以把握的。

二、访谈调查的主要类型

访谈作为一种常见的调查手段,在实际应用中也是多种多样的,根据不同的标准可进行不同的划分。

(一)结构性访谈和非结构性访谈

根据研究者是否对访谈过程进行控制和访谈过程是否使用经过严格设计的问卷或提纲,可以将访谈分为结构性访谈和非结构性访谈。

结构性访谈又称标准化访谈,是指访谈者按照统一的设计要求和事先规定的访谈内容依次向访谈对象提问,并要求受访者按规定的标准回答提问的正式访谈。结构性访谈对选择访谈对象的标准和方法、访谈中提出的问题、提问的方式和顺序、被访谈者回答问题的方式、访谈记录的方法等都有统一要求,有时甚至对访谈的时间、地点、周围环境等外部条件也要求保持一致。结构性访谈的最大优点是:访谈所获资料的标准化程度较高,便于统计分析,对于不同的访谈对象的回答易于进行比较和分析。但这种访谈缺乏弹性,较呆板,不利于对问题进行深入讨论,也不利于访谈双方积极性的发挥。非结构性访谈是指只按一个粗线条式的访谈提纲进行的非正式访谈。这种访谈对访谈对象的选择、访谈提问以及访谈外在的各种条件只有一个基本的要求,不做具体的严格的规定。非结构性访谈有利于访谈者和被访谈者充分发挥主动性、创造性,根据具体情况来把握访谈过程,有利于拓宽和加深对问题的研究,并灵活地处理在访谈设计中没有考虑到的新情况、新问题。但是,其结果的标准化程度低,难以进行定量分析,此外,对访谈者的要求也比较高。

根据上述两种访谈的特点,在学前教育研究中应尽可能将两种访谈结合起来使用,使其取长补短、互相补充,以提高研究的科学性水平。

(二)直接访谈和间接访谈

根据访谈是否以面对面的方式进行,可将访谈分为直接访谈和间接访谈。

直接访谈就是访谈者和被访谈者以面对面的方式进行的访谈。直接访谈的突出特点是,访谈者与被访谈者能发生相互影响、相互作用。其主要的优势在于能使访谈者深入地探讨有关的问题,了解被访谈者的思想、态度、情感及其他有关情况;能使访谈者亲自观察到被访谈者在访谈过程中的非语言信息,从而加深对谈话内容的理解,并可作为评价资料真实性的依据。但直接访谈也有其局限,其一,它在访谈时可能给被访谈者造成某些心理压力;其二,访谈者的态度和行为可能对被访谈者产生某些影响,这些都可能影响访谈结果的真实性。

间接访谈就是访谈者通过一定的中介物与被访谈者进行的访谈,一般有电话访谈、网络访谈等。这类访谈主要用于调查内容较少而且简单的调查研究。其优点是收集资料的时间快、效率高,而且适宜于不宜直接交谈的问题的调查。但前提条件是双方都应有必需的设备,所以取样范围受局限,而且不利于对问题进行深入广泛的讨论,也无法观察被访谈者的非语言行为,难以评估所获资料的真实性。

(三)个别访谈和集体访谈

根据一次访谈对象的多少,可将访谈分为个别访谈和集体访谈。

个别访谈是指由访谈者对被调查对象逐个进行的单独访谈。个别访谈有利于访谈者和访谈对象之间的沟通,方式灵活,适应性强,且能对资料保密,但访谈效率很低,获取的资料有限。

集体访谈是由一名或数名调查者同时和两个以上的调查对象进行的访谈,它往往以座谈会的形式进行。集体访谈扩大了调查对象,使收集的资料更广泛;也有利于减轻调查对象的心理压力;

同时能提高调查效率。但这种访谈很难保证每个访谈者都充分地表达意见,对一些敏感问题也难以深入调查。要在集体访谈中尽可能让每个被调查者充分地发表意见,研究者应考虑两个方面的问题:第一,一次访谈对象的多少。太多则不能让每个人充分地表述意见,太少则难以发挥集体访谈效率高的优势。具体的人数的确定需要根据课题研究的目的和访谈内容的多少与问题的复杂程度来确定。第二,每一次访谈的对象在受教育程度、职业身份等方面应尽量一致。这样有利于他们减少顾虑,在访谈时能相互启发,畅所欲言。

三、访谈问题的设计

在访谈调查中,研究者必须事先根据研究的要求对访谈中要提出的问题进行设计,以保证访谈者能准确高效地收集到研究所需要的各种资料。访谈问题的设计主要涉及问题类型的选择、问题的表述和提问的顺序三个方面。

访谈中问题的类型主要有两种:封闭性问题和开放性问题。两种形式的问题各有不同的优点和缺陷。

封闭性问题又称限定性问题,它在问题中包含了可能的答案,要求被问者对问题中提供的若干种可能的答案进行选择。如"你认为自己在待人方面是非常热情,还是一般,还是很冷淡?""你认为你的工作条件是很好,还是一般,还是不好?"等都是封闭性问题。封闭性问题明确具体,能避免调查对象的误解,同时能收集到标准化的资料,对资料的记录、统计、分析都较容易,但这种形式的问题对现实情况的了解不能深入,资料容易流于一般化。

开放性问题又称非限定性问题,它是访谈者直接提出,由被问者自由作答的问题。如"请谈谈你的待人方面的情况"、"你的工作条件怎样?你能满意吗?"等都是开放性问题。开放性的问题有利于调查对象充分表达自己的思想观点和情感,调查者有时能获得额外的有价值的信息,并能根据情况作进一步询问。但开放性问题形式主观,容易引起被调查者在理解上的偏差,而且资料的记录、整理和分析都比较困难。

在选择问题形式时,首先要根据研究对资料的要求而定,如果研究需要获取标准化的资料,则应选封闭性的问题,若研究更倾向于收集有深度的资料,则应选择开放性的问题。但是在很多的访谈调查中,研究者都是灵活地根据具体内容的性质同时使用两种形式的问题,使之取长补短,达到收集既丰富广泛又有深度的研究资料的目的。

在对要访谈的问题进行表述时,首先要注意在语言上要准确简洁,不拖泥带水,使问题显得明确、突出;其次,问题表述应不带任何暗示和诱导,语气要客观中立;第三,对较复杂的问题,可附上必要的解释,如"你觉得你的孩子智力发展水平如何?我们所说的智力主要是指孩子认识事物和适应陌生环境的能力"。

设计问题的编排顺序时,一般应遵循"漏斗原则",即先由一般的、开放性的问题逐步到具体的、封闭性的问题,由较大的问题逐步到较小的问题,前后顺序应保持一定的逻辑性。此外,对一些可能使访谈对象感到为难、害羞或产生敌意的问题,应放在最后,以避免被调查者产生心理压力,影响随后的访谈过程。

四、访谈过程的一般步骤

在实施访谈调查时,其过程一般由三大步骤组成,即访谈准备、预备性谈话和正式提问。

(一)访谈准备

同其他研究方法一样,访谈调查事前也应做好充分的准备,以减少访谈过程的困难和问题。访谈前的准备工作包括以下一些内容:

(1)充分熟悉访谈的内容和程序。科研中的访谈都是有计划的、事先经过设计的。访谈者在访谈之前应对设计好的访谈提纲充分熟悉,尤其应对提纲中的问题和提问的先后顺序十分清楚。

访谈者不能在访谈时老是翻阅提纲或笔记本,这会影响与被访谈者的沟通和访谈的气氛;更不能随意颠倒提问次序或任意发挥,影响资料的可靠性。

(2)尽可能地了解访谈对象。访谈是一种交流,如果事先了解访谈对象的一些基本情况,如兴趣爱好、职业、年龄、文化程度,则有助于迅速地达到相互沟通,营造彼此信任的访谈气氛,使被访谈者乐于畅所欲言,充分满足访谈者的需要。

(3)选择好合适的访谈时间和地点。访谈时间和地点的选择应以有利于访谈对象毫无顾虑地充分表述意见为原则。一般来说,较合适的访谈时间应是被访谈者的学习、工作、家务不太繁忙,且心情比较舒畅的时候。当然,围绕突发事件进行的访谈应以及时为原则,以防止因被访谈者的遗忘而丧失有价值的资料。访谈地点应根据研究的需要和被访谈者的意愿而定,但原则上应有一个相对安静的独立空间。

(4)带好访谈所需要的各种材料。访谈所需材料有介绍信、身份证件、记录或录音工具等,以备访谈时使用。

(二)预备性谈话

预备性谈话是在访谈双方正式接触之后,在正式访谈之前用来融洽两者关系、营造访谈气氛的非正式谈话。预备性谈话的内容可以不涉及访谈问题中的内容,但却应有明确的任务。首先,访谈者应在被访谈者面前树立一个真诚、坦率、平和且负责任的个人形象,迅速与其建立相互信任、相互尊重的关系;其次,应打消访谈者可能存在的各种顾虑,营造一个轻松活跃的谈话气氛;第三,应有准备地使谈话向访谈主题过渡。

(三)正式提问

正式提问是访谈者按研究的需要向被访谈者提出问题、征询意见、收集信息的交流过程。这是访谈调查中的关键步骤。要使访谈过程有序进行,并顺利地收集到真实的、有价值的调查资料,

访谈者应做到:

(1)严格按事先设计的问题和发问顺序来提问。

(2)发问要口齿清晰、用语准确,且口气委婉、从容。

(3)态度要诚恳、谦逊,给回答者以充分的思考和回答的时间。

(4)注意做到有兴趣地倾听被访谈者对问题的回答,鼓励其充分地表述意见和态度,不轻易打断其谈话。

(5)被访谈者每回答完一个问题之后,应用简要的概括来进行小结,并让被访谈者证实你理解的正确性。

(6)根据需要针对有价值的信息作进一步的追问,尽力获取更充分、更丰富的资料。

(7)注意观察被访谈者谈话时的非语言行为,如表情、语气、姿势、动作,并及时地据此判断其所提供的信息资料的真实性、准确性和完整性。

(8)及时地用最简捷的方法做好尽可能全面的记录。但要注意在使用录音、录像工具时要使其不给被访谈者产生心理压力,带来某种消极影响。

总之,访谈是一种技巧性较强的工作,访谈者不仅要进行口头交流,而且要调动眼睛、手和大脑积极主动地理解,吸收并及时地整理、记录信息资料,只有这样才能完成访谈的任务。

附:幼儿园园长管理效能的访谈提纲

访谈前言:

我(们)是××课题组的研究人员,正在就幼儿园园长的管理效能方面的问题作一个调查,想请你就你们幼儿园×园长的管理工作回答我们几个问题,你提供的资料将只为研究采用,而且我们将对你的谈话和提供的情况负全部责任,请你客观、真实地回答问题。

1.请你先介绍一下你的个人情况,包括你的年龄、学历、工作年限、在园工作的时间以及你现在岗位。

2.你认为×园长的管理能力是很强,还是一般,还是较差?

3.×园长在管理工作上有明确的管理目标吗?

4. ×园长确立的管理目标和实际情况相比,是过高,是合理,还是过低?

(注:如被访谈者在第3题给予肯定的回答,就接着问第4个问题,反之,则跳过第4题)

5. ×园长的主张在你们幼儿园贯彻得很好,一般,还是不好?

6. 自×园长上任以来,你们幼儿园在哪方面发生了积极变化?你对变化的程度满意吗?

7. 自×园长上任以来,你们幼儿园在哪方面发生了消极变化?你认为主要原因是什么?

8. 请你举出1~2个×园长成功管理的事例。

9. 再请你举出1~2个×园长管理上不成功的事例。

10. 请你为×园长的管理工作提几条意见。

思考题

1. 解释下列名词:
调查法　问卷　　　问卷调查法
访谈法　事实性问题　态度性问题
2. 调查法的主要特点有哪些?
3. 调查法应用的一般过程可分为哪几个步骤?
4. 教育调查法有哪些基本类型?
5. 试比较问卷调查和访谈调查的异同。
6. 问卷调查的优点和缺点各是什么?
7. 问卷有哪些基本类型?
8. 问卷中的问题设计有哪些基本要求?
9. 试设计一份调查问卷。
10. 访谈调查法有哪些基本类型?
11. 如何进行访谈问题的设计?
12. 现场访谈应注意哪些问题?

第六章 测验法

内容提要

教育测验可以在各种形式的教育研究中被用作收集研究资料的手段,也可以作为一种独立的研究方法考察研究对象身心发展的状况和水平。本章首先讨论了教育测验的含义、特点、主要类型及其在学前教育科研中的作用;其次阐述了标准化测验的含义、特点及实施要求,并介绍了在学前教育研究中常用的集中标准化的测量工具;最后阐述了自编测验工具的编制方法与实施要求。

测验最初是教育活动中评估学生的学业成绩的一种方法,1864年英国人费希尔(G. Fisher)收集了许多学生的成绩样本,编成"量表集",用作评定学生学习成绩的参照。德国医生赖斯(J. M. Rice)将心理物理学方法运用于教育评价,在测试了3万名儿童的基础上,编制了一个"拼法测验",使测验客观化、标准化,发展出教育测验的一些基本概念。1904年美国心理学家桑代克(E. L. Thorndike)出版了《心理与社会测量导论》一书,系统介绍了编制测验的基本原理,极大地推动了教育测验的发展。1905—1908年法国的心理学家比奈(A. Binet)和西蒙(T. Simmon)编制出了一个用于测量3~13岁儿童智力的智力测验量表,推动了心理测量的发展。我国也在20世纪20年代前后开始了教育和心理测验的研究。随着测验技术的不断成熟和教育科学研究的不断创新,测验法越来越多地被用来研究教育活动的客观规律,用来评估研究对象的知识、能力、兴趣、性格等心理品质和教育活动的效果,成为教育研究的一个重要方法。

第一节 教育测验概述

一、测验法的含义和特点

测验就是研究者运用数量化的方法对儿童的心理某个方面的发展或学生的学习结果进行测定和评价。测量在一般意义上和测验是同义词,经常被通用,但有人认为,测量应是指测验的操作过程。

在教育科学研究中,测验法是研究者根据研究的需要,运用客观性的测量工具来收集有关儿童身心发展和学习结果的数量化资料,通过对资料的分析来揭示教育活动的效果,探索教育活动的规律的一种研究方法。

在实际使用过程中,任何内容或任何形式的测验都有三个基本要素,即:

1. 测验的参照点

测验的参照点即由测量编制者所确定的数据单位的起点,也是对不同儿童在某个方面的差异进行比较的标准。在教育心理测验中参照点有两种:一种是绝对参照点,即零点。它一般是儿童生理(如身高、体重等)方面测量的起点。另一种是相对参照点,即某一年龄阶段的儿童在某个方面行为上的最低起点。它没有绝对的零点,大多在儿童心理品质或学业成绩测量中使用,因每一个儿童在知识、能力、兴趣等方面都不可能有绝对的零点。

2. 测量单位

测量单位即测量编制者所设计的表征被试间差异的距离,往往用数字来标志,每相邻两个数字之间为一个单位。设置测量单位的目的在于区分不同对象在某个方面存在差异的程度或差异水平。在同一个测验中测量单位应是确定不变的。

3. 测量规则

规则就是用数字来表示事物属性的依据。测量规则包括对测量步骤的规定、评分的标准、测量结果数量化的方法等。例如,我们要测量幼儿的看图说话的能力,可以将规则描述为:根据幼儿的表现而分派1~4的数字,能力表现很强的分派数字4,能力表现很差的分派数字1,而能力表现介于两者之间的,则分派数字2和3。规则的作用在于在儿童的行为表现与数字之间建立合理的对应关系。规则制定得越好,测量的精确性水平就越高。

测验法有着特殊的研究过程,在学前教育研究中也有着自己的特点:

1. 测验法是一种间接性的研究方法

测验法的研究内容多是儿童在发展过程中业已形成的某种心理品质,或是特定的教育活动及其他因素对儿童身心变化所产生的影响或作用,这些内容都是内隐在儿童心理活动或心理过程中,是无法直接进行研究的。测验法通过对儿童外在的行为表现的测定和分析来推论儿童内在的心理过程或心理品质,因而是一种间接性的影响方法。例如,我们要运用测验法来研究幼儿的想像力,我们是无法直接观察到作为内在心理活动的儿童的想像的,只有通过借用特定的工具(试题或量表)来测定儿童在相关活动(如在讲故事、意愿画等)中想像的外在表现或想像的产品,如儿童所讲的故事和所画的图画的内容的新异性、独特性,并将测定的结果数量化,通过对数据的处理和分析来达到对儿童想像力的认识。由此可见,测验法是一种透过"现象"看"本质"的研究方法。

2. 测验法是一种相对的研究方法

测验法的这一特点是由研究内容的性质决定的。如前所述,测验的内容多是儿童内在的心理品质及其变化,这些内容是没有绝对的起点的,所以研究者只能以某个年龄阶段上的儿童发展的最低水平、应有的基本水平或儿童在某种学习活动中能达到的最高水平作为参照点,并以此来确定不同被试发展的现实水平或学习效果。因而测验的方法是相对的,测验所获得的结果也是相对的,一般只是从等级顺序上或数字特性上来反映不同被试间的差异,无法就某个被试本身来确定其水平。

3. 测验法是一种有着统一的过程的研究方法

尽管其他研究方法也有着大致相同的研究程序或操作步骤,但随着具体的研究目的、内容或研究的外在条件不同,其研究过程是不完全相同的。但测验法却追求测量过程的一致性或标准化,它要求研究者运用相同的工具、相同的操作方法、相同的操作程序来对每一个研究对象进行测定,而且在对测量结果的解释上也要求一致,由此可见,测验是一个追求研究过程一致性的研究方法。

测验法同观察法相比,都注重研究儿童外在的行为表现,也都注重对儿童行为表现的评定。但两者之间却有着许多差别:第一,观察法多是考察研究对象在自然状态下的行为表现,而测验法则是考察在研究者提供特定刺激后研究对象在行为上的反应。第二,观察法在收集资料时主要是通过研究者对研究对象行为的直接的感知来进行,即使使用仪器设备也是为了弥补人的感官能力的不足,而测验法则必须通过特定的测量工具来收集研究资料。第三,观察所获得的资料可以是多种形式的,如文字的、数据的等,而测验所得资料则纯粹是数据的。

调查研究中的问卷调查法和测验法有着相似的地方,两者都是通过借用或编制特定的工具来收集研究对象的个体资料。但这两种方法也有着区别,表现在:其一,问卷调查的目的是要通过收集个体资料来反映研究对象的一般情况和总体特征,因而有一般结论而没有个体结果。而测验法则在测定每个个体后都应有一个对个体情况的结论,并以此来反映彼此之间的差异。其二,问卷调查的内容可以非常广泛,而且其问题的内容多涉及具体的社会事物,而测验中的试题则是反映一般性问题,并不特指某种社会事物。其三,问卷调查对调查的操作过程的控制并不严密,而测验则要求对测量的操作过程进行严格控制,以达到过程一致性的要求。

二、教育测验的主要类型

人们在教育研究中所使用的具体的测验方法是多种多样的,主要的类型有:

(一)标准化测验和自编测验

标准化测验是指使用标准化的测量工具进行的测验。标准化的测量工具是由教育测量方面的专家根据严格的科学程序编制的,并在对数以万计的适用对象测量的基础上反复修订而成的量表,而且对测验的过程和测验的外在条件都有科学的规范,因而只要使用得当,其测验的结果便比较可靠,赖此形成的结论也具有较强的说服力。但到目前为止,在心理和教育测量方式中可以适用的标准化量表数量仍不多,难以满足学前教育科学研究中的多样化的需求;同时,使用标准化的量表进行测验时,其过程比较复杂,非专业人士难以把握,且每种量表的适用性有限。

自编测验是研究者运用自己编制的测验工具进行的测验。自编测验中使用的工具是由研究者根据研究的需要自行编制的,测验的内容相对研究的目的而言有较强的针对性,有利于测验的结果对研究内容的说明。但编制测量工具也需要研究者具有较高的专业水平,编制过程也有一定的难度,而且因量表没有被标准化,所以结果的可信性往往受到怀疑,影响了结论的说服力。

(二)个别测验和团体测验

根据一次测量被试数量的多少,可将测验分为个别测验和团体测验。

个别测验是指在一定时间内由主试单独测量每一被试,它专用于对年龄较小的学前儿童、某些特殊被试或某些特殊内容的测验。在个别测验中,主试可以根据不同被试在测试中的特殊反应和表现进行有针对性的指导,并能有效地观察和控制被试的语言和情绪状态,以提高测验结果的准确性。但不足之处是费时费力,效率较低,且在主试和被试不熟悉的情况下,容易给被试造成某种心理上的压力。

团体测验是指在一定时间内由各主试同时对多个被试进行测验。团体测验省时省力,在短时间内能收集到大量资料,测试效率高。但这种测验不利于主试对测试过程的把握和对被试语言、情绪反应的观察,也容易引起测量误差。

(三)纸笔测验和操作测验

根据测试的方式和使用的材料不同,可将测验分为纸笔测验和操作测验。

纸笔测验是指测验内容为文字材料,被试用文字来回答问题的测验。这种测验实施方便,内容便于回答,资料的标准化程度高,有利于统计分析,但需要被试有较高的文化程度,且容易受被试不同文化背景的影响。

操作测验是测验内容不涉及到文字,而是以实物、图形和工具呈现,被试只需动手操作即可完成的测验。这类形式的测验特别适合于以婴幼儿为被试的测验,也非常适合对不同文化背景下的被试进行比较研究。但这类测验过程较复杂,很难以团体的方式进行。

(四)常模参照测验和目标参照测验

按照对测试结果进行评价时所使用的标准不同,可将测验分为常模参照测验和目标参照测验。

常模参照测验就是以常模作为评价标准的测验。所谓常模就是某一总体在某个方面已经达到的平均成绩(或总体的平均发展水平)。量表编制者先从测试对象的总体中抽选出一个随机样本,称常模组。通过对常模组中每个对象的测试来计算出其平均成绩,这个成绩就是该量表的常模。以常模作为评价标准,可以确定每个被试在总体中的相对位置。如某个测量表中,5岁组的常模是

90分,一个5岁儿童获得的测试成绩为85分,其相对位置为中下等。

目标参照测验是以事先规定的标准作为测验结果的评价标准的测验。这时的标准往往是测试者事先确定的被试应该达到的水平。如在各种类型的学业考试或测验中,主试往往根据教学大纲的要求将满分为100的试卷的基本标准定为60分,只要被试取得了60分的成绩,就评价为合格或及格,否则就不合格。

在这两种测验中,常模参照测验具有较好的客观性和说服力,因常模一般是教育测验专家运用科学的方法和程序制定的,比较准确可靠;但使用常模来评价被试时,不利于将分数和测验内容进行对照分析,不利于进一步了解被试心理品质的内在状况。目标参照测验的标准的确定没有经过严格的程序,经常带有主试的主观性,往往在对被试的测验结果作评价时缺乏客观的依据。所以一些专家认为没有常模的测验不能算作是标准化的测验。

(五)智力测验、成绩测验、能力倾向测验和人格测验

按测试内容的不同,可以将测验分为四种类型,即:

1. 智力测验

智力测验就是一般能力测验,即对被试的智力水平进行的测量,其测验的内容主要是被试的观察、想像、记忆、判断、推理、创造等方面的能力。

2. 成绩测验

成绩测验也称成就测验,主要用于测试个人在经过某种正式教育或训练之后对知识技能掌握的程度,即测定被试的学习效果,它是在教育领域中使用最多、最广泛的一种测验。

3. 能力倾向测验

从测验的角度分析,人的能力通常分为实际能力和潜在能力两种。对实际能力的测验叫智力测验,对潜在能力的测验称能力倾向测验。能力倾向测验可用于测量被试能力发展的可能方向以及在某个方面能力发展的潜在可能性。后者有诸如体育运动能力

倾向测验、音乐能力倾向测验等等。

4. 人格测验

人格测验一般是指对研究对象的个性倾向性方面的测试,包括对人的兴趣、态度、意志、情绪、性格、气质等内容的测试。其内容多涉及人的个性和社会性等方面的问题。

综上所述,教育测验的类型是复杂多样的,根据不同的标准可以对其作出不同的划分。每种测验都有着自己的特点和功能。对测验类型的分析,不仅能使我们深入地认识测验,还使我们能根据课题研究的需要灵活地选择合适的测验方法。

三、测验法在学前教育科学研究中的作用

测验法作为一种测定儿童身心某个方面发展的现实水平与可能性的方法,在学前教育的科学研究中的作用主要表现为以下三个方面:

1. 为建立和检验研究假设提供材料和依据

运用各种实证的方法来研究学前教育的问题或现象,其研究实施的过程概括地说就是建立假设并验证假设的过程,而假设的建立和检验离不开理论依据和事实依据。测验法可以根据研究的需要,通过对研究对象心理品质及其变化的测定,为检验理论假设提供准确的、确凿的事实或数据,以提高研究结论的科学性水平和说服力。

2. 为研究者选择和鉴定被试提供可行的方法

在学前教育研究中,一些科研课题的研究过程对被试的个人品质有着特殊的要求。如在课题"角色游戏对不同智力水平的幼儿的社会性发展的影响"的研究中,研究者应选择若干智力水平不同的幼儿被试,以对角色游戏在其社会性发展方面的影响进行比较。这就要求在选取被试时应有可行的方法将幼儿的智力发展的不同水平加以区分,这种方法就是智力测验。因而测验法在选择符合研究要求的被试方面有着重要作用。

3. 能对研究尤其是实验研究中被试的身心变化进行测定和评价

在教育研究尤其是教育实验研究中,研究的目的就是要揭示某种特定的教育因素在教育对象身心发展中所形成的影响的性质及其程度,这就必须通过对因素介入前后的教育对象身心发展的某个方面的状况进行测定和评估来完成。要完成这一任务,研究者就应选择测验法,因为测验是评估人的身心发展状况的最可行的手段。

四、测验法的优点和局限

在学前教育科学研究中,测验法作为一种重要的研究方法,发挥着多方面的作用,具有独特的优势,但其自身也存在着一些局限,需要研究者给予注意。

(一)测验法的优点

1. 测验法是一种比较准确可靠的研究方法

测验法需要运用特定的量表工具进行。而量表的编制,尤其是标准化的量表的编制,一般都需要经过一整套的严格而科学的程序,并经过反复的试用和修订,对研究对象的心理品质有着较好的描述能力,因而只要测验严格地按研究的要求进行,收集到的研究资料就不仅准确而且有较高的可靠性,为形成科学的研究结论提供基础。

2. 施测过程容易控制,结果处理方便

在测验工具中,其问题都是经过严格设计的,一般都是以封闭的方式出现,且施测过程也经过了周密的思考并有明确的规定,这样便使施测者容易控制测验的过程,能较好地摆脱测验中各种主客观因素的干扰。同时,测试的结果都表现为测量分数,量化程度高,便于对结果的处理和分析,尤其是可以直接使用计算机处理,从而提高了研究的效率。

尽管如此,测验法也有其自身不足的地方,具体表现为:

第一,测验法难以进行定性分析。如上所述,测验所获得的结果通常都是数据资料,而对被试在测试中个性化的行为反映不充分,因而不利于对测验的过程或结果作深入的定性分析,使研究形成的结论多为静态的、表面化的描述和解释。

第二,测验法的灵活性较差。任何一项测验总是测量被试某一个方面的心理品质和现有状态,其测试的内容固定、方法固定,不能随意更改,因而灵活性不足,对不同研究目的和多样化的内容的适应性不够。研究者经常会发现找不到研究所需要的测验工具,而自编工具的难度又比较大,只好放弃使用这种有效的方法。灵活性差还反映在对不同文化背景、不同性格、不同经验的被试难以准确评估其各自的特点和质的差别。

第三,测验法对主试的要求较高。教育测验不同于一般的考试,它是一种专业性很强的活动,需要施测人员具有相应的专业知识和技能,能严格地按测验的规范去操作、解释和评价。

第二节 标准化测验

一、标准化测验的含义

对于什么样的测验才算作是标准化的测验,尚有争议。美国教育测验专家梅伦斯(W. A. Mehrenss)认为,使用由专家编制的测量量表,并按统一的步骤进行的测验就是标准化测验。[①] 他进一步解释,所谓统一的步骤是指对被试实施相同的一组问题,用统一的指导语使他们作出反应,有限定的反应时间,且计分方法详尽、客观、统一。由此可见,标准化测验应有以下几个方面的标准化:

---

① 王权、邱学华:《教育的标准化测验》,河南教育出版社1988年版,第14页。

1. 试题编制的标准化

试题是量表编制者根据测验的目的提出的用以引起被试作出特定反应的问题。标准化测验中的所有问题都应该是由专家编制并经过反复修订和多种参数检验(如难度、区别度、信度和效度)、确证有良好的测试功能的问题,而不应带有任何的随意性。

2. 测试方法的标准化

标准化的测验对每一个测验试题的具体的测验方法都有明确的、统一的规定。这些规定都是量表编制者根据测验目的的需要,为保证测验过程的客观,防止主试和被试在测验过程中出现干扰测验结果的行为而确定的,主要有被试的选择、对测试环境的要求、试卷收发的方式、对测试过程的说明和指导语、主试者的态度、被试应注意的事项、计时的办法、意外事件的处置方法等等。也就是说,测试方法的标准化就是无论是谁、在什么时间和地点进行测验,都必须说相同的话、做相同的事、经过相同的程序,以保证实施步骤的严格统一。

3. 评分计分的标准化

测验是一种量化程度很高的研究方法,研究者总是通过一定的手段将被试对某个问题的回答或反应转化为某个数字,这就使测验过程中主试必须给被试对每个问题的回答或反应的结果进行评分和计分。为保证评分和计分过程的客观性与结果的准确,标准化的测验对评分和计分的标准和方法作了明确、具体的规定,以便于主试操作执行。如就主试就每个测试题对被试反应结果的评分而言,韦氏学前儿童智力测验中有一道测试题,是由主试向被试呈示一张在白纸上印有黑色圆形图案的卡片,要求被试用铅笔在一张空白纸上模仿画出卡片上的圆形。这一题满分为2分,量表规定的评分标准如下:

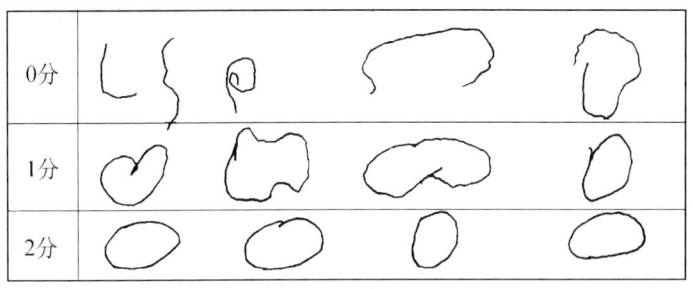

这种评分标准不仅是严格统一的,而且容易操作。所谓计分,就是用什么样的规则和方法将被试在各类试题中的得分进行汇总,得出原始总分数。这在标准化测验中也有非常明确的规定。

4. 分数解释的标准化

在获得了客观、准确的原始分数后,应如何对原始分数进行解释,标准化的测验也会有明确的、统一的方法与要求。如在韦氏学龄前儿童智力量表中,主试要对被试的测量结果作出评价,首先应运用测验指导书中的"量表分转换表"将被试在各类试题中的得分转换为"量表分",再运用"智商换算表"将量表分换算成智商分数,然后根据智商分数的高低进行评价和解释。由此可见,标准化测验在分数解释和评价方面也有着标准化的要求。

综上所述,所谓标准化的测验就是整个测验过程或每一项测验活动都应该是统一的、严格的测验。在学前教育科学研究中,人们进行标准化测验时,都是运用由专家编制的标准化的测量工具——量表。所谓量表,就是由教育或心理专家按照严格的科学程序编制而成的用于测定和评价个体某种心理品质的标准化的测量工具,它一般由测验指导手册(系统阐明测验目的、内容、方法等)、测验专用的物品材料及记录表格等组成。它为人们的测验活动提供了科学可靠的途径和手段。

二、标准化测验的实施

对学前儿童进行标准化的测验是一项专业化很强的工作,主试人员最好是接受过专门训练的专业人员,在实施测验的过程中应严格按照标准化测验的要求,遵循"测验指导手册"的规定。在学前教育科学研究中要运用标准化的检验,不仅要根据研究的目的选择测量工具,而且应作好充分的测试准备,力求测量过程规范、标准。

(一)量表的选择

标准化量表的编制是一个系统工程,有着很高的专业理论和技术要求,一般的研究者很难在短时间里完成这方面的工作,因而在研究过程中,人们往往是借用一些已编制好的工具进行测验。在借用时研究者就必须从已有的标准化量表中进行选择。在选择过程中应综合考虑以下三个方面的问题:

1. 量表功能与研究目的、研究内容的适切性

在科学研究中使用测验法时,测验必须有效地为完成研究任务、实现研究的目的服务。因而研究者必须根据研究目的和研究内容来选择合适的测量量表,使测量能完整地、有效地收到研究所需的资料。如智力测量量表只适用于与儿童智力活动有关的研究,而无法说明儿童的社会性行为问题。如果我们要说明某一整体的课程改革给儿童身心发展带来的影响,仅用智力测量量表来收集儿童发展变化的资料是不能整体地说明问题的。

2. 量表的标准化程度

标准化测验首先是量表的标准化,即应该选择标准化程度较高的测量量表作为测量工具。而量表标准化不仅要求量表是由专家慎重编制的,而且应是由专家修订过的,如果是由国外引进的量表,必须是经过中国专家根据中国的文化背景和被试发展状况修订过的,并且修订的时间越接近使用时间越好,因而应尽可能选择最新修订版本的量表。

3. 测验的形式要适用于特定的研究对象

一般来说,标准化的测量量表对适用对象有明确的规定,其测试的内容和材料都是根据特定的适用对象的身心特点来编制和设

计的。因此,研究者在选用量表时还要考虑到量表适用对象的范围,如对幼儿实施测验就应该选择"幼儿量表"或"学龄前儿童量表"。如果选用其他量表,必须注意像纯粹的文字测验、个性测验等都不适宜于幼儿。

(二)测验准备

要使测试工作能顺利开展并保证测试过程的客观性,主试在测试工作开始之前应充分地做好测试的准备工作,这方面的工作有:

1．掌握测验的基本知识技能,熟悉测量量表

如前所述,测验是一种专业性很强的工作,实施测验的主试必须系统地掌握教育和心理测验的基础知识和基本技能才能承担这方面的工作,才能保证测验能按研究的要求进行。其次,每个被试都必须熟悉测验要使用的量表,熟记测试题目、提问的顺序、指导语、演示方法及计分评分的规则,避免测验出现不符合要求的操作。

2．准备测验要使用的材料和场所

在标准化的量表中一般已准备好了主试要使用的专用测试材料,但有时一些常见的材料需要研究者根据具体题目的需要去准备、去制作,因而研究者在准备测试时应逐一清点必用的测试材料,避免因材料的不充分或不符合要求而影响测试过程。

同时,标准化的测验对测验外在的环境和条件也有着非常严格的要求,如《韦氏学龄前儿童智力量表》规定:测试时"室内要安静,室温适宜,小儿坐得舒适。桌面要平坦,桌椅高度要适合小儿的身高"。因此,主试在测试前应准备一个专用于测试的场所,并且场所的环境和内部设置都应按量表的具体要求去设置,以保证测试工作的顺利进行。

3．做好测验约定

即研究者和主试应事先和测试对象(或测试对象所在的单位、家庭等)就测试的有关事项达成一致,如测试对象的人数、测试场

所、测试的时间、测试结果的处理等等。

(三)实施测量

实施测量就是按研究的要求和具体的量表的规定对被试进行某种心理和行为品质的测定,其具体的过程和具体的测试要求往往随量表的不同而不同,但就一般而言,主试人员应做到以下几点:

1. 在接近被试时态度要自然、亲切,与其建立良好的合作关系

被试在接受测验时能否对问题作出正常的回答和反应,使主试准确地测定其心理活动,和其在测试时的心理状态(尤其是情绪状态)有直接关系,因此,主试在和被试接触时应力求让被试保持正常的心理状态。对成年被试,主试可用平淡的口气直接向其解释测试的目的和对被试的基本要求。但对年龄较小的幼儿,主试人员就应特别注意,因幼儿在第一次接触陌生人时很容易产生心理的各种变化,如过于紧张,出现情绪上的焦虑,或过于兴奋,出现"人来疯",这都不利于儿童在测试中正常发挥自己的能力。因而主试人员在测试前应和被试幼儿熟悉起来,建立相互信任的关系,同时注意在第一次接触时,态度要大方、自然、亲切,不让被试产生任何心理上的压力。

2. 严格按照标准化的指导语和标准时限进行测验

如前所述,标准化的测验在测试的问题和测试方法上都有着极为严格的规定,主试者在运用时,应严格使用量表中规定的指导语来提问,指导被试作出回答和反应,并根据量表的要求严格控制和记录被试反应的时间,根据时间来评分。在幼儿测验中,主试还要注意语言应浅显易懂,适应幼儿的语言理解能力。尤其要注意在测试过程中不能随意地评价被试,以免在被试心理上引起不良的反应。

3. 应及时地记录主试的反应

在每一个测试题目测试完成后,主试人员必须及时地记录被试的测试结果。在研究中的测验有时还应该同时记录被试在接受

测试时的表情、动作和语言等信息资料,这可作为分析测验结果的重要依据。但在记录时最好采用一些自己能理解的符号,尽量不要让被试察觉,否则会引起他们的不安。必要时,可用放置于隐蔽处的录音机、录像机来帮助记录。

4. 要善于处理测试过程中的突发事件

如果测试过程中出现偶然的突发事件,会在不同程度上干扰测试过程,给测试活动带来不利影响,如被试注意力不集中,环境中出现的喧闹或被试提出的某些不利于完成测试的要求等等。主试要灵活地应付这类事件,以保证测验过程的顺利进行和测验结果的准确性。只要不影响测试任务的完成,处理的方法可以是多种多样的。如幼儿注意力不集中时,主试可以先转移引起幼儿注意力分散的物品,当幼儿情绪过于紧张时,可暂时停止对其测试,待其情绪放松后再开始,等等。

(四)得出结论,作出解释

具体的测试工作结束以后,测试人员就应该根据"测验手册"的要求来处理测试的结果,一般是先根据被试的反应情况和评分标准来评定被试在每个题目上的得分,然后统计各项目的得分情况,计算出测验的原始分数,再将原始分数按"测验手册"提供的方法进行转换,得出最后结果,并对每个被试的结果作出解释和评价。一般来说,对测试结果的处理应由主试人员及时进行。在解释和使用结果时应特别注意研究的伦理学要求,防止其对被试产生的各种不良影响。具体而言,应特别注意两个方面:一是结果的分析和解释必须客观、科学、具体,即分析、解释应结合测验过程和被试的各种基本情况进行,尽量客观、具体,不能随意下结论;二是切忌对测试的结果下绝对的结论,因研究活动的性质和"科学家"的身份很容易使解释和结论成为给测试对象"戴帽子"、"画标记",使之给测试对象带来不良影响。在测验后,所有的建议和解释都应带有激励性。

另外,解释和评价测验结果是一项专业性很强的工作,解释和评价的准确性和客观性取决于解释人员的教育测验知识、经验和素质,因而测验结果的解释应由专业素质较高的人士进行,切忌滥用测试结果。

三、我国常用的学前儿童标准化测验工具简介

了解我国常用的标准化的心理和教育测验工具,有助于研究者根据自己的需要从中进行选择。目前我国常用的标准化测量量表大多是从国外引进并经过我国专家修订的,但也有些是由中国人自己编制的。下面我们将就其中一些重要的量表加以简要的介绍。

(一)中国比内测验

1905年法国心理学家比内(A. Binet)和医生西蒙(T. Simmon)经过多年的研究制定了最初的智力测量量表,并于1908年和1911年进行了两次修订。我国在20年代开始引进并修订而成"中国比内－西蒙智力测验",1982年北京大学心理系关天敏教授进行了第三次修订,称作"中国比内测验",适用于2～18岁的城乡男女幼儿、儿童与成人的个别智力测验。测试内容分为语言文字、数目、解题和技巧四类,每个年龄3个项目,共51个项目。施测时,主试首先根据被试的实足年龄从测验指导书的附表中查到开始的试题。例如某儿童6岁,即应以第7题作为测验起点题。测试中儿童每通过1题记1分,连续有5题通不过就停止测验。然后将被试答对题的分数加上补加分,便得到测验的总分,再根据实足年龄和测验总分就可直接从测验指导书后的智商表中查出被试的智商分数。中国比内测验的指导书已由北京大学出版社出版。

北京师范大学的裴娣娜教授从该量表的51个项目中选出第11、18、27、28、29、34、38、42等8个项目组成《中国比内测验简编》,使测验过程简化,每测1名被试只需20分钟。

(二)韦克斯勒幼儿智力量表

韦克斯勒智力量表是由美国纽约大学附属贝尔维医院的韦克斯勒编制的,一共有3种,即"韦克斯勒儿童智力量表"、"韦克斯勒成人智力量表"和"韦克斯勒幼儿智力量表"。下面我们将对在学前教育研究中常用的"韦克斯勒幼儿智力量表"作一个简单介绍。

韦克斯勒幼儿智力量表也被称作韦氏学龄前儿童智力测量量表,它是1967年前由韦克斯勒设计、发行的一套专供4~6.5岁的儿童智力测验所用的量表,我国在湖南医学院龚耀先教授主持下,于1986年10月完成了中国版的修订工作。

量表从整体智力观出发,将测试内容确立为语言和操作两个部分、11个分测验,共130道试题和10道备用试题。在测试时要求语言量表测试和操作量表测试轮换进行,每个题目都有规定的反应时间和具体的评分方法和评分标准;测试中儿童对问题不明白时,主试可以重复一次;被试连续5道题不能通过即停止测验。每个分测验的题目评分后,把分数总加起来,得出各分测验的原始分数。然后计算被试年龄,将该年龄原始分换算为量表分,再将量表分换算成智商分数。

(三)瑞文测验

瑞文测验是由英国学者瑞文(J.C.Raven)设计的非文字的系列智力测验,我国使用的有"瑞文标准推理测验"和"瑞文测验-联合型"两种。

1. 瑞文标准推理测验

瑞文标准推理测验最早是1938年编制、供5.5岁以上的儿童及成人智力测验用的非文字测量量表,1988年张厚粲教授主持修订完成中国版本。该测验内容为5个系列共60道题目,每个系列12道题,测验形式是要求被试根据图形的规律对缺失的图形进行推理和填补。

2. 瑞文测验-联合型

瑞文于 1947 年还编制了另外两个推理测验,一个是适用于年龄较小的儿童和智力落后的成人的彩色推理测验,即将原来的黑白图的标准推理测验中的头两个系列加上彩色,并添加了一个系列,共 36 题。另一个是适用于高智力水平人员的高级推理测验。1988 年,李丹教授主持修订了瑞文测验,将瑞文测验的标准型和彩色型联合使用,称为"瑞文测验-联合型"。

"瑞文测验-联合型"由瑞文彩色型(三个系列)和标准推理测验的后三个系列组成,共 6 个系列 72 题。这套测验适用于 5～75 岁左右的幼儿、儿童、成人和老人,有城市常模和农村常模。在施测中,一般被试是按团体测验方式进行的,但对于学前儿童和 70 岁以上的老人宜进行个别测验。测验要求与瑞文标准推理测验基本相同。

(四)画人测验

画人测验最早是由美国明尼苏达大学的古伊诺夫编制的一套非文字测验,可用于测量 4 至 10 岁儿童的智力。这个测验简便易行,能激起儿童的兴趣,不会使儿童感到紧张和疲劳,符合儿童的心理特点。在幼儿园的中班和大班,甚至可以团体施测。测验的过程很简单,给每个儿童一张纸、一支铅笔、一块橡皮,让他自由地画出一个人像,不求好看,只求完整。这个测验不限时间,但一般都可在 10 至 20 分钟内完成。

测验的编制者认为,画人测验与被试的观察能力、记忆能力、创造能力、空间想像能力以及知识水平都有很高的相关性。通过儿童的作品,不仅可以看出他们由具体形象思维向抽象逻辑思维发展的特征,也能看出他们绘画的技能和手眼协调等粗细动作的发展情况。

古伊诺夫的画人测验后来又经过多次修订。近年来,在我国的北京、沈阳、河北等地也重新修订了评分的细则和方法。表 6-1 为画人测验记录表,左侧空白处是供儿童画人用的,右侧可用来计分。它将人像按部位分为17项,并根据难易程度确定了每项的满分值。儿童画完后,就按照标准计算出每一项的得分和总分并依据常模换算成智商分数。

画人测验虽也能测查出儿童的智力水平,却具有一定的局限性。它仅适用于有一定绘画技能的儿童,对于从未上过幼儿园、也从未学过绘画的农村儿童显然就不适用。因此在使用画人测验对儿童的智力水平作出评价时应特别慎重。

表6-1 画人测验记录表①

计分项目	满分	得分
1. 头	3	
2. 眼	5	
3. 躯干	4	
4. 下肢	3	
5. 口	1	
6. 上肢	3	
7. 头发	2	
8. 鼻	2	
9. 连结	3	
10. 衣着	5	
11. 颈	2	
12. 手	5	
13. 耳	2	
14. 足	2	
15. 脸	4	
16. 画线	2	
17. 侧位	2	
总　计		
智　商		

① 引自宋维真、张瑶主编:《心理测验》,科学出版社1987年版,第128页。

(五)中国儿童发展量表 CDCC

中国儿童发展量表是1985年由北京师范大学张厚粲教授、陈帼眉教授等人编制的用于测试我国城市和大城市郊区3~6岁幼儿心理发展水平的标准化测量工具。其测试内容分为4个部分16项分测验。其中第1、2、4项是语言能力测验,第3、5、6、7、8项是认知能力测验,第9、10、11项为社会认知能力测验,第12~16项为身体素质和动作技能测验。测试时环境应适合儿童的生活经验,安静且适宜幼儿接受;施测方法应严格按测验手册的规定进行。计时一般用秒表,测试速度应适合不同儿童的特点。

从以上的介绍可以看出,目前我国能用于学前儿童心理和教育测验的标准化工具还为数不多,且大多是集中在测定儿童的智力方面,这很难充分满足我们对学前儿童及其教育问题研究的需要。在这种情况下,我们将在一定程度上依靠研究人员根据特定的需要来自行制作测验工具。

第三节 自编测验

一、自编测验的含义和特点

自编测验是指由研究者根据研究的需要自行制作测量工具,并在特定的时间和条件下使用的测验。

在学前教育科学研究或其他形式的活动中,人们经常需要对儿童的心理品质进行评估,对儿童行为上的变化进行测定,这都需要使用教育测验法。而标准化的测验工具受其数量及应用范围的局限,远不能满足人们的需要。研究者经常需要根据特定的研究内容的需要,根据研究对象的身心特点,自行设计测定的内容和方法,制作测定工具。凡属运用自行制作的工具进行的测验均为自编测验。

和标准化测验相比,自编测验有下列优点:

1. 自编测验的针对性强

虽然标准化测验也是为测定儿童的某种心理或行为的品质而设计的,但都属一般性测验,它对儿童某种心理品质所涵盖的特殊心理状态和活动能力的测试并不见得非常完整或充分。如各种智力测验中都必须通过各种形式的试题来测试被试的思维能力,但往往考虑到测试的时间、长度等因素,这方面的试题数量往往较少,这就会使对儿童思维能力的测试不完全、不充分。因而一般不能将其从整套测验中剥离出来单独使用。而自编测验则能根据研究的需要自编一套试题和测试方法,对要研究的儿童的某种特定的心理状态、活动能力或行为品质专门进行测定,试题内容和测验方法都可充分考虑研究的需要,做到有针对性,能充分地、整体地测定研究必须测定的内容。如皮亚杰运用"液体守恒"来测验儿童的逻辑思维能力,柯尔伯格通过"两难故事"来测试儿童的道德判断能力,其测试的内容和方法都具有很强的针对性。

2. 自编测验的灵活性强

标准化测验工具一经修正便不得随意更改,对测试的内容、程序、方法及评分、计分和分数的解释等都有相当严格的规定,其制作难度大,修正难度也大。因而对因社会发展或文化背景差异等因素造成的被试身心素质的变化不能及时地、充分地反应,存在着灵活性不足的问题。使用自编测验时,研究者可以根据具体的社会文化条件来制作和修正测试工具,使之较好地适用于特定的环境条件下的被试,适应性很强,只要工具制作合理、施测过程得当,就能较好地测定被试的内心品质和行为表现,有一定的灵活性。

3. 自编测验操作相对简便

如前所述,在实施标准化测验时,对测试的环境和条件以及测试过程的要求都极其严格,测试时不仅要运用大量的材料,还需要相当长的时间(有的测验测试完一个被试需要两个多小时),而且对测试结果的处理也相当复杂,非专业人士是不能很好地完成测试任务的。自编测验相对而言,其测试内容和方法都可设计得较简单,在不影响测试目的的条件下,编制者可尽量简化测试过程,使得测验操作相对简单方便。

尽管自编测验有上述优点,但在研究活动中仍有着自身的不足:

1. 自编测验结果的说服力不强

因自编测验是运用研究者自行制作的工具,测试工具在制作过程中往往不像标准化测试工具那样有一个极为严格的程序,大多没有像标准化工具一样经过大样本被试的试测和各种参数的检验,因而这种非标准化工具的可靠性和有效性往往受到人们的怀疑。这也直接影响到人们对测试结果的认可程度。因而,一般来说,这种用非标准化工具进行的测验,其结果的说服力相对较差。

2. 自编测验的应用范围有一定限制

因自编测验的测量工具是就特定的内容、针对特定条件下的研究对象的身心特点制作而成的,往往缺乏对在其他条件下同类对象的描述能力,因而其工具的使用都有一个特定的范围,有一些特殊的规定。例如,研究者如果为研究大城市里接受正规幼儿园教育的儿童的推理能力而编制一个幼儿推理能力测验,在没有经过修正的情况下,是难以准确描述农村地区没有接受正规幼儿园教育的儿童的推理能力的,因而就不能直接在农村地区使用。

二、自编测验工具的制作

要在研究活动中运用自编测验,首先就应该制作一个供测试使用的测验工具。虽然制作测验工具在对编制程序中各环节的要求上没有像测验专家制作标准化的工具那么严格,但制作过程的基本步骤都大致相同。

(一)确定测验的目的

确定测验的目的就是通过对研究的需要的分析来明确为什么

要进行测验,测验应达到什么目标。测验目的不同直接影响到测验内容的选择和测试方法、评分标准的设计。在学前教育研究中,运用测验法的目的主要有三个方面,一是运用测验法来认识研究对象在某种心理品质或行为表现上的特征和发展水平;二是为研究活动挑选出具有某种特质的研究对象,如分别选出智力水平高、中、低的幼儿若干作为某个课题的研究对象;三是在教育实验中证实和评价因自变量操作而引起的被试在某个方面的变化。如果测试的目的是第一种,则测验工具中测试的内容就应力求全面,测试方法就应多样化,评分标准也应力求准确可靠;如果测验目的为第二种,测试的内容和方法就应能有效地区分出不同智力水平,有难度层次;为第三种目的设计测验工具时,其内容和方法的选择就应和自变量联系起来考虑。

(二)分析测试内容、确定测试项目

在明确了测验的目的之后,就应对要测试的被试的某种内在或外在品质进行具体的分析,这方面的分析应从预期要测量的品质的内在要素和外在的表现形式两个方面进行。所谓内在要素就是对象的某种品质是由哪几个主要部分构成的,外在的表现形式就是该品质是通过哪几种外在行为(活动)表现出来的。分析的目的是要以此来确定测验从哪几个方面进行,应包括哪些项目。如本章第二节所介绍的"韦氏幼儿智力量表"就将智力这种品质分为语言和操作两个大类,每类又分出五个项目,这就是在运用心理学理论对儿童的智力品质进行具体分析的基础上确立的。附录"5~6岁幼儿推理能力测验"中将幼儿的推理能力确立为五个项目,即实物推理、图形推理、语言推理、数字推理和图片顺序推理,也是基于对幼儿推理能力的外在的不同表现形式的分析而确定的。

(三)编选测试题目、设计测试方法

测试题目是主试用来引起被试作出特定反应的内容和材料,它是测试工具的核心部分,因而编选题目是制作测验工具的关键。

在编选题目时应遵循以下几个方面的基本原则:

1. 题目应准确地反映测验的目的和内容

就测验本身来说,测试题目是实现测验目的的工具,它必须引起儿童作出某种反应而表现其内在的某种心理活动或心理品质。因而所编选的测试题目必须能够充分地、准确地说明测验的内容。我们要对儿童的思维活动的推理能力进行测验,就必须选择和编出能引起儿童进行推理活动、展现其推理能力的题目,否则就无法达到测验的目的。

2. 题目类型要多样,题材要丰富

人的任何一种身心品质都是极其丰富的,往往随着测试类型和测试材料的不同而有不同的表现。如推理能力,有的人善于运用语言推理,有的人善于运用数字推理,而有的人则善于运用情景(形象)推理;又如观察力,有的人善于细节的观察,而有的人则善于从整体上进行观察等等。人的身心品质的这种丰富性要求测试题目在类型上多样,题材上丰富,以尽可能充分地描述要测定的品质。

3. 题目的内容材料要有独特性

测验要能准确地鉴别和评定研究对象的某种身心品质,就应设法排除研究对象相关的知识、经验和技能对测试的直接影响,尤其是在教育和训练中机械记忆的知识和通过模仿获得的技能的直接使用,因这种性质的知识和技能还没有转化成对象的内在品质。因此,在编选题目时就应回避那些一般性的以及和日常生活、教育活动内容相同的题目,尽可能使题目具有新颖、独特性。

4. 根据测验的目的来确定题目的难度

要使题目具备很好的测试功能,就必须把握好题目的难度。在考虑题目的难度时,首先应使其和研究对象一般的理解能力和表达水平相适应。题目过于容易,无法说明测试对象的品质究竟处于何种水平;题目难度过大又不能引起对象作出合适的反应,也无法鉴定其内在品质。其次,题目难度还应有一定的层次性,即同类测试内容中不同的题目其难度应有所不同,形成合理的难度层次,这样才能有效地甄别出被试某种品质的有无和高低、强弱、多少等特性,并区别出不同被试水平上的差异。

5. 题目应能引起被试的兴趣

题目在测试内容、方法和材料等方面若能有效地激发测验对象的兴趣,则有利于吸引其注意力,使其专心致志地完成测验。否则会导致测试对象缺乏动机,而使测试中的反应不恰当、不准确,引起测验误差。

在题目编制时,除考虑题目的内容外,还应设计题目的测试方法,测试方法包括向被试呈示问题和要求的方式和指导语、评分和计分的方法、测试材料的使用方法以及测试环境的设置等等。在设计每个题目的测试方法时,应力求测试题目内容与方法的和谐与统一。

(四)试测与分析

测验编制者在完成题目的编选和测试方法的设计以后,就应将初步形成的测试工具在相应的被试中进行试测,试测的主要目的在于测验工具的适用性和制作的合理性,分析其能否有效地检测被试的某种品质和能力,其难度上的合理性如何,能否符合被试的兴趣等等。如果在某些方面不能达到预期要求,编制者就应根据测试的结果对初步制作的工具进行必要的修正。有时可能需要多次反复地对工具进行试测、分析和修正才能达到目的。

(五)编排试题、鉴定测验

在完成对试题的修订以后,就应对所有的试题按一定的逻辑进行顺序编排,试题的顺序决定了测试过程的顺序,因而不得不慎重。除特殊的研究需要外,测试题目的编排一般应遵循先易后难、先简单后复杂的逻辑顺序,以保证测试过程的顺利进行。

对制作好的测验工具在正式使用之前应采取一定的方式进行鉴定,确认其科学性、有效性和合理性。鉴定可采用两种方法进行,一种是专家评价法,一种是测试结果分析法。专家评价法就是将制作完成的测验工具及其相关材料送交教育测验方面的专家，请其对测验工具及其制作的过程作全面的分析，并提出评价意见；测试结果分析法就是制作者自己选择一个具有代表性的样本，通过对该样本中的被试进行系统的测试来获取反映测试过程和结果的资料，通过对资料的分析和评估来鉴定测验。

三、自编测验的应用

自编测验的测试过程与标准化测验大致相同，都必须经过测验准备、实施测量、得出结论、作出解释等基本步骤。但因自编测验是一种没有经过标准化的测验，故在使用过程中仍有一些问题应给予充分的注意。

1. 合理地执行测验的规定

虽然自行制作的测验工具也需要进行试测和修正，但其制作和修正过程没有制作标准化的工具那么严格，一般也都没有经过效度和信度的检验，因而测试的可靠性仍然有待工具使用过程的检验。研究者在使用自编测验的过程中应始终关心测验能否满足研究的需要，能否收集到可靠的研究资料。如果测试的过程和结果无法满足研究的要求，必须及时地对测验进行调整，包括调整测验的项目内容、试题和测试方法等。当然，在没有必要的情况下也不能随意地进行调整，调整后的测验也必须具有其严肃性和稳定性。

2. 主试在测试过程中应做好全面的记录

在研究活动中，测试的过程就是收集研究资料的过程，主试应力求收集到具有更好的深度和广度的研究资料。尤其是在使用标准化程度不高的自编测验时，更应该在保证完整地收集测试结果资料的同时，注重收集被试在测验过程中的其他类型的资料，如被试的语言、动作、姿势、表情等等，这些资料既是说明测验结果的重要说明材料，也能很好地满足研究对资料的深度和广度的需求。为此，主试人员应做好全面的测试记录，必要时可使用相应的仪器设备进行辅助记录。

3. 要注意审慎地解释并合理地使用测试结果

一般而言,为研究所编制和使用的自编测验,其结果和测试过程的其他资料只能用于研究的目的,而不能用于对测试对象的评价或者当作行政管理的依据。主试人员应对资料的保密负责,防止其扩散后对测试对象或测试对象所在单位带来不利的影响。如属特殊需要,必须公开某些资料或结论,主试人员必须对资料或结论作出谨慎的解释,解释不仅应针对具体的测试内容和过程进行,而且不应有绝对的、整体性的结论,以防止测验给某个对象"画了符号"、"戴了帽子",而影响其身心正常的发展。

附:5~6岁幼儿推理能力测验(自编测验)[①]

测验目的:测试儿童推理能力。

适用对象:中国城市4~6周岁男女幼儿。

试题及测试方法:本测验由5个项目共10个试题组成,5个项目分别是实物推理、图形推理、语言推理、数字推理、图片顺序推理。每个项目两道试题。试题和测试方法如下:

1. 实物推理

试题一:主试准备一篮水果,包括苹果、梨、桔子3种,当着被试的面将三种水果按某种规律摆成横排后,将其中3个水果拿走形成空缺位置,要求被试将空缺位置用相应的水果补上。如图6-1。

桔子 梨 苹果 □ 梨 苹果 桔子 □ 苹果 桔子 梨 □

图 6-1

指导语:小朋友,这里缺了3个水果,你能将它补上吗?哪个位置应放什么水果,请你想一想。

评分标准:该题满分3分,每摆对一个水果计1分。

试题二:主试准备8只外形透明的水杯,将8只水杯分别注上

---

① 参见陈帼眉主编:《学前儿童发展与教育评价手册》,北京师范大学出版社1994年版,第463~467页。

水位不同的水,并按水位由低到高的顺序排成一排后,将其中 2 只位置调换,让被试仔细观察后,调换水杯位置。

指导语:小朋友,这 8 只杯子里有 2 只杯子摆错了位置,你能将它们找出来再摆对吗?

评分标准:该题满分 4 分,每找到一个摆错的杯子计 1 分,摆对 2 分。

2. 图形推理

试题一:主试准备画有 ⌒ 图形的卡片 12 张,将图片按规律摆成一排后,拿走其中 3 张,要求幼儿用剩下的图片补缺。如图 6-2。

图 6-2

指导语:小朋友,这里有一排图形,中间有 3 张掉出来了,在这里,请你将它补上去好吗?

评分标准:该题满分 3 分,每摆对一个图形计 1 分。

试题二:主试和被试各有一套形状相同、颜色不同的卡片,主试用自己的卡片摆出下列图案,让被试模仿摆出。被试以能排除颜色干扰,正确摆出为好。如图 6-3。

指导语:小朋友,请你用你的图片也摆出一个和这个机器人一样的机器人。

评分标准:该题满分 6 分,正确摆出图案计 3 分,配好颜色计 3 分。若出错,根据错误程度酌情扣分。

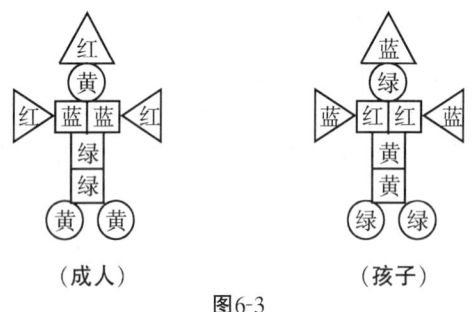

图 6-3

3.语言推理

试题一:请你把话说完。

(1)我渴了喝水,我饿了____。

(2)小华高兴得大笑,丽丽伤心得____。

(3)解放军扛枪,医生用____。

(4)小白兔爱吃胡萝卜,好比是____爱吃骨头。

指导语:小朋友,请你把我没有说完的话说完。(若需要可举例说明)

评分标准:该题满分4分,每做对一小题计1分。

试题二:找找我在哪儿?(图6-4)

(1)我上面是小鸟,下面是熊猫,哪个是我?

(2)我不在第二排,我的左边是熊猫,哪个是我?

(3)我不挨着熊猫,我和大象是邻居,哪个是我?

图6-4

指导语:小朋友,请你仔细看这幅画,我们用它来猜几个谜语好吗?

评分标准:该题满分3分,每做对一题计1分。

4．数字推理

试题一：填数。

(1)35　91　579　357。

(2)43　15　321　43　1。

指导语：小朋友，请你在空格里填上正确的数字。

评分标准：该题满分4分，每写对一个数字计0.5分。

试题二：哪个数错了？

(1)2、3、3、4、5、6。

(2)10、8、6、5、4、2。

指导语：小朋友，你看这一排数字中哪个写错了，把它指出来。

评分标准：该题满分5分，每找出一个数字计2.5分。

5．图片顺序推理

试题一：狮子吃早餐。（见图6-5）

图6-5

试题二：小猪上幼儿园。（见图6-6）

图 6-6

指导语:小朋友,这三幅画画的是狮子吃早餐(或这五幅画画的是小猪上幼儿园),但图画的顺序排错了,请你找出正确的顺序,用数字1、2、3(4、5)标出来。

评分标准:试题一满分3分,写对一个计1分。试题二满分5分,写对一个计1分。

注:本附例为举例需要对引用内容作了部分修改,附例的目的仅为帮助学习者理解学前教育研究中的自编测验,其中的内容和评分标准的科学性未经检验。

思考题

1. 解释下列名词:

   测验法　常模参照测验　目标参照测验
   量表　　标准化测验　　自编测验

2. 测验的基本要素是什么?

3. 教育测验有哪些主要类型?
4. 测验法在学前教育科研中有哪些主要作用?
5. 标准化测验中的标准化体现在哪些方面?
6. 应如何选择标准化的测验工具?
7. 在标准化测验中应注意达到哪些要求?
8. 使用自编测验有哪些优势和局限?
9. 如何编制自编测验的工具? 试编制一种自编测验工具。
10. 应用自编测验时应注意哪些问题?

第七章 教育实验法

内容提要

教育实验法是现代教育科学研究中常用的一种研究方法,它在探索教育规律、发展教育理论中起着重要的作用。本章首先阐述了教育实验的含义、基本结构、主要类型及其优点和局限性。其次,简要介绍了教育实验设计的一般步骤及主要的设计模式。接着讨论了教育实验中各种变量的分析和处理方法,最后阐述了对教育实验的评价。重在使学习者系统地掌握教育实验的基本原理和具体的操作规范,形成开展教育实验研究的能力。

在现代的教育科学研究中,教育实验是一种极为重要的研究方法。有学者认为教育实验方法的发展有两条基本线索:一条是由自然科学研究中的实验法到实验心理学,再到实验教育学的发展线索;另一条是从一般教育活动的本身分化发展而形成的教育实验。[①] 从前一条发展线索来看,在16世纪中后期由著名科学家伽利略和哲学家弗朗西斯·培根将实验确立为自然科学研究的一种重要的方法和原则,19世纪后半期德国生理学家、哲学家冯特(Wundt.W.)将其引入心理学研究,到20世纪初又被引入教育研究,并在当时形成了一种运用实验方法研究教育问题的潮流。当

[①] 参见裴娣娜:《教育研究方法导论》,安徽教育出版社1995年版,第237~243页。

时的教育实验研究的代表人物德国心理学家梅伊曼(Ernst Meumann)和赖伊(Wilhelm August Lay)确立了"实验教育学"的名称,并认为:只有通过实验来研究教育现象中各种复杂的因果关系,教育学才能成为一门科学。后一条线索的发展起源于瑞士教育家裴斯泰洛齐,他于1774年和1789年两次创办孤儿学校,进行初等教育新方法的实验,其后福禄贝尔、蒙台梭利等著名的教育家都开展过早期教育的实验研究活动,并形成了对教育发展产生重大影响的实验成果。19世纪末到20世纪初美国实用主义教育家杜威在芝加哥实验学校通过实验验证了他的"新进步主义教育理论",对20世纪的世界教育理论和实践的发展作出了巨大的贡献。中国教育界在20世纪的20~30年代也开始了教育实验研究,其中陈鹤琴先生等人于1926—1929年在南京鼓楼幼稚园进行了幼稚园课程实验,形成了"单元教学"的课程模式。

教育实验研究在其发展过程中形成了丰富的方法理论和多种多样的实验模式,受到了广大教育研究工作者的关注,在教育研究活动中被广泛地用来探索各种形式的教育活动的规律,成为一种重要的研究方法,甚至有人认为"教育科学的生命在于实验"。

第一节 实验法概述

一、教育实验法的含义和教育结构

如前所述,实验法最初是一种在自然科学研究中应用的方法,它是研究者根据研究的目的,采取一定的方式(如运用科学仪器、设备或材料)来主动地操纵和控制某些条件,使所要研究的现象发生或产生变化,通过观测现象产生或变化的事实来确定条件与现象之间的相互关系的一种研究方法。实验法在自然科学(如物理学、生物学、化学等)的研究中获得巨大的成功,人们赖以认识了许多重要的自然现象发生或变化的客观规律,并对社会科学研究(包括教育研究)产生重大影响,逐渐成为包括教育科学研究在内的社会科学研究的重要方法之一。

教育实验法是研究者以一定的理论假设为指导,根据研究的目的,有计划地操纵某些条件,控制某些条件,并观测特定的教育现象随之发生的变化,以探索不同教育现象之间的因果关系,揭示教育活动规律的研究方法。

教育活动是一种非常复杂的活动,活动中涉及的因素复杂多样,而且各种因素相互作用形成非常复杂的关系,教育规律往往就隐藏在这些关系之中。教育实验法就是力图通过对教育活动中某种(些)因素的控制来确证这些因素(条件)之间的相互关系的性质和紧密程度,借此认识教育活动的规律。例如在一项"实现幼儿玩具系列化促进幼儿智力发展"的实验研究中,"玩具"和"智力发展"是教育活动中的两个基本因素,而且彼此存在相互作用。研究者事先假设两者之间存在一定的因果关系,即只要将幼儿玩具系列化就可以在某种程度上更有效地促进幼儿的智力发展,玩具系列化是原因,幼儿智力发展的变化是结果;然后根据这种假设来有计划地在教育活动中对幼儿玩具进行系列化处理(操纵),即根据幼儿的身心发展规律来有计划地为幼儿提供不同类型或品种的玩具,并观测玩具系列化后幼儿智力发展方面所发生的变化。但在实际的教育活动中,对幼儿智力发展产生影响的因素很多,如幼儿年龄增长、教育活动中的内容、家庭教养等等,这些因素的影响使研究者很难解释"玩具系列化"和"幼儿智力发展"之间的关系,因而在实验过程中,研究者在进行玩具系列化处理的同时必须对影响儿童智力发展的其他因素采取一定的方法进行控制,这种控制就成了实验不可缺少的一个组成部分。这个实验的本质就是研究者在理论假设的基础上,通过操纵玩具,控制儿童年龄和教育内容等因素,观察幼儿的智力发展的变化,来探索和揭示玩具与幼儿智力发展之间因果关系的规律。

要正确理解教育实验法,还必须了解教育实验活动的基本结构,即教育实验所包含的基本要素及其彼此之间的相互关系。一般来说,教育实验主要由三个基本要素构成,即:自变量、因变量和无关变量。

自变量是研究者根据研究的目的,为引起研究对象的身心发生预定变化而确立并呈现或施加给研究对象的刺激,也叫刺激变量,又因它被认为是造成某种教育现象发生变化的原因,也被称为原因变量。在上例中,玩具就是实验的自变量。在学前教育实验研究中,自变量可以是学前教育活动中的各种相对独立的因素或条件,如教育内容、教育组织形式、教育方法、教师的态度和能力、教育管理的方式方法等等。在实验研究中,研究者正是通过主动地、有计划地操纵自变量(如上例中将幼儿玩具系列化)来探索自变量在教育活动中的作用和影响。

因变量是在教育实验中伴随研究者对自变量的操作而发生或产生变化的条件或因素,因它被认为是在自变量作用下出现的结果,所以又被称为结果变量。在上例中,幼儿的智力发展就是该实验的因变量。在幼儿教育研究中,实验的因变量通常是研究对象(如幼儿或幼儿教师、幼儿家长等)在自变量影响下身心品质或行为方面出现的变化。它是实验者需要观测的因素,研究者必须通过观测来收集反映因变量变化的有关资料来说明自变量操纵的作用与效果。

无关变量是指实验研究中出现的除自变量以外,一切可能对因变量产生影响而干扰实验结果的因素。所谓"无关"是指它们和实验目的无关,是研究者不想研究的因素。如上例中提到的幼儿年龄的自然增长、教育内容、家庭教养等都是该实验的无关变量。在教育实验研究中,研究者必须对无关变量加以控制,否则,它的存在必然会对因变量造成影响,使研究者无法准确地判断和说明自变量和因变量之间的因果关系,影响研究目的的达成。

二、教育实验法的主要类型

运用实验法来研究教育问题,既是一种复杂的研究活动,也是一种复杂的教育活动。教育实验法的这种复杂性使其在具体的应用中呈现丰富多彩的特点,形成各具特色的类型。我们可以采用不同的标准对教育实验法作不同的类型划分。

(一)现场实验和实验室实验

根据实验研究的场所不同,可以将教育实验分为现场实验和实验室实验两种类型。

现场实验也叫做自然实验,是在实际的教育情景中进行的实验。因在实际的教育情景中影响研究对象或研究过程的因素多而复杂,研究者难以完全控制实验研究中的无关变量,容易造成研究中的自变量和因变量之间的关系不够明朗,增加形成研究结论的困难。但现场实验能和日常的教育工作结合在一起进行,方便实用,实验的结果也比较容易在实践中得到推广。

实验室实验是指研究者根据研究的需要在经过专门设计的、人工高度控制的环境中进行的实验。这类实验的优点是能把实验中的各种变量严格地分离出来,并给予确切的操作与严格的控制,使自变量和因变量之间的关系变得明确,以提高研究结论的准确性和可靠性;其不足之处在于因研究环境和条件的特殊化而使研究结论的推广应用受到限制。

(二)前实验、准实验和真实验

根据实验者在实验过程中对无关变量的控制程度,可将教育实验分为前实验、准实验和真实验。

前实验是最原始的一种实验类型,它是对任何无关变量都不进行控制的实验。因前实验对变量的操作与控制不严格,实验过程也不系统,因而误差较大,难以验证自变量与因变量之间的因果关系,其结论也难以推广到实验以外的其他群体或情景中去。但前实验是准实验和真实验发展的基础,而且是教育实验研究早期发展的重要形式。在现代的学前教育科学研究中,前实验在建立实验假设中仍有着重要的作用。

准实验是指在实验中未按随机原则来选择和分配被试,只把已有的研究对象作为被试,且只对无关变量作尽可能的控制的实验。这类实验的优点是不打乱原有的教育秩序,直接运用原有的班级进行实验分组,方便实用,能较好地与日常的教育活动结合起来,充分发挥实验研究在教育上的功能,实验的结果也可以直接推广到实验以外的对象或情境中去,但准实验因被试选择不符合研究的严格要求,使无关变量无法完全被控制,实验结果存在着一定的误差。但有人认为教育实验就其性质而言,只能是准实验。① 这是因为教育实验是以人为对象的实验,在实验中的许多因素无法满足真实验严格的要求。首先,教育实验中的因素都是综合性的,因素的分解难以达到科学实验中归因分析的要求;其次,教育实验很难从总体中获得随机样本,即使实验之初这是可能的,实验者也无法保证自始至终对实验对象进行严格的控制;第三,教育实验中的某些因素明显超出了人们控制范围,如实验对象的行为动机,在实验过程中的个人经历与遭遇等等。

真实验是指严格按照实验法的科学性要求,随机地选择和分配被试,系统地操纵自变量,全面地控制无关变量的实验。从理论上来说,真实验因对自变量操作系统,对无关变量控制严密,可使研究结论的误差得到完全控制,因而研究的结果能充分地说明自变量和无关变量之间的因果关系。但如前所述,要对教育实验中的无关变量进行完全的控制只能是一种理想。尽管如此,真实验的原则仍应是教育实验研究所追求的。

---

① 参见骆大林:"准实验设计",载瞿葆奎主编:《教育科学研究方法》,第538~556页。

(三)探索性实验和验证性实验

根据实验研究的目的不同,可将教育实验分为探索性实验和验证性实验两种类型。

探索性实验是指探索人们还没有认识的教育规律和新的教育方法的实验,它以创新为研究目的,是一种富于开拓性的实验研究。如在由南京市施为萍主持的"音乐活动中教师的不同情感表现方式对幼儿情绪体验的影响"的实验中[①],研究者就是企图通过教育实验研究来探索人们还没有认识到的教师不同的情感表现方式与幼儿情绪体验之间的因果关系,揭示幼儿音乐教育活动中这方面存在的客观规律,为人们科学地组织音乐教育活动提供理论指导,这个实验就属于探索性实验。

验证性实验是指以验证已取得的认识成果和实践活动方法为目的的实验。验证性实验一般是人们通过实验对业已揭示出的教育活动规律进行验证,检验其科学性程度,并对其进行修正或补充,或者对人们已经发展出的某种教育活动的方式和方法进行可行性或合理性检验。

(四)单因素实验和多因素实验

根据同一个实验中自变量的多少来分,教育实验有单因素实验和多因素实验两种。

单因素实验是指同一个实验中研究者只操纵一个自变量的实验。如在一项由美国人进行的"教师的言语指导(暗示)对幼儿行为的影响"的实验研究中,研究者只操纵了教师的"语言暗示"这一个自变量来探讨教师的语言和幼儿行为之间的因果关系,属单因素实验。因单因素实验的自变量单一、明确,操纵相对比较容易,实验难度相对较小。

---

① 参见许卓娅编著:《幼儿学前儿童音乐教育》,人民教育出版社1996年版,第388页。

多因素实验是指在同一个实验中需要操纵两个或两个以上的自变量的实验。如"幼儿园课程整体改革的实验研究"就是一个多因素实验,因课程包含了多种要素,如课程的理论基础、课程目标、课程内容、课程组织形式等,在实验中研究者必须同时对上述因素进行操纵。这类实验要操纵的实验因素较多,实验的过程比较复杂,因变量的观测的内容也随之增多,因而在研究整体上难度较大,但这类实验的结果往往有着多方面的意义,既有理论上的价值,也有实践指导的功能。

三、教育实验研究的一般程序

教育实验研究的具体过程随着实验类型的不同而有所不同,但如果对各类型的实验进行抽象和分析,我们仍可以发现教育实验过程的一般的、大致相同的基本步骤。

(一)教育实验的准备

教育实验的准备阶段就是要在某项教育实验正式展开之前对实验研究在理论上、内容上和方法上进行全面的准备,并制订出切实可行的实验研究的方案。这个阶段的具体任务主要有以下几个方面:

1. 确立实验研究的课题,形成研究假设

研究者必须首先根据理论发展和实践变革的需要,并结合自身的研究条件来确立有价值的实验研究的课题,并围绕课题内容,在前期研究的基础上明确提出课题的假设。实验研究的假设应明确阐明自变量与因变量之间的因果关系。

2. 查阅研究文献,确立实验研究的理论基础

在确立了实验研究的课题之后,就必须系统地搜集和阅读有关的文献资料。查阅研究文献的目的有两个方面:一个方面是为提出的研究假设搜集有关理论依据,确立实验的理论基础,要达到这个目的,查阅的文献资料就应涉及各相关学科,使教育实验既有

生理学、心理学、社会学等方面的理论基础,又有教育学方面的理论基础;另一方面是为进行实验设计作好方法学上的准备,这就必须认真分析相关研究中的变量分析与处理,研究过程的具体步骤与环节,力争从中获得启示、发现问题。

3. 实验设计

实验设计是实验准备阶段最重要的工作,也是内容较复杂的工作,在实验设计中,研究者必须系统地处理好以下各个方面的问题:①确定各种实验变量;②设计各种变量的处理方法,包括自变量的操作方法、无关变量的控制方法和因变量的观测方法;③选择实验的类型和模式;④选择或编制观测工具,确定评价因变量的指标;⑤实验对象的选择和分配。

(二)教育实验的实施

实验的实施是教育实验过程的实质性阶段,在实施阶段,实验者能否按计划全面地开展实验的各种活动,关系到实验能否获得科学可靠的结论。在实验的实施阶段研究者应具体完成三个方面的任务,即:

1. 操纵自变量

研究者必须根据实验设计的要求来操纵自变量,即采用特定的方法有步骤地改变研究的条件,对被试施加某种影响。

2. 控制无关变量

在实施实验的过程中,研究者必须采取有效的方法,对各种来源的无关变量进行控制,对一些无法控制的无关变量也应采取措施进行恒定,尽量减少其对实验结果的干扰。

3. 观察和测量因变量

在实验中根据实验设计的要求,通过观察或测量等手段系统地收集反映因变量变化的各种实验资料,及时地对各种资料进行整理并作初步的分析,为形成实验结论做好准备。

(三)教育实验的总结和评价

在实验过程结束后,应及时地按研究的要求对实验的过程和

结果进行全面而系统的总结和评价。在实验的总结和评价阶段,研究工作的主要任务有:

(1)对实验中收集到的各种资料进行统计和分析,并在此基础上对实验假设进行检验并得出实验研究的结论。

(2)对实验的过程和结果进行全面的评价,分析实验的内、外在效度。

(3)撰写实验报告,对实验的过程和结论进行全面的表述。

四、教育实验法的优点和局限

教育实验研究方法之所以在现代的教育科学研究中得到广泛的应用,并能为教育科学的发展作出巨大贡献,是因为这种方法本身拥有其他类型的研究方法无法比拟的优点:

1. 教育实验法能有效地探索和揭示教育活动中各种因素之间的因果关系

研究者采用各种手段对现实教育活动中的各种条件(或因素)主动地进行操纵或控制是实验法的根本特征,也是实验法的最大的优势所在。运用其他类型的研究方法时,研究者只能在不改变教育活动或研究对象的行为的情况下,对教育活动或研究对象的行为表现进行被动的观察和描述,在此基础上来探讨教育活动中某些要素之间的相关关系。而实验法中研究者则可以根据研究的需要来改变教育活动中的一些条件,在此基础上来观察和描述教育活动发生的变化,并由此确立不同因素之间的因果关系。这为验证新的教育上的理论假设、探索和揭示教育活动的客观规律、形成新的教育理论提供了有效的途径和方法。

2. 教育实验法有着良好的教育功能

从教育的角度分析,教育实验活动本身就是一种特殊的教育活动。教育实验大多是在实际的教育活动中进行的,实验研究和日常教育活动是紧密结合在一起的,大多数实验中自变量的处理都能在一定程度上促进教育对象的身心发展,因而实验研究在起着揭示教育活动规律的作用的同时,也发挥着促进教育对象身心发展的功能。

3. 教育实验法有着较好的促进教育实践发展的作用

教育实验研究的课题几乎都是来自于教育实践活动中的各种问题,大多涉及到教育实践中的课题、教育内容、教育方式方法等方面,因而实验研究过程大多着眼于如何有效地解决这类问题,实验的结论既表现为理论形态,也表现为活动的策略、程序和方法、实践形态等,能直接对现实的教育实践活动提供指导、启示,有助于提高教育实践活动的质量。

尽管教育实验法有着上述多方面的优点,但其自身的特性决定了它也存在一些局限和不足:

1. 实验法难以获取随机化程度高的、对总体具有良好代表性的样本

教育实验必须相对集中进行,难以在不同地域开展大规模操作,因而被试受样本人数和地域限制。研究者很难根据研究的需要,从总体中随机抽取样本,这也就无法保证实验被试对研究总体具有良好的代表性,因而使实验结论不能直接推广到样本之外的总体中去。

2. 实验实施环境条件与真实的教育情景不完全相同

运用实验研究教育问题时,研究者为提高研究结论的准确性,必须对影响因变量、干扰研究结论的无关变量进行控制,这种控制就使教育实验的环境条件和真实的教育环境条件之间出现差异,而且被控制的条件或因素往往是教育活动中的基本因素,这无疑会扩大实验情景和日常教育活动之间的差别,这也影响了实验结果在不同的教育情景中的直接推广与应用。

由此可见,教育实验研究方法是一种既有其优点又有其缺点的研究方法,因而在应用过程中,尤其是在实验设计中必须认真思考应如何充分发挥实验法的优点,并克服其局限性,使之为我们更有效地认识教育活动的客观规律服务。

第二节 教育实验设计的内容和步骤

同任何一种类型的教育研究活动一样,教育实验也必须是一种有目的、有计划的研究活动。在实验实施之前,研究者必须在确定研究课题和形成研究假设的基础上,对如何分析和处理各种研究变量,采取什么样的操作程序来展开实验等作出系统的思考和安排,这就涉及到实验设计问题。

一、教育实验设计的主要内容

所谓实验设计,是根据实验课题的研究目的,为科学地验证理论假设而对实验的条件、实验的形式和实验的操作程序等所作的具体计划和安排,并形成制定完整的实验计划。有研究者认为,教育实验设计主要应包括以下几个方面的内容:①

(1)确定实验所要操纵的自变量以及对自变量操纵的原则和呈现方式;

(2)确定因变量及其观测指标和测定方法;

(3)辨明需要在实验中加以控制的无关变量,制定控制无关变量的具体措施;

(4)确定实验对象选择的原则、方法和实施程序;

(5)制定实验评价的标准和方法;

(6)安排实验的具体步骤,并制定实验活动的保障措施和管理方案;

(7)设想实验结果的推论范围及对象。

教育实验设计是连接理论假设和实验活动的桥梁,只有经过

---

① 参见杨章宏:《教育实验研究》,浙江教育出版社1998年版,第63~64页。

精心设计,实验活动才能不偏离研究的目的。实验设计的合理性与完善性,对预期研究目标的达成、研究工作的效率以及研究结果的可靠性有着直接的影响。因此,要提高实验研究的科学水平,通过实验研究有效地认识教育活动的客观规律,就必须按科学研究的要求,事先做好实验设计工作。

二、教育实验设计的一般步骤

实验设计是一项极为复杂的工作,研究者在进行实验设计时要遵循一定的程序,以保证实验设计的周密和系统。一般说来,实验的设计应有以下几个基本步骤:

(一)明确研究的问题,提出研究假设

研究者在进行研究设计时,首先必须明确实验需要解决的问题,只有明确了需要解决的问题,才能对实验过程进行具体的设计。在学前教育实验研究中,研究者要通过实验来解决的问题不外乎两个方面:一是探索和揭示某种教育活动中存在的客观规律,二是尝试某种新的研究方法或研究手段。如由深圳大学教育系黄丽容主持的一项"幼儿观察方法训练的实验研究"中,研究者将实验要探讨的问题确定为:①探讨幼儿观察力培养的科学方法;②研制测查观察目的性的合理方法与指导。[①] 在分析和阐明实验研究所要解决的问题时,要注意实验应探索和揭示的教育活动的规律在表现形式上是多种多样的,既可以是教育活动中某些具体因素之间的因果关系,也可以是综合性程度高的教育管理体制、幼儿园课程等因素与其他教育现象之间的因果关系。

明确了研究的问题之后,研究者就应为问题的解决提出假设,实验的具体任务就是采用合理的方法对研究者提出假设的"真"与"假"

---

① 参见黄丽容:"幼儿观察方法训练的实验研究",载《学前教育研究》1999年第3期,第21~23页。

进行验证。提出研究假设的目的就是为实验研究确立一个具体的任务和目标。如上例中研究者提出的假设为："只要幼儿掌握了观察方法,就能增进观察的效果,提高观察力水平。"并进而认为,幼儿应掌握的观察方法有"顺序观察法"、"重点观察法"和"对比观察法"。

(二)分析和确定实验变量

实验法中研究者是通过对各种实验进行操纵、控制和观测来开展研究活动的,因而,假设形成后,研究者就应着手分析和确定各种实验变量,包括自变量、因变量和无关变量。变量的分析就是对研究内容的分析,它是为下一步决定如何处理变量并收集可以验证研究假设的实验资料作准备的,因而,各种变量不仅要具体和相对独立,而且变量之间应能形成实验所要求的逻辑关系,即自变量、无关变量和因变量之间应有理论上的因果关系,且自变量和因变量之间的因果关系能说明研究假设。如上例中,研究者将自变量确定为"观察方法";将因变量确定为反映幼儿观察力发展水平和幼儿在观察活动中的顺序性、目的性和精确性方面的成绩;主要的无关变量则是幼儿原有的在观察力发展水平上的差异。这三种变量之间的关系符合实验研究的逻辑要求。

(三)设计各种变量的处理方法

研究者在明晰各种变量后,就必须进一步考虑如何根据研究的要求来处理各种变量,以便有效地实现实验的目标,即:如何来操纵自变量,使其更有效地对因变量构成影响;如何控制无关变量,使其对因变量的影响降至最低程度(或对不同被试组的影响保持不变);如何观测因变量,使之能准确无误地说明被试的身心品质在自变量操纵前后发生的变化及变化的程度。

(四)选择实验模式

实验模式实质上是研究者对实验过程的安排和实验对象的处理上的不同所形成的相对稳定的实验类型。研究者选择实验模式,就是在考虑应如何选取实验对象和采用什么方法对其进行分组,以及实验如何将自变量的操纵、无关变量的控制和因变量的观测组合成一个能有效达成实验目的的完整的操作过程。教育实验研究有许多可供选择运用的实验模式,不同的模式有不同的功能,研究者应根据实验的目的和变量的性质来选择。

(五)形成实验计划

实验计划是在实验设计前四个步骤的基础上,对整个实验过程所进行的全面规划,它是对实验设计工作的总结,也是规范实验活动的行动纲领。一般情况下,实验研究活动应有两套计划:一是总体性规划,二是操作性计划。[①]

总体性规划是对整个实验面貌的总体勾勒,其主要内容应包括:①实验课题名称;②课题研究的目的、意义;③课题研究的内容;④课题研究的方式方法;⑤课题研究的时间安排与进度计划;⑥课题研究的条件分析与经费预算。总体计划的具体内容与制定方法参见本书第三章第四节的内容。

操作性计划是对总体性规划中有关研究内容、方法和进程的具体化,即是在实验原则的指导下,研究者对具体的实验操作程序所作的安排与规定。操作性计划的内容为实验设计的具体内容,包括:问题、假设、变量及其处理方法、研究对象、资料分析等等。操作性计划的形式可以是系列式,也可是图表式。下面我们各列举一个实例供参考。

例1:4~5岁幼儿同情心的教育与培养的实验研究[②]

问题:探索幼儿同情心教育的内容与方法。

---

① 参见杨章宏:《教育实验研究》,浙江教育出版社1998年版,第86～88页。
② 参见陈俊恬、米功勋:"四至五岁幼儿同情心的教育与培养的实验研究",载《学前教育研究》1992年第5期,第19～24页,编者根据举例目的作了一定的调整与删节。

假设:4～5岁幼儿已具备初步的同情行为和内在体验,有目的、有计划的教育活动能有效地促进其同情心的发展。

被试:实验班被试为北京首钢总公司幼教委厂区八角托儿所中班和古城第一托儿所中班幼儿共60人;控制班被试为上述两个托儿所的另两个中班幼儿共60人。

实验内容:(1)培养幼儿对周围的人产生兴趣,能注意别人,初步认识并了解别人的愿望与要求;(2)培养幼儿能对他人的病痛、困难和不幸产生同情与怜悯的感情;(3)培养幼儿主动接近、安抚和帮助有困难、有不幸的人的行为。

实验步骤

1. 准备阶段:共2周。

运用自行设计的测查幼儿同情心的问卷对幼儿的同情心认识水平和幼儿的同情行为进行测定。

2. 实验阶段:共14周。

实验按三个阶段进行,各阶段的教育要求逐步加深:

第一阶段　时间:3周。

教育内容:(1)学习注意和接近周围的人;(2)知道人有时会有困难或不幸;(3)学会体验他人的心情、愿望和需要,产生初步的同情与怜悯的情感体验;

教育方法:(1)利用日常生活;(2)游戏;(3)9个系列教育活动。

第二阶段　时间:5周。

教育内容:(1)了解和体验他人的消极情感,如忧愁、不愉快、伤心等;(2)学会表达同情的方法,包括语言、表情、动作等。

教育方法:15个系列教育活动(包括幻灯教学、情景表演、讲故事、看图讲述等)。

第三阶段　时间:4周。

教育内容:(1)加深幼儿对他人愿望、需要的了解;(2)学习主动表现同情的行为,增进同情感。

教育方法:(1)同情行为练习;(2)参加实践活动;(3)移情训练。

3. 总结阶段:共 3 周。

(1)实验后测;(2)资料的统计分析。统计假设:实验班幼儿在后测中的平均成绩应高于控制班幼儿,且应呈显著性差异。

例2: 表7-1 幼儿观察方法训练的实验研究[①]

步骤序号	名称	内容
1	问题	幼儿观察力培养的科学方法
	假设	只要幼儿掌握了观察方法,就能增进观察的效果,提高观察力水平
2	分析实验变量	(1)自变量:观察方法——顺序观察法、重点观察法、对比观察法。 (2)因变量:幼儿观察活动的目的性、精确性、概括性、顺序性。其中目的性和精确性是衡量观察力发展水平的重要指标,顺序性和概括性是影响观察效果的重要因素。 (3)无关变量:①幼儿的年龄与性别; ②幼儿原有的观察力发展水平的差异。
3	变量的处理方法	(1)自变量的操纵:①运用自编观察力训练的材料对实验班幼儿进行为期3周的训练; ②训练采用集体训练和个别训练相结合的方式进行; ③实验班每个幼儿接受集体训练4次,前三次为新方法的教学,后一次为总复习,每次不少于20分钟。每个幼儿接受个别训练17次,平均每次训练时间为8分钟。各种观察方法的训练次数分别为:顺序观察法4次,重点观察法4次,对比观察法6次,综合训练3次。 (2)因变量的观测:①测定幼儿观察的顺序性、目的性、精确性三方面的成绩。顺序性成绩不列入总成绩,只用于考察与精确性成绩的相关程度。 ②前测:在实验的第一周运用自编的幼儿观察力检验分别对实验班和控制班幼儿同时进行观察力水平测定; ③后测:在实验的第五周同时运用自编测验分别对实验班和控制班幼儿的观察力水平再次进行测定。 (3)无关变量的控制:设置控制班。

---

① 黄丽容:"幼儿观察方法训练的实验研究",载《学前教育研究》1999年第3期,第21~23页,编者根据举例目的作了一定的调整与删节。

续表

步骤		内　　容
序号	名称	
4	选择实验模式	(1)实验设计模式:不等组前后测设计。 (2)实验对象:北京市总政幼儿园两个中班幼儿66人,年龄为4.5～5.5岁。实验班32人(男18,女14),控制班34人(男22,女12)。

第三节　教育实验设计的基本模式

在介绍教育实验设计的基本模式之前,为了对各种模式进行准确而精练的描述,我们先确定一些常用的用于描述实验设计的符号。

表7-2　常见实验设计符号

符　号	含　　义
X	实验处理,即自变量的操纵
O	因变量的观测
O_1	实验的前测
O_2	实验的后测
E	实验组(班)
C	控制组(班)
R	随机选择或随机分配被试
——	等组处理
……	不等组处理

如前所述,实验设计的核心内容是对实验过程的程序、变量的设置及操纵与控制的策略所作的安排。在教育科学研究中,因变量的性质与数量的不同、实验的环境和条件的不同,使实验设计形成互不相同且各具特点的实验形式,在此基础上,人们根据科学实验的原则要求,将其总结成各自相对独立的实验设计模式。下面

将按前实验、准实验和真实验的分类方法来对常用的实验设计模式进行简要的介绍。

一、前实验设计

前实验是一种对无关变量缺乏控制的实验,但研究者仍应重视对自变量的操纵和因变量的观测。这种实验的设计有三种常见模式。

1. 单组后测设计

用符号表示为:

  E X O_2

在这种设计中,实验者只确定一个被试组,且不按随机原则选取实验对象,然后在实验组中进行自变量的操纵,完成操纵后进行因变量的观测,以观测到的因变量的结果来说明自变量操纵的效果。

例如一位幼儿园园长根据其管理经验,形成一个假设:对教师的科研活动进行奖励能有效地促进教师科研活动的开展。她就运用单组后测设计的模式来验证假设。具体操作方法是:以该幼儿园所有教师(36人)为被试,在新学期开始宣布"科研奖励制度",对承担各种科研课题、积极开展科研活动的教师根据其科研活动的成果进行不同等级的物质和精神奖励(具体奖励方法略)。在学期结束时,对教师开展科研活动的情况和科研成果进行统计和评估,以验证假设的正确性。

这种设计对无关变量缺乏应有的控制,且不设控制组,也不进行前测,因而实验者对无关变量的作用无法评估。这使其对自变量的操纵所形成的影响很难作出充分的说明。所以,该种实验内、外在的效度都不高。

2. 单组前后测设计

用符号表示为:

  E O_1 X O_2

在这种设计中,实验者也只确立一个被试组,且不按随机原则选出实验对象。在对被试进行一次因变量观测(前测)之后再在被试组中进行自变量操纵,在完成系统的自变量操纵之后,再对被试进行一次因变量观测(后测),通过比较被试在两次因变量观测中成绩的差异来解释和描述自变量操纵的效果。

例:用看图讲述提高幼儿口语表达能力的实验研究。

在该实验中,研究者提出研究假设:"看图讲述能有效地提高中班幼儿的口头语言表达能力。"以某一幼儿园中班35名幼儿为实验被试。在实验开始的第1周运用自编测验,从准确性、流畅性、逻辑性及说话时表情动作等四个方面对每个幼儿的口语表达能力进行测定(前测),第2~9周开始进行看图讲述的教学活动,每周两次,每次20分钟,采用集体教学和个别教学相结合的方式进行。内容为幼儿喜爱的故事共16则。实验中逐步提高表达要求。在第10周再次对幼儿的口语表达能力进行测定(后测),通过比较幼儿在前后两次测验中的成绩来验证假设。

这种设计模式的优点有二:一是既有后测,也有前测,研究者能运用前后测中被试在因变量方面发生的变化来说明和描述自变量与因变量之间的因果关系,结论较可信;二是不设控制班,而利用实验组兼作控制组,这不仅降低了被试选择和测验方面的难度,也可以排除被试自身在因变量方面的差异和不同教师在自变量处理方式和专业素质方面的差异等无关因素的干扰,有助于提高实验效度。但这种设计模式仍属粗放型,也有其局限性:一是因为没有控制班做比较,对被试因成熟而在因变量方面发生的变化无法确定;二是对前测活动在被试身心上产生的影响无法消除。这些都可能干扰后测中被试的成绩而降低实验的内在效度。

3. 固定组比较设计

用符号表示为:

$$E \quad X \quad O_2$$
$$\cdots\cdots\cdots\cdots$$
$$C \quad \quad O_2'$$

这种实验设计的基本特征是使用了不接受自变量操纵的控制

组。实验的基本方法是实验者先确定一个实验组(E),一个控制组(C),在实验组中系统地开展自变量的操纵(X),而对控制组不进行任何操纵;待对实验组的自变量操纵完成后,同时对实验组和控制组进行因变量观测(O_2 和 O_2'),然后通过比较实验组和控制组在后测中的成绩来描述和说明自变量操纵的效果。

这种模式在幼儿教师利用日常教育活动来探索新的教育内容、方式和方法的研究中有广泛的利用价值。

例如,一幼儿园教师在唱歌教学活动中运用"节奏游戏"来提高幼儿的唱歌能力的实验,就采取一种固定组比较设计模式的教育实验方法。她将自己所带的班级作为实验组,将另一平行班作为控制组,先在实验组的唱歌教学中运用"节奏游戏"的方法,完成预定的各种"节奏游戏"活动后,对两个组的幼儿的唱歌能力同时进行测定,通过对两个组后测成绩的比较来检验假设。

这种实验设计的优点是运用了比较组,对被试自身的成熟和与自变量操纵有关的原有的经验进行了一定的控制,使两组在后测中表现出的差异能在一定程度上归因于自变量的操纵。但这种实验设计因没有随机选择和分配被试,使之对来自被试自身的无关变量不能完全消除,同时因缺乏前测,不能对被试在实验前后的变化进行确定,也使结论的说服力受到影响。

二、准实验设计

准实验设计是指在真实的教育情景中进行的实验设计,它对实验被试不进行随机选择和分配,设计时对无关变量作尽可能的控制,但无法保证完全控制实验误差。这类设计的模式主要有:

1. 不等控制组前后测设计

用符号表示为:

$$E \quad O_1 \quad X \quad O_2$$
$$\cdots\cdots\cdots\cdots\cdots\cdots$$
$$C \quad O_1' \quad \quad O_2'$$

这种实验设计的特点是:设置了实验组和控制组,但不采用随机分组,只是选择两个程度相近的组分别作为实验组和控制组;两组均进行前测和后测。两组前测的比较可说明实验组和控制组的相似程度,两组后测的比较可用来说明自变量操纵的效果。

例:促进幼儿合作能力发展的实验研究[①]

实验者首先通过按年龄整群抽样的方法选出幼儿园小、中、大四个班(两个中班)幼儿 129 人为实验组,又选出相应的另四个班(两个中班)幼儿 123 人为控制组,就幼儿的合作意识和合作行为同时对实验组和控制组进行前测,确定其相似程度。而后在实验组实施系列教育活动,一年半(大班半年)后同时进行后测,通过前后测中各种数据的比较来描述和说明教育活动的效果。

这种实验设计的优点是:①由于设置了控制组,且都有前测和后测,因而能对被试自身的成熟、原有的经验、测验工具等无关变量进行一定的控制,从而提高了研究的内在效度;②由于它不打乱原有的编班,且实验条件与日常教育活动的条件相类似,实验的外在效度也比较高。因而,在当前的教育实验中大多采用这种模式。但这种实验设计仍然存在局限:因没有按照随机原则来选择和分配被试,使一些源自被试自身的差异和不同班(组)教师之间的差异得不到控制而影响实验的内在效度。

2. 单组时间系列设计

用符号表示为:

E $O_{1.1}$ $O_{1.2}$ $O_{1.3}$ $O_{1.4}$ X $O_{2.1}$ $O_{2.2}$ $O_{2.3}$ $O_{2.4}$

单组时间系列设计是指对同一个非随机取样的被试组作周期性的一系列测量(前测),通过分析测量结果,确定被试在因变量方面的变化规律后,实验者再进行自变量操纵,然后再进行与前测次数和周期相同的一系列后测,通过比较被试在前后测中成绩的变化及变化的规律来说明和描述自变量操纵的效果。

---

① 陈雅筠等:"促进幼儿合作能力发展的实验研究",载《学前教育研究》1993 年第 2 期,第 27~31 页。

例:幼儿园小班进餐能力培养的实验研究

某幼儿园教师以自己所带的小班幼儿28人为被试,幼儿年龄为3~3.5岁。在实验的第一个星期,对幼儿的独立进餐能力进行三次观察和记录,时间分别在星期一、三、五,然后在第二个星期对幼儿实施培养其进餐能力的系列教育活动,再在第三个星期的星期一、三、五进行三次对幼儿进餐能力的观察与记录。通过比较前三次记录的观察结果与后三次的观察结果来说明教育活动的效果。

单组时间系列设计的实验观测结果的变化可能有不同的表现形式,我们据此可以对自变量操作的效果作出不同的评价。见图7-1。

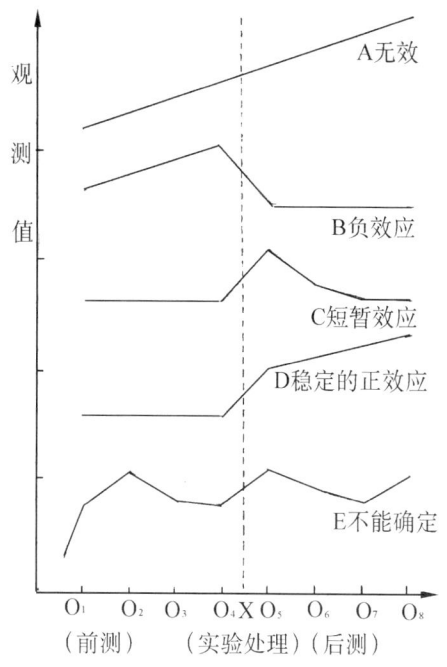

图7-1 单组时间系列设计实验处理的不同效应分析

这种实验设计由于实施了多次观测,可以使实验者通过比较前测与后测中数据变化的特点与规律来说明自变量操纵的效果,比其他类型的单组实验更有说服力;同时,实验者还可以通过比较最后一次前测和第一次后测的成绩来说明实验的效果。但由于不设控制组,对多方面的无关变量不能进行控制,使实验的内在效度受影响。

3. 对比组时间系列设计

用符号表示为:

E　$O_{1.1}$　$O_{1.2}$　$O_{1.3}$　$O_{1.4}$　X　$O_{2.1}$　$O_{2.2}$　$O_{2.3}$　$O_{2.4}$
....
C　$O'_{1.1}$　$O'_{1.2}$　$O'_{1.3}$　$O'_{1.4}$　X　$O'_{2.1}$　$O'_{2.2}$　$O'_{2.3}$　$O'_{2.4}$

这种实验设计模式是对前一种设计模式的延伸。具体操作方法是:用非随机方法确定一个实验组和一个控制组,要求两个组的被试的各种条件相似,先同时在两组被试进行若干次周期性的因变量观测(前测),分析因变量观测结果的特点及其变化情况,而后在实验组进行自变量操纵,控制组不作任何处理。最后同时对两组被试进行若干次周期性的后测,分析后测结果的特点和变化情况,通过比较两组后测结果和两组前后测成绩变化的情况来描述和说明自变量操纵的效果。

这种实验设计因增加了控制组,使多种实验的无关变量能得到控制,实验结论能得到更有说明力的证明。

三、真实验设计

真实验设计是指严格地根据实验的科学性要求,按随机原则来选取和分配被试,对自变量进行系统操纵,对无关变量进行全面控制的实验设计。尽管从严格的意义上说,教育实验很难达到真实验的科学性要求,不能算完整意义上的真实验,但对教育实验采用真实验设计有助于提高教育实验的内、外在效度,提高实验结论的科学性水平。真实验设计的模式比较多,下面我们简要介绍几种:

1. 随机分配等组后测设计

用符号表示为:

$$R \begin{array}{ll} E & X \quad O_2 \\ \hline C & \quad\ O'_2 \end{array}$$

这种实验设计的主要操作方法是:采用随机化方法选取被试并分为两个被试组,一为实验组,一为控制组。研究者先在实验组进行自变量操纵,而对控制组不进行任何处理,然后对两组被试同时进行后测。

例:运用"以大带小"的方法促进新入园幼儿适应幼儿园生活的实验研究

在这一实验中,研究者可以在刚入园的幼儿中采用简单随机抽样的方法选出30名幼儿,并采用随机方法分成两组,每组15人。然后为实验组的15名幼儿每人在大班找一位"哥哥(姐姐)",每天让他们和"哥哥(姐姐)"一起自由活动30分钟。控制组15名幼儿不接受该种处理。两个星期后对两组幼儿适应幼儿园生活的情况同时进行系统观测。比较两组观察的结果。

这种设计的优点在于:①随机取样、随机分组和控制组的设置,可控制被试的成熟程度、原有经验与能力、测验与统计回归等无关变量的干扰;②不进行前测可消除前测对被试产生的影响,且省时省力。但这种设计对被试的缺失难以控制。

这种设计模式有其变式,为:

$$R \frac{E_1 \quad X_1 \quad O_2}{E_2 \quad X_2 \quad O_2'} \qquad R \frac{\begin{array}{ccc} E_1 & X_1 & O_2 \\ \hline E_2 & X_2 & O_2' \end{array}}{E_3 \quad X_3 \quad O_2''}$$

这两种变式可在一个实验中同时处理两个以上的自变量,使实验研究的效率提高。实验组的数量可依据自变量的数量而定。

例:三种教育方法对5岁儿童改正过失行为的效果的实验研究[①]

在这个实验中,研究者要检验三种不同的教育方法(表扬鼓励、置之不理、分析批评)在改正儿童过失行为中的效果。研究者

---

① 李晖:"三种教育方法对5岁儿童改正过失行为的效果的实验研究",载《学前教育研究》1993年第1期,第28~31页。

首先从两个中班中通过简单抽样选出36名幼儿,再将36名幼儿用随机方法分配到三个实验组中,每组均为12人。然后对三个组分别采用上述三种方法来纠正儿童的过失行为,再对三组儿童同时进行羞愧感和"犯规"次数的观测。通过比较三组儿童在因变量观测上的差异来说明三种教育方法各自不同的效果。

2. 随机分配等组前后测设计

用符号表示为：

$$R \quad \frac{E \quad O_1 \quad X \quad O_2}{C \quad O_1' \quad \quad O_2'}$$

这是教育实验中一种最基本、最典型的设计。其具体的操作方法是:随机抽选被试,并将被试进行随机分组。然后使实验组接受自变量操纵,而控制组不进行实验处理。两组在自变量操纵前后都进行因变量观测。

例:幼儿园兴趣游戏活动与幼儿的智力发展[①]

该实验中,研究者从某幼儿园新招收的125名中班幼儿中随机选择实验组和控制组儿童各30人,并立即对两组被试进行智力和创造力测验。在随后的7个月里让实验组幼儿每周进行两次"兴趣游戏活动",而控制组不进行此类活动。7个月后再同时对两组儿童进行智力和创造力测验,通过比较两个组的被试在前后测中成绩的变化来说明"兴趣游戏活动"在幼儿智力发展中的作用。

此种设计的变式可以是:

$$R \quad \frac{E_1 \quad O_1 \quad X_1 \quad O_2}{E_2 \quad O_1' \quad X_2 \quad O_2'} \qquad R \quad \frac{E_1 \quad O_1 \quad X_1 \quad O_2}{\begin{array}{cccc}E_2 & O_1' & X_2 & O_2' \\ E_3 & O_1'' & X_3 & O_2''\end{array}}$$

[①] 王合望等:"幼儿园兴趣游戏活动与幼儿的智力发展",引自张燕、邢利娅编著:《学前教育科学研究方法》,北京师范大学出版社1999年版,第345～356页。

这种实验设计模式的主要优点是,由于利用了随机分配的方法分出两个等组,就可以控制来自被试的各种无关变量的干扰,而且都同时进行了前后测,便于在两组被试之间和实验组被试的前后测之间进行比较。因而实验的内、外在效度较好。其局限在于可能产生前测与实验处理的交互作用而影响实验的外在效度。

以上我们简要地介绍了 8 种不同的实验设计模式,各种模式都各有优点,但也存在一定的缺陷,研究者应根据研究的目的和实验变量的性质特点,以及具体的实验条件的不同而灵活地进行选择。

第四节 实验变量的分析和处理

实验研究最本质的特点就是将教育活动中的各种条件或因素确定为具有某种因果关系的不同性质的变量,通过对不同的变量进行不同的处理来探索和揭示变量之间的因果关系。因而如何对变量进行分析和处理是实验研究者必须认真对待的问题。实验变量的分析和处理包括自变量的选定与操纵、因变量的确定与观测以及无关变量的分析与控制。

一、自变量的选定与操纵

在实验研究中自变量来源于研究目的和实验假设。实验假设一般是研究者对所要研究的教育条件或教育因素之间的因果关系所作的假定性的说明。在说明的教育条件或教育因素中必定有一个或多个条件或因素是原因、前提,而另一些条件或因素则是实验试图达到的结果,即有原因因素和结果因素。其中的原因因素就是实验的自变量。因而实验假设一经形成,实验的自变量也就明确了。例如在"幼儿观察方法训练的实验研究"中,研究者的假设可描述为"幼儿掌握了观察方法,就能增进观察效果,提高观察力水平"。假设中的原因为"观察方法的掌握",结果为"观察力水平的提高",因而自变量就是"观察方法",因变量即为"(幼儿的)观察力水平"。

在学前教育实验研究中,因教育现象(或活动)的复杂性,自变量的确定也往往比较复杂。实验者在确定自变量时要注意:

1. 自变量应是具体、确切的教育因素

教育实验中的自变量首先应是具体而明确,且相对独立地存在于教育活动中的条件或因素,过于笼统、概括性强的和概念模糊不清的教育因素一般不宜确定为自变量。像"教育活动"、"教师素质"、"工作责任感"等因素就不具体、不明确,很难成为可以操纵的实验自变量。像前述的各种实验中的"观察方法"、"奖励措施"、"看图讲述"等因素不仅所指具体,且概念外延清晰、确切,作为自变量才能明确实验研究的目的,且有利于对因变量的变化进行归因分析。当然,有些实验中自变量较笼统一些,包括的内容较多,如"课程"、"管理体系"等,对这些自变量,研究者在设计实验时,必须进一步将其分解,直至具体到能进行有效的操纵为止。

2. 自变量应是可以操纵的教育因素

在学前教育实验研究中,自变量应是实验者在实验中能够按研究的目的进行操纵的教育因素,如果某种教育因素不能被实验者有效地操纵,就不是有效的自变量。像教育活动中在管理措施、教育内容、教育方式方法、教育的环境条件等方面的各种因素都能由教育者按教育工作的需要加以改变,在实验中也能被实验者操纵,都可以被确定为有效的自变量。而像"幼儿的思维能力"、"幼儿的兴趣"、"幼儿在绘画方面的潜能"、"教师的爱好"等因素,是幼儿和教师在长期的发展过程中逐渐形成的相对稳定的身心特点,实验者一般只能进行被动的观测,无法在短期内使其发生符合研究要求的变化,不能主动地进行操作,因而是不能成为有效的自变量的。

3. 同一项实验中自变量数量不宜过多

从理论上来讲,只有有足够的被试,并进行合理的设计,实验法对研究者要处理的自变量数量的多少是没有限制的。但在实际操作过程中,自变量数量越多,彼此之间的关系就越复杂,各种自变量也变得难以很好地把握,操纵难度大,而且对因变量进行归因分析也变得不容易,因而研究者也就无法说明实验的效度。由此可见,在同一个实验中不宜处理太多的自变量,具体的数量应根据研究者研究的主客观条件而定。

自变量确定以后,就应对其进行操纵。所谓自变量的操纵就是研究者根据实验的目的对确定的作为自变量的教育因素作系统的改变,使其对被试产生有效的影响,具体表现为引进某种新的教育内容,运用某种新的方式方法来取代原有的方式方法,或将不同的内容、方式方法运用于不同的被试组等等。自变量操纵是否严格、系统、有效是决定实验能否达到目的的关键。

在教育实验中,实验者在进行自变量操纵时应注意以下两个方面的问题:

1. 自变量的操纵应合乎实验研究的目的

实验研究的主要目的就是通过对研究假设的检验来揭示教育活动中存在的客观规律。研究者必须紧紧围绕这一目的来操纵自变量,使自变量操纵产生的结果能有效地说明研究假设的真假。因而实验者应严格按照实验设计的要求来向被试呈现自变量,并且对呈现的方式方法、时间长短、次数的多少等方面严格按设计要求进行控制。

2. 自变量的操纵应符合教育的基本规律

在教育实验中,自变量的操纵实质上是向被试实施某种教育活动,而被试一般是受教育的对象。这就要求自变量操纵的方法与过程不能违背教育的基本规律,以防止对儿童的身心发展带来不利影响。

二、因变量的确定与观测

因变量是实验中的结果因素,即由实验者对自变量的操纵而引起的被试身心上产生的变化的那些因素。实验法正是通过对因变量的变化进行观测和评定来说明自变量操纵的作用、验证研究假设的。在教育实验中,因变量往往和被试身心发展变化的程度与状况以及教育活动变化的状况有关,如被试对知识掌握的程度、能力发展的水平、情感和态度的变化或教育活动的质量、管理活动的效能等等。

在确定实验要观测的因变量时,首先应考虑因变量与实验目的的一致性,即因变量应具体准确地反映出实验目的达到的程度。因实验目的又和研究假设紧密相关,所以同自变量一样,因变量也是直接来源于研究假设的。其次,要考虑因变量与自变量之间的逻辑关系,即因变量必须能反映出自变量操纵所形成的影响或所产生的结果。如前例"幼儿观察方法训练的实验研究"中的因变量为"幼儿的观察力",既准确地反映实验提高幼儿观察力的目的,又和自变量"观察方法的训练"有着明确的因果关系。

因变量确定之后,还要对其进行分析,若确定的因变量已经非常具体、确切,能直接进行观察或测量,就可直接为其设计观测的方法与指标。但教育因素的综合性使很多因变量过于笼统概括,不便于直接进行观测,这就要求研究者对其进行分解。如前例中,研究者将因变量"幼儿观察力"分解成四个二级变量,即幼儿在观察活动中表现出的"目的性"、"准确性"、"概括性"和"顺序性";而且将与观察方法训练因果关系密切的观察活动的"目的性"和"准确性"确立为重点观察的项目。研究者在对复杂的因变量作上述分解时,必须注意两个方面的问题:一是逻辑性,即分解而成的各二级变量应彼此相互独立,不能有重复和交叉,且所有二级变量要能完整地覆盖因变量的范围。如果变量分解时逻辑关系不清晰,就很容易导致观测无效,即观测到的数据不能准确地说明因变量的性质与变化情况。二是操作性,即经分解而确定的二级变量应是可以进行观察和测量的,能为其设计出观测方法或指标。

因变量确定之后,就必须为其设计观察或测量的方法或指标,并根据研究的要求实际地开始观察、测量和记录。有关这些方面的内容与要求,请参见本书第五章和第六章的相关论述。

三、无关变量的分析与控制

无关变量是指除自变量和因变量之外一切可能影响研究结论的因素,它与实验目的无关,但与因变量却存在某种关系。实验者要能有效地揭示自变量与因变量之间的关系,就必须对实验过程中可能出现的各种无关变量作出系统的分析,并采用合理的方法进行控制。

1. 无关变量的种类

因教育实验涉及到方方面面的人员和条件,因而教育实验中可能产生的无关变量的来源也是复杂多样的,按其来源可将其分为四个种类:

(1)来自被试的无关变量。实验是在被试身上进行的,自变量的操纵和因变量的观测都与被试有着直接的关系,因而来自被试方面的无关变量也多而复杂,主要有:①被试间的差异。即不同的被试(或不同组别的被试)在实验前已经形成的与因变量有关的知识经验、能力水平、兴趣态度等方面的差异,如果被试不是随机抽样得到的或没有进行随机分配组别,这些差异足以让因变量观测的结果无法说明任何问题。②被试的缺失。选定的被试因某种原因不能完全接受自变量的操纵,甚至实验中途流失,这些都会影响因变量观测中样本的总成绩。③成熟。即被试在实验过程中随着时间迁延和身心自然发展而导致因变量的变化,这种变化并非由自变量操纵引起的,影响其对自变量作用的说明。④被试的偶然事件。即实验期间被试因遭遇偶然事件(如天气变化而导致生病等)而影响自变量操纵的效果和因变量观测的真实性。⑤被试对自变量的扩散。即被试通过实验外的活动以某种方式将自变量的内容由实验组扩散到控制组中,导致不同组别的因变量观测结果上的接近。

(2)来自主试的无关变量。因在教育实验中,自变量的操纵和无关变量的观测都是由主试进行的,主试人员自身的某些因素就可能成为实验的无关变量,尤其是不同组别的实验活动由不同的主试进行或主持,则来自主试方面的无关变量的干扰作用就可能更明显。这方面的无关变量主要有:①主试人员相关的知识经验和能力。这些因素影响主试对实验目的、实验内容的理解,影响其对自变量的操纵的有效性和对因变量的观测的准确性。②主试的态度。主试的实验态度不当极易干扰实验过程,影响被试对自变量的接受。其态度主要表现在对实验的赞成和抵制方面,如果主试人员接受了实验假设,赞成实验内容,就能积极负责地开展实验活动,反之若抵制实验,则很难使自变量的操纵正常地发挥其作用。③主试实验目的之外的意图。即主试人员基于某种实验之外的目的(如荣誉心、物质、同行竞争等)也容易造成其在实验期间给被试施加某种压力,这也能导致实验处理效果发生不应有的变化。

(3)来自实验设计中的无关变量。实验应严格按实验设计所形成的计划来展开,实验设计不周(或难以周全)也会导致无关变量产生。①自变量呈现的时间、方式和顺序不当。如自变量呈现的时间长短不同,自变量操纵与因变量观测之间的时间长短不等都会使被试在因变量观测中的表现不同,而使实验出现误差。如果自变量操纵是一个系列的活动,不同的活动顺序也会导致结果不一致。②多重处理的相互干扰。即在两个以上的自变量的实验中,不同变量的操纵会产生累积效应,即前一个变量的操纵增强(或抑制)了后一个变量操纵的效果,而使因变量出现不符合实验目的的变化。③测验工具及观测过程。测验工具编制不合理或观测过程不当都会影响观测结果的真实性和有效性。

(4)来自资料统计的无关变量。在统计和分析实验中收集到的各种因变量的数据时,也可能导致无关变量产生。①统计方法不恰当。如果研究者选择的统计方法不恰当,统计结果就不能反映实验的目的,无法有效地检验研究假设,降低了实验的内在效度。②统计回归。即被试组中前测分数极高或极低的被试在实验期间发生较大的变化,而使后测中的成绩发生较大变化而影响数据总体特征的现象。

2．无关变量的控制方法

从以上的分析可以看出,教育实验中无关变量很多,要对其进行有效的控制,实验者必须有针对性地选择合理的方法。教育实验中控制无关变量的主要方法有：

(1)随机选择和分配被试。尽可能地从总体中按随机原则来选取实验样本,能提高样本对总体的代表性,消除样本与总体之间的差异；采取随机化方法来将选取的被试分配到不同的组别,也有助于各组被试的等质,消除被试个体之间的差异。因而采用随机方法来选择和分配被试能有效地控制被试间的各种差异。

(2)设置控制组。在实验中设置一个或多个控制组,对两个组同时进行因变量的观测（包括前测和后测）,能较好地排除或恒定成熟对实验中因变量的作用。

(3)采用"双盲法"的方法。所谓"双盲法"即研究者在实验中既不让实验的主试也不让被试了解实验的真实目的和意图,这可在一定程度上控制主试的态度、被试间自变量的扩散等方面的无关变量。

(4)使无关变量保持恒定。在实验中有些无关变量是很难有效地消除的,如主试人员的差异、不同组别原有的教育活动上的各种差别等。对这些难以完全消除的无关变量,研究者可以设法将其恒定,即在实验的各个组别、各个阶段使其保持不变。如在探讨两种教学方法对幼儿学习效果的影响时,实验者可以请同一个教师来操纵两种教学方法,并使用教学内容一致、被试学习能力水平相同、前后测试难度相同等方法来使无关变量保持不变。

(5)提高实验设计的科学性。如上所述,有些无关变量是来自实验设计的不合理,研究者可以使实验设计建立在对无关变量分析的基础上,在设计中根据对无关变量控制的需要来设计自变量操纵的具体方法、设计实验程序、进行时间分配,这也能较好地进行无关变量的控制。

(6)控制资料统计过程。研究者按实验的目的选择合适的统计方法,并严格统计的程序和结果处理,能减少统计误差,提高研究结论的准确性。

以上是一些最基本的控制无关变量的方法,不同的方法可用于控制来自不同方面的无关变量,研究者在实验设计中或实验过程中应根据具体的需要灵活地运用这些方法,对无关变量进行有效的控制。

第五节 教育实验的评价

在教育实验的操作过程结束之后,就应对实验是否达到研究目的以及实验结论的科学水平进行总结和评价。这种评价活动一方面能鉴定实验结论的科学性和可靠性,另一方面有助于研究者从已完成的教育实验中汲取经验、接受教训,不断地提高自己的实验研究能力。

教育实验的评价从广义上来看,应包括对教育实验计划的评价和对教育实验过程和结果的评价两大方面的内容。

一、教育实验计划的评价

教育实验计划是关于实验设计的思路和实验实施的纲领性规划,它是在实验的准备阶段就已制定出来,用以指导实验活动的方案。评价一项教育实验,首先应从对实验计划的评价开始。教育实验计划的评价就是评价者根据科学实验的要求对计划中的各项内容的科学性、可行性和合理性作出价值判断的活动。它包括:

1. 对实验课题的评价

即评价实验课题研究的理论意义和对教育实践活动的指导价值的大小。

2. 对实验假设的评价

即评价假设是否有合适的理论基础和可靠的事实依据,由此判断假设的合理性,并评价假设的描述是否规范,能否得到有效的检验。

3. 对实验内容的评价

即对实验中各种变量的分析和处理方法的评价,这是实验计划评价的重点所在。首先要判断研究者对各种变量的分析是否合理,有没有逻辑上的错误;其次要判断研究者所设计的对各种变量的处理方法是否科学、恰当,包括对自变量的操纵是否完整、有效,对无关变量的控制是否全面得当,对因变量的观测是否准确、可靠,设计的测验工具是否符合要求等等。

4. 对实验程序安排上的评价

即评价计划中对实验活动在程序安排上的科学性、合理性进行评价。具体判断各种活动环节的多少(尤其是测验次数)是否合理,各活动顺序设置是否恰当,是否会导致无关变量产生,各种活动时间分配的合理性如何。

5. 对实验设计的统计方法的评价

即评价统计方法选择的合理性,检验和说明假设的正确性与有效性等。

对教育实验计划的评价可采用聘请专家对计划进行鉴定的方法进行,既可以集中进行,也可以分散进行。

二、教育实验过程和结果的评价

对实验过程和结果的评价往往是在实验过程结束之后进行的,对实验过程的评价主要是对实验者操纵自变量的合理性和控制无关变量的有效性进行评价;对实验结果的评价则是对实验结论的科学性进行评价。这方面评价的主要指标有两个,即实验的内在效度和外在效度。

教育实验的效度问题最早是由美国著名的教育实验专家坎贝尔和斯坦利(Campbell, D. T. & Stanley, J. C.)于1963年在其论著《研究的实验设计和准实验设计》中提出的,并将其划分为内在效度和外在效度两类。自此之后,各国学者都沿用它们来讨论和衡量实验研究结果的正确性。

(一)教育实验的内在效度

教育实验的内在效度是指实验结果的可解释程度和可归因程度,或者说是实验的结果(因变量的变化)能否归因于实验者对自变量操纵的程度。实验的结果越能不受怀疑地说明自变量和因变量之间的因果关系,其内在效度就越高。实质上,实验的内在效度是衡量实验目的达到程度的重要指标,它也反映了实验过程的合理性和科学性。教育实验内在效度的高低主要取决于三个方面的因素:第一是实验设计的科学性水平,第二是实验者对自变量操纵的正确性,第三是实验者对无关变量控制的有效性。在这三个方面的因素中对无关变量的控制是关键的因素,坎贝尔和斯坦利曾指出有8种无关变量明显地影响教育实验的内在效度,如不进行控制,就会导致研究结果对自变量作用的解释功能降低,甚至失去解释功能。这8种因素分别是:偶然事件,成熟程度,测验迁移,统计回归,选样偏差,测验误差,被试缺失,选样与成熟的交互作用。详见表7-3。

(二)教育实验的外在效度

教育实验的外在效度是指实验所得结论的可推广程度,即实验结果能被正确地应用到其他非实验情景、其他变量条件及其他时间、地点、总体中去的程度。外在效度也可分为两类,即总体效度和生态效度。所谓总体效度是指实验结果能推广到相同或相近的对象总体中去的程度。一般来说,运用随机抽样的教育实验的结论能较好地推广到样本总体中去,但外在效度高的实验,其结论不仅可在总体中直接推广应用,还应该能在相近的(特征相似的)总体中进行推广,如以男性幼儿为样本的实验结论可推广到女性幼儿中去,以幼儿为样本的实验结论可推广到小学低年级学生中去等等。所谓生态效度是指实验结论能从实验情境推广到一般的各不相同的教育情境中去的程度。如在实验室中形成的结论能否推广应用到一般教育情境中去,在大城市幼儿园中形成的实验结论能否推广到农村幼儿园中去等等。教育实验的外在效度是衡量教育过程与结论的有效性的重要指标。教育实验的外在效度也要受多方面因素的影响,如实验设计、对无关变量控制的程度、主试人员的能力和态度等,其中对无关变量控制的程度是其重要的因素。

表 7-3 实验效度的干扰因素[①]

干扰因素	举 例
内在效度 1. 偶然事件——在实验进展过程中没有预料到的影响因变量的事件的发生。	1. 在相对较短的教学实验中,因学校停电而不能对一组被试进行教学。
2. 成熟程度——时间在被试身上起的作用。	2. 在学习实验中,被试者在 50 分钟后因疲劳而成绩下降。
3. 测验——注意一次测验对随后另一次测验的影响。	3. 在一次以逻辑推理能力为因变量的实验中前测给被试者提供了有关后测的线索。
4. 测量手段——测量手段不统一会产生错误的结果。	4. 两个主考人对同一项教学实验进行后测用的程序和方法不同。
5. 统计回归——挑选被试的误差,比如用极端分数进行回归,将对今后的测验产生不利影响。	5. 在一项阅读教学的实验中,前测中阅读成绩差的被试组成的组,较之于成绩一般、好的被试组成的组进步大得多。
6. 被试的选择差异——被试未能随机分配或挑选,而其中一个因素起了作用,从而产生了组的不对等性。	6. 一个教学实验的实验组本来就是一个高材生班,而控制组则本来是一个普通水平班。

[①] [美]威廉·维尔斯曼著,袁振国译:《教育研究方法导论》,教育科学出版社 1997 年版,第 135~136 页。

续表

干扰因素	举 例
7. 实验的偶然减员——非随机挑选的被试脱离实验,会产生不良影响。	7. 在一项判断各类运动效果的健康实验中部分被试发现此项活动很难而退出。
8. 取样——成熟程度交互作用——由于取样不一带来的成熟程度的不一致。	8. 在一项问题的实验中,选取初、高中教学班为被试,初中生比高中生更早地感到疲劳。
外在效度 1. 测验的交互作用——前测与实验处理发生作用,并导致结果不能推广到未经过前测的群体中。	1. 在一项体育表演实验中,前测为被试对实验处理提供了以某种方式作出反应的暗示,如果没有前测,则不会。
2. 抽样偏差和实验处理的交互作用——根据实验处理的需要而挑选现成班级进行实验,其结果不能推广。	2. 进行对教学方法作实验处理的实验,选择低能力班级进行实验,其结果无法在能力各异的班上推广。
3. 实验安排的副效应——被试知道他们要参加实验并对其具有新鲜感,也称为霍桑效应。	3. 一项实习性的阅读教学实验产生的效果不会在以同样内容同样方式进行的正常阅读教学中产生。
4. 多重处理干扰——一个被试受两项或两项以上的处理(就像在重复测量中设计的那样),会产生一种后遗效应,导致不能推广到单独处理中。	4. 在一药物实验中,对同一动物依次给予4种不同的药物处理。从第2次到第4次服药的效果都摆脱不了第一次服药可能有的长效影响。

思考题

1. 解释下列名词:

实验法　教育实验法　自变量　因变量　无关变量

前实验　准实验　　真实验　实验设计　内在效度　外在效度

2. 教育实验法的基本结构是什么？
3. 教育实验法有哪些特点？在学前教育研究中有哪些优势和局限？
4. 教育实验法有哪些主要类型？
5. 教育实验研究应分哪几个步骤实施？
6. 教育实验设计的一般过程是什么？
7. 教育实验设计有哪些基本的模式？
8. 确立和操纵教育实验的自变量应注意什么问题？
9. 无关变量主要来自哪些方面？有哪些控制方法？
10. 怎样评价教育实验计划和实验研究的质量？
11. 影响内在效度和外在效度的因素有哪些？

第八章 教育经验总结法和行动研究法

内容提要

教育经验总结法和行动研究法是能使科研活动和日常的教育活动结合在一起进行的两种研究方法，它们比较适合于教育实践工作者运用。本章分别介绍了教育经验总结法和行动研究法的含义、特征、功能及其在研究活动中的局限性，并系统地阐述了这两种研究方法的研究过程和实施规范，以及在应用时各自应注意的问题，最后对这两种研究方法的联系和区别作具体的比较。

在本书的第四章至第七章我们系统地介绍了四种学前教育科学研究的基本方法，这些方法都要求研究者事先确定明确的课题并制订出完整的研究计划，在研究过程中应遵循不同方法的研究规范，为记录和搜集研究资料设计特定的工具，而且因取样的要求，往往还需要各方面人员的参与和合作。这些都为学前教育的实践工作者广泛地开展教育科研活动带来了困难。本章所介绍的教育经验总结法和行动研究法能使研究者从教育实践活动中的具体问题入手，以常规的教育活动为基础来探讨和揭示学前教育实践活动中微观层次的规律，有助于研究者将常规的教育活动和科研活动结合起来，在不改变常规教育条件的情况下开展研究活动。

第一节 教育经验总结法

一、教育经验总结法的含义

经验一般是指人们在社会生产和生活活动中通过探究和反思而获得的有效的知识和技能。经验作为人脑对客观事物的一种反映形式,它来自于个体或群体在特定条件下所进行的直接的、具体的社会实践活动,是对事物表面关系的直接把握,往往具有独特性和直接性。它不像科学知识和科学规律是人们运用科学的研究方法和理论思维方法获取的,对客观事物的本质及其内在关系的认识具有普遍性和真理性。经验不仅在人们认识世界和改造现实中发挥着重要的作用,而且也是人们进一步深入地认识事物本质的必要前提,正如马克思所说:"理论的概念必须由大规模积累的实践经验来完成。"

教育经验就是教育工作者在教育实践中获取的从事教育活动的有效的知识和技能,是教育工作者在长期的教育实践工作中努力探索和不断思考的结晶,是通过日积月累而逐渐形成和丰富起来的。它既可以表现为某种指导教育者从事有效的教育活动的观点体系,也可以表现为开展某种教育活动的方法模式。如有人通过长期的教育实践,总结出在幼儿园科学常识教育活动中提问的几点基本要求:①提问要带有启发性;②提问要具有开放性;③提问要能唤起儿童的联想和想像;④提问要有系统性。这种教育经验就表现为一种观点体系。[①] 而有人通过反复实践,创新出一种幼儿绘画教学的新方法,即"绘画五步法",这是一种关于教育活动的

[①] 参见张莉:"幼儿园科学常识教育活动中的提问设计",载《学前教育研究》1998年第2期,第54页。

方法模式,也是教育经验的一种形式。①

教育是一项规模巨大的复杂的社会实践活动,人们在活动中积累起来的经验也是多种多样的。从它的社会化程度来分,有个人的经验和群体的经验。个人经验是指个人在教育实践中获得的独特的经验,带有较强的个性化色彩,往往是个人"得之于心、应之于手"的知识和技能;群体经验则是由许多人共同掌握的经验,往往表现为习俗或惯例。从其效用上分,教育经验既有成功的经验,也有失败的经验。成功的经验是能导致人们的活动顺利达到目的的经验,而失败的经验则是无法使人们的活动达到目的的经验。成功的经验对人们的实践活动有着重要的作用,失败的经验也能指导人们在活动中另辟蹊径,不再犯同样的错误。

所谓教育经验总结法是指在不进行任何特殊处理和控制的自然状态下,人们依据教育实践所提供的事实,对从实践中获得的教育经验进行分析和概括,从而实现由感性认识上升为理性认识的一种教育研究方法。

教育经验总结法就是人们运用经验思维方法对已获得的教育经验所进行的分析和概括。所谓经验思维方法是相对于理论思维方法而言的,它是人们运用在生产和生活活动中形成的亲自感受、直接知识乃至传统惯例等进行思维活动的方法,其主要功能是认识和把握具体事物及外部联系,借此获得新的经验和将经验上升形成一定层次的理论;而理论思维方法则是依据一定的系统知识、遵循严密的逻辑而进行思维活动的方法,它是用来揭示事物内在本质和一般规律的。

教育经验总结法根据其对经验加工的深度不同,可分为描述性总结和解释性总结。描述性总结具体陈述经验产生过程中经验主体是怎样想、怎样做、有何成效等一系列事实,其经验总结的过程与结果带有个人特点,尚处在感性认识水平。解释性总结除要对经验产生过程的一系列事实进行描述之外,还必须分析经验存

---

① 参见陶向群:"绘画五步法",载《学前教育》1999年第2期,第15页。

在的理论依据,揭示其原因和理由,发现与经验相关的事实或现象之间的因果关系或相关关系,这是一种较深层次的经验总结。

二、教育经验总结法的特点

与其他类型的教育科研方法相比,教育经验总结法有着自身一系列的特点:

1. 对象的生动性

教育经验总结的对象是人们从教育实践中获得的各方面的经验,而经验的产生是特定的个人或群体在特定环境中从事的特定的活动的附加结果。首先,经验是和特定的个人或群体结合在一起的,个人的独特思维方式、行为特点、性格乃至兴趣、爱好等都可能与某种经验的产生密切相关,为其提供了主观条件;由众多个体形成的群体的结构(包括年龄结构、智能结构、专业结构等)和共同的兴趣、爱好、态度等都可能是导致经验产生的前提。这就使经验的产生和存在在主观条件上有着许多的变数,一旦某个方面发生变化就可能导致经验的消失。因而经验在许多情况下是稍纵即逝、难以捉摸的,或者是"只可意会,不可言传"的。其次,经验还和经验产生的特定的环境条件有密切的关系,在许多时候,环境条件中的某些经验的主体和产生经验的条件是紧密结合在一起的,是具体而生动、且富于变化的。

2. 研究方式的回溯性

教育经验总结法要在教育经验产生之后才会有研究的对象,而且在研究过程中一般是通过对影响经验产生和发展的各种因素的分析,以及对经验产生和发展过程的回顾和反思来探讨学前教育活动的某些规律,因而从研究的方式上看,教育经验总是回溯性的,是反思性的。它既不是对正在发生的教育现象和教育活动的研究,也不能对教育现象和教育活动未来发展的趋势作出预测,但能通过对已经过去的教育现象、教育活动的研究,把个人或群体获得的宝贵经验上升成为一定层次的教育规律,也对指导人们的教育实践活动、提高教育实践的质量都有着极为重要的现实意义。

3. 研究方法的综合性

教育经验是生动的、具体的,但却是富于变化的,且多潜存于人的富于个性化的活动过程之中,要对其进行总结,任何一种单一的研究方法是无法完成的。如在搜集经验产生的事实资料时,运用调查法和观察法、从已有的事实上升到教育理论时,要运用到分析—综合、归纳—演绎的逻辑方法;在探讨和描述经验的普遍联系和意义时,要运用文献研究方法,要对经验的科学性和有效性进行确证,还要运用教育实验法。由此可见,教育经验总结在具体的方法和手段上有很强的综合性。

4. 研究结论的具体性

教育经验总结无论采用什么样的方法,或者采用多少种方法,和其他形式的教育研究方法相比,它能形成的研究结论总是有一定的具体性,其概括性水平或抽象性程度一般较低。这首先是由经验的性质所决定。因作为研究对象的教育经验总是由特定的教育工作者在特定的活动中获得,研究者必须以经验获得者和经验产生的具体过程和具体条件为研究的基本内容,而无法按科学研究的要求来扩大研究范围、来随机选取研究的被试,这就使其形成的结论是对经验产生者、产生过程与产生条件的直接的分析和概括,而且对结论的解释也不能离开这些具体因素。由此可见,教育经验总结形成的结论总是具体的。

三、教育经验总结法的功能及其局限

教育经验总结法是教育实践工作者所广泛使用的一种极为重要的、有效的教育研究方法,它在教育理论发展的历史过程中起到了极为重要的作用。如两千多年前中国伟大的教育家、思想家孔子就曾对自己长期的教育实践经验进行了全面的总结,不仅在宏观上对教育目的、教育作用和教育制度作了系统阐述,也在微观上对教学原则、教学方法等作了精辟的论断,形成了自己的系统的教育思想,对我国古代教育产生了深刻而广泛的影响。集其教育思想之大成的《学记》成了教育史上最早的一部教育专著,他对自身教育经验的总结,也为教育研究开了经验总结之先河。其后中国古代各个时期一些著名的教育家,如孟子、朱熹、王阳明等人的教育理论中都不乏对当时教育经验总结而形成的成果。在西方,古罗马的昆体良也是通过系统地总结其在逻辑修辞学校和政法学校的教学经验,写出了十二卷本的宏篇巨著《修辞术规范》,被誉为"第一个极详尽地研究了教学法的教育理论家"。到了近、现代,大胆从事教育实践探索、系统总结教育实践经验、且成就卓著的教育家比比皆是,如裴斯泰洛齐、福禄贝尔、蒙台梭利、马卡连柯、苏霍姆林斯基和我国的陶行知等人,他们通过对自己在教育实践中获得的教育经验进行系统总结而形成的思想和理论,对人类教育事业的发展起到了巨大的推动作用。

至今天,虽然人们发展出来的教育科学研究方法丰富多彩,但教育经验总结法在教育科学研究中仍有着不可替代的作用,具体表现在:

(一)教育经验总结能形成对教育实践具有直接指导作用的教育理论

教育经验总结就是试图通过对广大教育实践工作者在实践活动中所摸索和发现的各种有效的教育经验进行分析和概括,使之上升为教育理论。活跃在教育工作第一线的教育实践工作者是一个数量庞大的职业人群,他们中的许多人在丰富多彩的教育活动中经过大量的实践探索和长期的反思与再实践,积累了大量的、宝贵的教育经验,这些经验中许多内容是对教育过程本来面目的真实而生动的反映,对大面积地改善教育活动、提高教育质量有着不可估量的价值。如果教育科研工作者能及时地运用教育经验总结法对这些教育经验进行总结,使之上升为教育理论,这无疑会极大地丰富和发展教育科学,为现存的教育理论融入富于时代色彩的新鲜内容。而且,因教育经验是从具有时代特征的教育活动中产生和发展的,以教育经验为材料的经验总结法所形成的教育理论,反过来又能对教育实践的进一步发展提供直接而有效的指导。

其次,对教育经验进行分析和概括,需要有科学的教育理论作为基础和指导。在许多情况下,总结经验的过程,也就是运用理论、检验理论、丰富和发展理论的过程,因此,教育经验总结法的运用,不仅能创造出新的教育理论,也能为原有的教育理论的丰富和发展提供条件和途径。

(二)教育经验总结能有效提高教育实践工作者的专业素质

在学前教育中,教师的专业素质直接关系到托幼机构保教工作的质量,而教师业务素质的提高有两个根本途径:一是通过系统地学习本专业的基本理论和相关的科学知识,形成正确的教育观念,掌握科学的教育方法;另一个便是通过教师在实践工作中大胆探索、不断创新,并及时而有效地对自身的实践活动进行反思以获取丰富的直接经验。但直接经验多是零散的、不系统的,且局限于特定的教育对象和教育活动的环境条件,如果教师能在教育经验产生以后,运用正确的方法及时地对经验进行反思、分析和概括,不仅能将直接经验变为可在一定范围内推广应用的具体层次的教育的理论或原则,同时也能使自己对相关的教育现象和教育问题产生更深刻、更科学的认识,激发进一步探索的兴趣和动力,并在总结经验和运用经验的过程中不断提高自己改善教育过程、提高教育活动质量的能力。善于从实践活动中获得经验并能对经验进行科学的总结就是教师具备良好的业务素质的具体体现,一些在学前教育实践中敢于探索并实践成果卓著的教育专家的成长历程也有力地证明了这一点。

(三)教育经验总结能有助于教育实践工作者形成和确立自己的研究方向

学前教育实践工作者要想长期开展学前教育的科研活动,必须结合自己的工作条件确立一个主要的研究方向,集中时间和精力来着力解决某一个领域或某一个方面的问题,而研究方向的形成和确立是应和研究者拥有的主客观条件相一致的。但在教育实践工作中,教育经验的产生却是和实践者这两个方面的因素相联系的,如果对经验产生过程加以分析,我们可以说,教育经验往往就是上述两方面的因素与个体在实践中的主观努力相互作用的产物。如果经验的发现者能积极对经验进行总结,并不断地丰富和发展经验,其本身就是科学研究的一种重要形式。而经验所在的内容领域也往往就是该研究者合适的科研工作的方向。因而教育经验总结在帮助教育实践工作者形成与确立研究方向上具有独特的功能。

(四)教育经验总结有助于教育理论发展和教育实践改革的紧密结合

在人类社会活动的任何一个领域,其理论的发展和实践的变革是应该紧密结合在一起的,这有助于推动社会的进步,学前教育也是如此。如果理论发展不能准确地反映实践变革的需要,理论就失去了发展的动力和存在的价值;反之,如果实践变革没有理论提供指导,则变成了盲目的冲动,也不会产生积极的结果。而能将理论和实践结合起来的是实践工作者的有目的的努力。从事不同性质的教育工作的实践者(包括管理人员、教师和其他类型的教育工作者)一方面应将教育理论转化为个人的教育观念,用来指导自己的实践活动,并从自己的实践活动中获得经验、发现问题;另一方面通过对实践经验的总结和反思以及对实践中问题的分析与解剖来为教育理论研究提供感性材料,明确需要解决的问题与需要达到的目的。因而,在教育的发展中,对教育实践工作者获得的教育经验进行分析、概括和总结,能有效地把理论研究与实践改革有机地结合在一起。

尽管教育经验总结法作为一种特殊类型的教育科学研究方法,有着上述多方面的作用,但也存在着一些自身难以克服的缺陷,具体表现为:

1. 教育经验总结所形成的结论的精确性程度不高

如前所述,教育经验作为一种直接来自于实践的有用的知识或技能,它是以一种主观形式存在于经验拥有者的头脑之中的,且形成过程是必然性和偶然性的统一,经验本身又富于变化,我们很难用科学的方法对其进行精确的测定或描述,而只能结合经验获得者的个人特征和产生经验的实践过程与活动情境来进行具体分析,因而其结论是定性的,而往往精确性不够。

2. 教育经验总结结论的理论概括性水平较低

因经验多囿于特定的活动与环境条件,以经验为材料而进行的教育经验总结也不可能完全摆脱具体活动与具体环境条件的制约,因而其结论往往是具体的,不能全面概括不同环境条件、不同实践者所进行的同类活动,因而理论性水平较低。这就要求在经验推广和使用时,不能照搬他人经验,而是应根据具体情况来借用经验。

四、教育经验总结的一般步骤

(一)发现经验,确定经验总结的课题

教育经验是教育经验总结的对象,要开展教育经验总结,首先应发现并确立值得进行总结的经验。因而,发现经验并在此基础上为教育经验总结确立科研课题,是运用这种科研方法的第一步。

在学前教育实践活动中,由广大的教育实践工作者所创造和积累起来的经验是广泛存在的,甚至有人断言:凡有教育实践活动存在的地方,就一定有自觉或不自觉地反映客观规律的,值得发掘、提炼和概括的教育经验存在。作为热爱和从事学前教育科研事业的研究者,要能善于从实践工作者的教育活动中或教育笔记中去发现他们已经获得的教育经验。

科研工作者要发现教育工作者积累起来的教育经验,首先,应从众多的教师或管理工作人员中筛选出富有工作经验的人。这些

人往往是有专长,不安于现状,敢于探索,善于思考且工作卓有成效的人,他们通常是有独特的思维方式和鲜明的工作风格的教育工作者,研究者只要深入实际,就会发现他们。其次,在初步选定了经验拥有者之后,就应具体地对其拥有的经验进行初步的分析,判断其经验的性质和研究总结的价值。一般来说,只有先进的且具有推广和应用价值的教育经验才有总结的必要性。

什么样的经验才是先进的、有推广价值的经验呢?有研究者就此提出了四条标准:[①] ①现实性。即经验符合社会和教育发展的实际情况,对教育领域内长期难以解决的问题有所突破,为改进教育实际工作提供具体而有效的途径和方法。②典型性。即经验在一定的范围内具有代表性和稳定性,经得起实践的检验和理论上的辩驳,不带偶然性。③适用性。经验往往在总结、提炼之后,能在一定范围内被广大的实际教育工作者所接受、采用,能应用于不同的教育情境及不同的教师和学生群体。④创造性。先进的教育经验中应包含有革新和创造的成分,从方法、手段或观念上能给教育工作带来新的活力。

上述四条标准可以当作我们甄别、选择值得进行总结的教育经验的基本标准,但许多有价值的教育经验在其初始状态(或直接的感知水平)并不是非常明显而全面地表现出其特征和价值的,这就需要研究者在选择和甄别时能独具慧眼,认真分析,深入解剖,才能把握。

在发现了有研究总结价值的经验之后,研究者就可以具体确立总结的研究课题。在确立经验总结的课题时,首先应结合教育实践改革和理论发展的需要来系统分析和阐明课题研究(即对某种经验进行总结)的意义,其次应根据经验产生或存在的实际情况而限定教育经验的具体条件和预期的应用范围。

---

① 参见杨小微主编:《小学教育科学研究》,北京师范大学出版社1998年版,第197页。

(二)查阅文献资料

在确立了经验总结的课题之后,研究者就必须系统地查阅与经验相关的文献资料,包括有关的教育的方针政策、教育科学和相关科学的理论、国内外研究的成果与现状,以及与教育经验相关的社会文化、经济背景等。查阅这些方面的文献资料对即将进行的经验总结有着多方面的作用:第一,能进一步明确经验的指导思想以及经验总结的目的和任务;第二,避免盲目摸索或重复已有的成果;第三,提高经验总结的科学性水平,使经验总结所形成的结论具有一定的理论深度。

(三)制订经验总结计划

作为科学研究的教育经验总结必须有目的、有计划地进行,这就要求研究者为其研究活动制定一个完整的计划。在教育经验总结中,计划的主要内容应包括:

(1)教育经验总结课题的名称。

(2)教育经验总结的意义、目的和任务。

(3)教育经验总结的主要内容:主要包括教育经验产生和存在的理论基础分析;教育经验产生的过程和条件的分析;如何将教育经验概括、提炼和提升为理论、原则和方法,教育经验推广应用范围的分析等。

(4)教育经验总结的主要方式和方法:教育经验总结的主要方式有个人总结、集体总结以及由经验拥有者自行总结和专职科研人员总结。教育经验总结中使用的方法往往根据不同的阶段不同工作的性质来选用。研究者必须根据具体的科研课题的需要来有目的地选择恰当的方式和方法。

(5)教育经验总结的工作进程安排。

(6)教育经验总结的工作人员分工。

研究者在制订经验总结计划时应力求使经验总结工作符合科研活动的基本规范,避免就事论事,流于形式;必须以尽可能获得科学而准确的结论为主要目标,以能有效地推动教育实践改革和丰富教育理论为宗旨。

(四)搜集和整理有关经验的事实材料

事实材料是研究者分析经验性质、判定经验效用的基本依据,因而研究者有必要系统地收集经验产生和变化过程中各种性质的事实材料,对事实材料占有得越充分、越具体、越翔实,就越能够把握经验,揭示经验所反映的教育活动的本质和规律。

教育活动是复杂的,与教育经验有关的事实资料也是复杂多样的,研究者应收集哪些方面的事实资料呢?一般来说,下面四个方面的资料是应力求收集齐备的:(1)创造经验及与经验形成相关的教育者和教育对象的资料,包括他们的年龄、职业、兴趣爱好、特长、资历和特殊经历等;(2)教育经验产生过程的资料,包括在教育经验产生过程中教育者与教育对象的想法、做法、感受等;(3)教育经验产生的环境资料,即产生经验的教育活动的物质条件、经济因素、文化背景、行政管理上的措施等;(4)经验效果资料,包括产生教育经验的教育活动前后所发生的各种变化,尤其是教育对象学习效果方面的变化,有时还需要经验产生的教育者和教育对象与其他一般的教育者和教育对象的对比资料。

研究者在收集事实资料时一定要运用科学的手段和方法,以保证资料的客观性和准确性,以提高其对问题说明的能力和可信程度。而且在收集事实资料的过程中,应边收集边整理,使资料系统化、条理化,便于以后对其进行分析和综合。但资料的整理工作不能有害于资料的具体性和客观性,不能随意地对资料进行修改和调整,而应保持其"原汁原味"的本来面目。

(五)对资料进行分析和综合,形成研究结论

对收集到的各种资料进行分析和综合,形成相应的研究结论,是教育经验总结中最关键的步骤。在这一步骤中,研究者必须将具体的、感性的个人(或集体)经验提炼成具有一定理论层次的观

点、原则或方法模式。

所谓分析就是研究者对收集到的各种事实材料进行系统的考察、审定、比较,确立不同事实之间的联系,如方法与效果的联系,经验获得者的思维、观念与方法之间的联系,环境条件与方法、效果之间的联系等等,通过确立经验产生的不同的事实之间的联系来说明经验的存在与其性质、效用等方面的问题;同时,通过所掌握的各种文献资料所提供的参照,进一步分析各种联系的客观性和理论基础,以及其独特性和创新性的内容,以确定经验自身的价值。

所谓综合就是研究者对经过对事实的分析而确立出现的各种联系进行比较、提炼和概括,使之形成能正确反映教育活动规律的结论,将具体的教育经验上升为具有一定抽象层次和具有普遍意义的教育理论。在综合中,首先是要对分析中确立的各种事实之间的具体联系进行提炼,去伪存真、去粗取精,从中挑选出既有创新意义的,又能反映教育活动本来面目的、稳定的内在联系;然后对其进行概括,使之形成若干有理论依据和实践应用价值的观点或原则,或者通过在各种联系之间建立特定的联结,使之形成系统的方法模式,构成可供参照与借鉴的教育活动操作系统。

在实际的教育经验总结和研究活动中,对事实材料的分析和综合往往是一个循环往复的统一的过程,分析中有综合,综合中有分析,多次反复,才能从具体的材料中提炼出有效的教育经验,也才能将具体的经验上升为带有普遍意义的原则与方法。

在完成对材料的综合之后,研究者就应对研究的经验主题形成完整、系统的结论,结论应该是对经过分析、综合而形成的教育经验的系统化、条理化,并结合相关的科学理论来提升经验的理论化水平。所形成并抽象出来的结论应尽可能全面准确地概括所总结出来的教育经验,并说明经验的科学性水平及可以推广应用的条件。

(六)对教育经验总结形成的结论进行论证

研究者在完成对各种材料的分析、综合并形成系统的研究结论之后,可写出初步的教育经验总结的论文或研究报告。如果课题较大,涉及的应用面较广,还应对研究的结论进行论证,通过论证来对结论的科学性、可靠性、价值性等进行检验。对教育经验总结所形成的结论进行论证可采用两种方式进行:论证会和教育实验。

采用论证会的方式就是邀请有关的教育理论和实践方面的专家、学者和相关的人员(如教师、行政人员、家长等)集中对某次教育经验总结的研究活动及其结论进行研讨,鉴定其科学性和价值性的水平,并提出有关意见。采用这种方式时,要注意以下几个方面的问题:第一,要预先向与会者提交研究的全部材料和研究结论,作好充分的准备;第二,要求与会者展开充分的讨论,听取不同的观点和意见;第三,要积极吸收有价值的建议,对研究结论既要坚持真理,又要善于发现错误和改正错误,使之得到进一步完善。

采用教育实验的方式来论证就是有目的、有计划地将教育经验总结的结论运用于不同环境条件、不同对象的教育活动中去,在教育实践活动中来检验其正确性,并通过实验过程来收集新的事实资料,修正和完善其结论,使结论更科学、更精确,更富有推广应用的价值。

五、教育经验总结应注意的问题

为了充分发挥教育经验总结的作用,尽量提高经验总结论的科学水平,在开展教育经验总结时,研究者应注意以下三个方面的问题。

(一)教育经验总结应正确区分现象与本质,准确揭示教育经验中所包含的教育规律

教育者所获得的教育经验总是和具体的教育活动联系在一起,它往往只是表面地反映教育活动中各种因素之间的关系,进行经验总结的目的就是要透过具体的教育活动和活动中各种因素的表面联系来揭示经验所反映的教育活动中各种因素之间内在的、本质的联系。因此,经验总结者不能就经验谈经验、用经验来说明和论证经验,而是必须深入实践来广泛收集各种资料,并在分析、综合资料时能透过现象看本质,切实把握经验中所包含的规律性内容,这样才能达到对教育经验进行总结的目的。

(二)教育经验总结必须以实践为基础,以事实为依据,坚持实事求是的科学态度

尽管教育经验是以主观的形式存在于教育实践工作者的头脑之中,但我们必须以实事求是的态度和客观的方法来研究它。研究者不仅要运用科学的手段来收集客观的资料,而且必须以实践为基础、以事实为依据来分析资料、概括经验、提炼结论,而不能根据个人感受或主观判断来处理问题,只有这样才能将主观的经验转化成客观的规律。

(三)教育经验总结要综合运用各种方法和手段进行,并注重定性研究和定量研究的有机结合

如前所述,教育经验的生动性和复杂性使人们无法单凭某一种研究方法来对其进行准确的考察,而必须根据经验内容的性质和特点,灵活地选择和组合各种方法对其进行综合的分析和研究。既要系统地收集到量化的数据资料以说明和描述经验的效果和作用,又必须对各种资料进行定性的分析和概括、提炼,以形成科学的结论,两者之间不可偏废。

第二节 行动研究法

一、行动研究法的含义和特点

所谓行动研究法,是一种适应小范围的教育改革的探索性研究方法,它是研究者为科学地解决教育活动中的实际问题,在对问题诊断分析的基础上来拟定和实施行动计划的一种循环研究的程序性方法。此处的行动是指带有探索和研究性质的教育实践活动。

行动研究法起源于第二次世界大战后的美国,最早是由美国社会心理学家库尔特·勒温(Kurt Lewin)于1946年提出的。行动研究法最初是运用于心理学和民族学等学科的研究,50年代后期被引入教育科学研究,后逐渐为教育科学工作者所认识和接受,到70年代就成为欧美各国教育科学研究中的主要方法之一。我国较早见于1976年出版的日本大桥正夫的著作《教育心理学》(钟启泉译),书中将行动研究法作为教育心理学的一种研究方法,对其作了简要介绍。自80年代开始,这种研究方法在我国的学前教育科学研究中日益受到人们的重视。

行动研究法作为一种特殊的研究方法,着重于将教育科学研究和教育实践活动合二为一,用行动的方式来认识和解决教育活动中的实际问题,和其他类型的方法相比,它具有如下几个方面的特点:

(一)行动研究法具有很强的实践性

行动研究法的实践性不仅表现在重视对教育实践中具体问题的研究,强调为教育实践服务,而且突出地表现在它必须在教育的实践活动中来解决问题。行动研究的过程是在动态的教育实践中完成的。首先,它是依赖研究者对实践活动中反映出的具体问题的分析和诊断来确定和描述研究要解决的问题的,而且也是通过制定和实施实践活动的改革计划来解决问题的,在实施计划的过程中又不断地收集来自实践活动的反馈信息,为进一步的实践改革搜集资料;其次,行动研究法往往是以从事教育实践工作的教师为研究人员的主体,研究过程离不开实践工作者的思想和行动。

(二)行动研究法有很强的开放性

运用其他形式的教育科学研究方法来开展研究活动时,研究在确定课题之后,往往在广泛查阅文献资料的基础上制定一个完整的研究方案(计划),组织一个稳定的研究队伍,除非有特殊的情况出现,否则整个研究过程将严格按研究方案中的计划进行,直至形成符合研究要求的科学结论,整个研究活动相对完整和独立。而行动研究则结合教育的实践探索而进行,对教育改革的探索是无止境的,行动研究也就是一个没有终点的、无限的探索和调整的过程。而且在这一开放性的过程中,与教育实践活动密切相关的各种社会变化也通过教育活动提供的反馈信息被纳入到行动研究的内容之中,且研究活动可根据需要吸收不同的人员(包括理论工作者、管理人员乃至学生家长)参与到研究过程中来。由此可见,行动研究法是一种极为开放的研究方法。

(三)行动研究法有很强的灵活性

行动研究法的灵活性首先表现在它可以根据教育实践活动不断变化的需要来调整研究的目标和研究计划。在一般情况下,行动研究者尽管在实行研究之前有自己对实践改革的观点和要求,但不会制订一个既成不变的研究规划,而是在教育实践活动的变化和发展过程中,对研究过程进行动态的处理,其研究的目标、研究的内容都是根据解决实践问题的需要而确立并不断地进行调整的。此外,在行动研究中,研究者还可以根据研究目标和研究内容的需要,灵活地选用不同的收集资料和分析资料的手段,以实现研究目标。

(四)行动研究法伴随持续的对研究计划的修正

所有的科学研究活动都涉及到对研究过程和研究结果的质量评价问题,但在一般的研究活动中,人们实施的评价往往是终结性评价,即在研究活动过程基本结束并形成了确切的研究成果之后集中进行评价。而行动研究法不仅重视对一个研究循环系统的全面总结性评价,更重视在研究过程中对研究活动的各个环节、各项措施进行持续性的反复评价,通过这种持续的评价来不断加深对研究中的问题和研究活动所产生的效果的认识,并借此进一步调整研究活动的目标和计划。为顺利实现这种对研究过程的持续性的评价和调整,研究者必须及时地收集实践活动所提供的各种反馈信息,并适时地对收集到的反馈信息进行处理。由此可见,行动研究法是一种伴随持续的评价和及时反馈的研究方法。

二、行动研究法的层次

根据研究参与者的不同,行动研究法可分为三个不同的层次:

(一)教师个人单独进行的行动研究

这是较低层次的行动研究,研究者往往是教师个人,研究对象的人数也相对较少(有时甚至是某一个特殊的儿童)。在这一层次的行动研究中,研究者和实践(行动)者的角色统一在一个教师身上,教师可有针对性地选择教育内容的某一具体部分或教育活动的某一具体环节中出现的实际问题来展开研究,也可以通过行动研究将自己新的观点、新的方法直接转化成行动(教育实践)。这一层次的行动研究因其规模小、参与人数少、研究内容具体而容易实施,也能较好地发挥教师的积极性,使研究活动和教育实践活动实现完整的统一。但另一方面,因参与研究的人员单一,对问题的探讨难以做到全面、深入,研究过程的规范性也难以保证,因而结论的说服力不强。

(二)由学校或托幼机构组织的研究小组进行的行动研究

这一层次的行动研究人员既可以是完全由教师组成的研究的小集体,也可以是由负责不同工作的人员(如教师、保育员、管理人员)共同组成的研究集体,具体要视研究问题的性质和涉及的范围而定。研究小组可针对在某一教育机构存在的带有普遍性的问题来开展研究,也可将教育机构中实施的某种教育活动或管理措施上的改革作为研究的课题。在这一层次的行动研究中,因参与人员增加,研究对象的范围也可以相应地扩大。因研究由集体进行,可充分发挥集体的智慧和力量,研究人员之间可相互取长补短,而且,因研究的问题带有一定的普遍性,研究过程和研究的结果对教育实践活动产生的影响也随之扩大。但在开展这一层次的研究活动时,要特别注意研究小组的人员构成,应尽可能地根据研究目标和研究内容的需要,选择具有不同专长或条件的人员,使之形成一个合理的智能结构。也可以使研究人员处于一个半流动状况,即除几个研究的骨干人员外,其他人员可根据研究过程的调整和变化来作进与出的安排。

(三)由专家、教师、行政人员等组成的研究集体开展的行动研究

这是最典型的行动研究,也是最高层次的行动研究。在这种层次的行动研究中,因有专家和研究人员的参与,研究集体的研究实力得以增强,而行动人员的参与又能使研究工作获得多方面的支持,从而改善了研究条件。因而,在这一层次的行动研究中,研究者可以选择教育实践活动中影响面较大的、带有根本性的问题进行研究,注意发挥研究活动的社会效益,扩大研究的影响,提高研究结论的理论层次。

不论是上述何种层次,行动研究法的重要价值始终在于使实践者(教师)增长实践性知识和技能,产生更为合理的教育观念和态度,以积极处理和妥善解决教育实践中的各种问题。

三、行动研究法的一般步骤和结构框架

行动研究一般由首尾相互衔接的六个具体步骤构成,这六个具体步骤是:预诊、提出并阐述问题、收集与讨论信息、拟订行动计划、行动和评价总结。这六个步骤围绕着研究活动的总体目标运行,构成一个相对独立的研究过程。如下图所示:

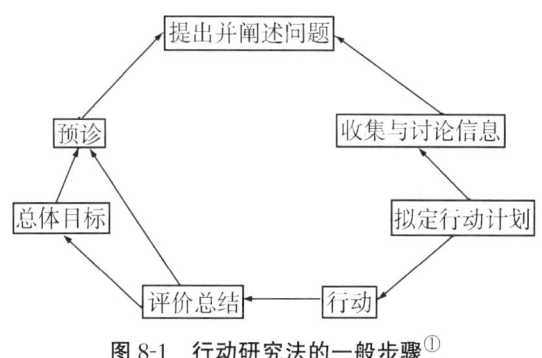

图 8-1　行动研究法的一般步骤[①]

(一)预诊

所谓预诊,就是研究者为准备实施某次(或某个环节的)研究活动而对教育实践活动的基本情况进行了解和分析。"预诊"一词是借用的医学术语,意在表明这个步骤的工作就像医生在采取治疗措施之前要对病人的病情进行明确的诊断一样。研究者在通过行动研究法来解决教育实践问题之前,也应对"问题"及其存在的环境条件进行先期分析和了解,以便行动时能"对症下药"。对"问题"的预诊要求细致、深入,能抓住其实质所在,这就要求研究人员不仅要分析问题本身的特点和症结,更要对某种实践问题产生的

---

① 王坚红编:《学前儿童发展与教育科学研究方法》,人民教育出版社1991年版,第172页。

历史过程及与问题关系密切的人、物、事件等各种因素作全面的分析。

(二)提出并阐述问题

研究者在完成对问题的预诊之后,就应该在预诊的基础上明确提出某一次行动研究所要解决的问题,并对问题作准确的阐述,通过提出和阐述问题为研究活动确立一个明确的目标。在这个阶段,研究者必须突出注意两个方面的问题:第一,除提出和阐明问题之外,还应对问题本身的性质和特点进行分析。就问题的性质而言,要分析问题是观念性的,还是操作性的;问题是属于哪一个实践领域,需要具备什么知识和能力专长的人才能较好地解决等等。就问题的特点来说,要分析问题涉及范围的大小,解决问题的难易程度等。对问题性质和特点的分析为制订行动计划作好准备,打下基础。第二,如果某一次行动研究是从属于达成某一个总体目标的一部分(或一个研究环节),所提出的问题就应和总体目标的研究内容和研究范围保持一致,结合总结目标来阐述问题。

(三)收集与讨论信息

同任何一种类型的研究活动一样,在行动研究活动中,研究者也应重视对相关信息资料的收集和利用。搜集信息资料的目的在于了解与问题相关的历史和现状,避免研究活动的重复,并借鉴相关研究的方法与结论,以提高研究过程的科学性水平,同时借助有关理论的指导,而排除研究过程中的盲目性。在行动研究中要收集的资料主要有两类:一类是文献资料,一类是事实资料。文献资料包括相关的理论书籍、论文、研究报告和音像制品等,只要是与要研究的问题相关的,都应全面地收集;事实资料主要是指问题产生和存在的教育活动方面的信息资料,包括实践活动的人员和研究对象的有关资料,活动的形式、方法,环境条件方面的资料等。这些资料都是研究者制订研究的行动计划的重要参考依据。在收集事实资料时,一定要确保资料的客观、准确。

(四)拟订行动计划

所谓行动计划就是研究者针对问题所确立的旨在解决问题的规划或行动方案。计划的主要内容应包括:问题及其研究的意义、行动的具体目标、实践改革(行动)的具体方式方法、操作的具体步骤和程序及研究工作的时间安排等等。如果研究项目是一个涉及面较大、参与者较多的项目,计划就应更全面、更完善,其内容应包括研究活动的组织与分工、研究条件的分析、研究对象的要求等等。在制订计划时,研究者一方面要考虑到计划应全面详实,另一方面要结合具体的研究条件,保证计划能得到很好地实施。

(五)行动

行动就是根据制订的计划,具体地实施解决问题的措施。在行动研究过程中,行动是关键的步骤。行动既是一种探索的研究行为,又是一种具有革新性的教育实践活动,它是研究与实践的统一,因而在行动中研究者既要考虑行动的科学性,使之达到研究的科学认识的目的,又要考虑行动对儿童身心发展所形成的影响,取得应有的教育效果。作为一种特殊形态的实践,研究者在行动中尤其要注重对改革措施的贯彻,这相当于教育实验研究中重视对自变量的操纵。行动能否产生效果、达到说明行动目标的要求,很大程度上要依赖于研究者对其进行符合要求的操作。其次,在研究过程中,研究者还要持续地关注行动所产生的影响,不断地收集反馈信息,以便为下一个步骤要进行的评价和总结作好准备,也为下一个阶段的行动研究提供预诊的信息。

(六)评价总结

在行动按计划完成以后,研究者就应对研究活动进行集中的评价,并在此基础上形成研究的结论。评价应从两个方面进行,一个方面是对研究(行动)的过程的评价;另一个方面是对研究效果的评价。对研究过程的评价,主要应分析研究对实践活动改革的措施操作是否到位、内容和方法把握的准确性如何以及行动过程是否全面完成了计划的要求等等;对研究效果的评价,主要是看行动是否形成了预期的影响、在多大程度上达到了预先设计的目的、问题解决到了什么程度等等。

在评价工作结束之后,研究者就应对研究活动进行阶段性的总结,总结工作应有两个任务:一是要根据评价的情况为研究下一个科学结论,说明改革措施(某种教育方式、方法或观点)对解决某种具体问题的作用和效果及其理论上的科学性;二是要为下一个阶段的行动研究诊断出新的问题。

以上六个步骤前后联结,共同构成了行动研究法的一般过程。但因行动研究法是一种着重用于解决实践活动中具体问题的研究方法,教育实践总是随着时代的变化而不断向前发展的,已有的问题解决了,新的问题又会重新出现,这就要求行动研究对某一问题的探索不断地进行,因而运用行动研究法时,往往一个过程的结束意味着一个新的过程的开始,围绕某一个总目标的达成,需要若干个行动研究过程共同构成一个连续研究循环。如下图所示:

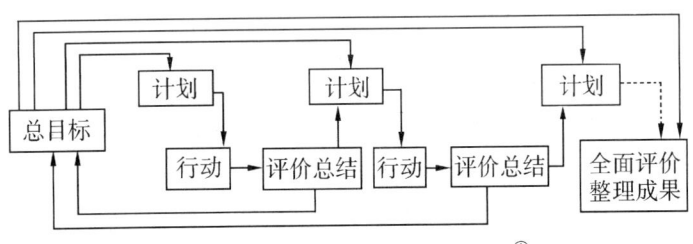

图 8-2　行动研究的反馈循环体系[①]

四、运用行动研究法应注意的问题

行动研究法因其方便、操作性强、适合实践工作者使用而越来

---

① 王坚红编:《学前儿童发展与教育科学研究方法》,人民教育出版社1991年版,第173页。

越受到人们的青睐,得到越来越广泛的使用,但在采用行动研究法时,研究者必须严肃地对待以下四个方面的问题:

(一)行动研究必须有计划地进行

行动研究是在千变万化的教育实践中进行的,有时不可能在一开始就把所有的问题预想好,把方案设计得非常周密,只有根据实际情况的需要边研究边修改具体的行动计划。但这并不意味着在制订总方案时就可以草率了事,或在研究过程中可以随心所欲。相反,为了尽可能地实现研究目的,保证研究过程的客观性和科学性,研究者需要在占有大量的文献资料和事实资料的基础上,慎重地制订研究的计划,恰当地、准确地表述研究目标,建立自己坚实可靠的理论定向,并在研究过程中坚持按计划来开展研究的各种活动。如果在研究过程中因实践情况的变化而需要对研究活动进行调整和变化,也应先调整和修改研究计划,而不能贸然盲目地行动。不按计划开展研究活动很容易使研究失去方向,无法达到研究的最终目标。

(二)行动研究应注重研究过程的规范性

尽管行动研究是和教育实践活动紧密结合在一起的,但这并不意味着研究者可以降低在研究过程和研究方法上的科学性和规范性的要求。同任何其他类型的研究活动一样,要提高研究结论的科学性水平,必须根据需要来选用合理的研究方法和手段,并重视不同研究阶段上方法使用的规范性。因而,研究者一定不能根据自己的经验来开展研究活动,而是在操纵行动措施、收集反馈信息、评价研究活动、形成研究结论的各个阶段都应尽可能使用观察、调查、测量和实验等规范性的科研方法。从这一角度看,行动研究法是一种规范性的研究法,它必须按照科学研究的基本规范,运用多种研究手段来收集资料、形成结论。

(三)行动研究应充分发挥教育实践工作者的作用

因为行动研究是和教育实践紧密结合在一起的研究,其成效很大程度上有赖于广大的教师和教育管理工作者自觉的支持。在研究过程中,研究者必须通过他们来对问题进行诊断,并通过他们来开展行动和收集反馈信息。因而,理论工作者和研究人员应充分地尊重他们的发言权,鼓励他们提出新的设想,尽可能吸引他们参与到研究活动中来;同时,也应通过研究活动来提高他们的素质。

(四)行动研究需要研究者坚持不懈地努力

在前面的有关行动研究法的基本框架中我们可以看出,行动研究的过程是一个长期循环前进的过程,要使行动研究通过解决一系列的具体问题来达到其研究的总体目标,就需要研究人员在一个较长的时间里进行坚持不懈的努力,在研究过程中不断排除各种干扰,保证研究活动顺利地开展,并获得预期的研究成果。任何一个阶段或环节上的松懈和马虎,都可能会给整个研究活动带来难以弥补的损失,甚至使研究半途而废。

五、行动研究法的评价

行动研究法是一种特色鲜明的研究方法,在学前教育科学研究中,它有着多方面的优点:

1. 行动研究法可以有效地研究和解决教育实际问题

行动研究一般是针对教育实践活动中即时出现的问题而开展的研究,而且它也是在实践活动中进行研究,研究的目标在于改进教育工作,提高教育活动的质量和效益。因而它能有针对性地解决教育实际工作中的各种具体问题,为促进教育实践的变革服务。

2. 行动研究法有益于推动群众性的教育科学研究

在行动研究中,教育实践工作者应是研究的主体。行动研究法也方便实践工作者使用,适合于他们结合自己的工作实际来开展科研活动,因而有利于广大的教师和其他实践工作者广泛开展教育的研究活动。

3. 行动研究法有利于提高教师自身的专业素质

行动研究法是需要教师积极参与的一种教育研究方法,在研究过程中,教师不仅需要掌握和学习有关的理论并了解相关的其他研究,而且还要不断地对教育实践活动进行观察和反思,对实践活动的结果进行评价,因而能较好地通过研究活动来提高教师的专业素质,这也是教育行动研究成果的重要方面。

但行动研究法也有一些缺点,表现在:

1. 研究过程中环境条件的可控性较差

行动研究是在现实的教育实践活动中进行,因而对研究过程中的各种因素和条件都很难进行有效的控制,如教师和学生的态度、行政干预、物质条件等等都不能进行操纵和变化,这使研究过程不够规范,对"行动"的结果难以进行科学的评估。

2. 行动研究对结果的观测的准确性水平较低

行动研究是和现实的教育活动紧密结合在一起的,对"行动"前后教育对象的身心发展和行为表现所发生的变化很难进行精确的测定,因而使结果的准确性和可靠性水平不高。

六、行动研究法和经验总结法的比较

有学者将行动研究法和经验总结法作了比较,认为两者之间既有共同之处,也有一些不同的地方。[①]

两种研究方法的共同之处为:

(1)两种研究方法的研究主体或研究者本身均为教育实践人员,即教师或教育管理工作者,因而研究有广泛的群众性。

---

① 参见张燕、邢利娅编著:《学前教育科学研究方法》,北京师范大学出版社1999年版,第177~188页。

(2)两种研究方法都是以具体的教育实践活动为基础,研究活动和教育实践紧密相联,使研究更具实践针对性,更能具体地解决教育实践中的问题,其研究结论也更易于推广应用。

(3)两种研究方法更着重于解决实际问题,侧重于应用,而在研究的方法与程度上严密性和精确性水平相对较低,因而其研究的内在效度不高。

但两种方法之间也存在多方面的差异,体现为:

(1)经验总结法一般是由果溯因,它要通过研究者对产生经验的教育活动过程的全面回顾、分析来验证经验,形成结论;而行动研究法则应事先确立较为明确的研究目的和行动计划,通过行动计划的实施来提示某种教育改革措施的效果,发现教育活动的规律。

(2)尽管两种方法在具体的运用过程中都需要使用多种研究方法,但经验总结法更多地运用逻辑分析的方法来研究教育问题,偏重于经验思辨型研究;而行动研究法则可以将思辨型与实证型研究加以综合,有益于发挥各种类型研究法的互补功能。

附:行动研究法运用范例

解决大多数儿童歌唱走音问题的研究[①]

1. 问题

某教师在新学期接受了一个原先由其他教师执教的中班后,发现该班大多数儿童在歌唱时严重走音,其中在唱某三首歌曲时走音的情况特别严重。

2. 第一次诊断

经与年级教育小组其他教师共同讨论,推断其原因可能是:该班在小班阶段教师教唱歌曲的进度太快,致使儿童没有能够真正掌握。

---

① 许卓娅编著:《学前儿童音乐教育》,人民教育出版社1996年版,第393~395页。

3. 提出解决方案

经共同讨论后提出:该班暂时不教新歌,而将这三首歌曲全部重新教唱,并且在教唱时特别使用分句教唱、反复听、反复模唱的方法,以避免唱错音和唱走音。

4. 施行方案

该班教师按计划认真地重新教唱三首歌曲。

5. 评价问题的解决情况

在施行过程中,教师注意观察并记录每次教唱的效果。发现儿童对反复学唱已学过的歌曲没有兴趣,学唱活动过程中注意力不集中,情绪消沉、烦躁。在反复倾听、模唱个别句子或个别音的时候,儿童可以暂时达到不走音的要求,但是一旦将全曲连贯起来唱,往往又会按照习惯的方式唱错音或走音。有时即使在反复训练后,当时可以做到连贯唱歌也不走音,但当隔了一段时间后再唱这首歌时,又会回复到原先的走音状况。经一再反复训练后,仍旧不能改善唱这三首歌曲的走音状况。

6. 第二次诊断

年级教育小组再次讨论,推断其原因可能是:因儿童对这几首歌曲已形成了错误的定势,很难予以纠正。所以不能再唱了。

7. 再次提出解决方案

经共同讨论决定:该班放弃对这三首歌曲的反复纠错训练,改教其他新歌曲。

8. 施行方案

该班教师按新方案教唱新歌曲,并请幼儿园比较有经验的教师到场旁听。

9. 评价问题的解决情况

在施行过程中,发现儿童仍旧容易唱错音和唱走音。同时,执教教师和旁听教师都发现:该班儿童学习歌唱的方法有问题。这些问题表现在:该班儿童没有倾听范唱的习惯,教师(或录音磁带)一唱,儿童马上就跟着一起唱;该班儿童没有倾听监测自己歌唱声音的习惯,一开口就用很大的声音唱,而不注意自己的歌声与范唱的歌声、伴奏的琴声是否一致。

10. 第三次诊断

经共同讨论推断：该班儿童不会倾听，总是在尚未形成正确、清晰的声音之前就开口唱，这是造成容易唱错音、唱走音的重要原因。该班儿童不会用适中的音量歌唱，不会监听自己的歌声，总是只顾唱不顾听，没有反馈调节的过程，这是造成唱错音、唱走音的情况难以避免和纠正的重要原因。

11. 第三次提出解决方案

经共同研究后决定：从培养该班儿童良好的学习歌唱的习惯入手，坚持要求儿童先听，反复听，听熟了再开口唱；坚持要求儿童用适中的音量歌唱，并且反复提醒儿童边唱边注意倾听教师的范唱、伴奏和其他儿童的歌声，力求和大家的声音协调一致。

12. 施行方案

该班教师认真实行新方案，并请幼儿园比较有经验的教师经常到场旁听，指出教师指导中没有注意到的问题。

13. 评价问题的解决情况

经过一段时间，该班教师和旁听教师一致同意：问题基本得到解决。

14. 总结

该班教师与有关人员一起总结研究工作的全过程，撰写研究小结，并将研究结论向有关人员报告。

思考题

1. 解释下列名词：
   经验　教育经验　教育经验总结法　行动研究法
2. 教育经验总结法的特点是什么？
3. 教育经验总结法在学前教育科学研究中有哪些主要作用？存在哪些局限性？

4. 教育经验总结的研究过程由哪几个基本步骤构成?
5. 先进的教育经验有哪些主要标准?
6. 运用教育经验总结法应注意什么问题?
7. 行动研究法有什么特点?
8. 行动研究法可以分为哪几个层次?
9. 行动研究的过程可大致分为哪几个阶段?
10. 在学前教育的行动研究中研究者应注意哪些问题?

第九章 个案法

内容提要

个案法是学前教育科学研究中的一种重要方法,它主要用于研究具有特殊性的个体、团体或案例。本章主要阐述了个案法的含义、特点、作用与缺陷,讨论了个案研究的主要方式、资料收集的主要手段以及研究过程的一般步骤。学习者应着重掌握个案研究的一般程序与各环节的具体要求。

个案法作为一种研究儿童心理和教育问题的方法,可追溯到18世纪梯底曼(Tiede Mann)所发表的《关于一个儿童成长的记录》,但在心理和教育研究中得到广泛的运用则是从20世纪20年代才开始。发展到今天,个案法在研究具有特殊意义的个体和教育案例中具有十分重要的作用,成为学前教育科研中一种常用的研究方法。

第一节 个案法概述

一、个案法的含义

所谓个案,就是在学前教育实践活动中具有某种特征或某种特殊价值的教育活动中的个体、个别团体或个别事件。个案法就是以个案为研究对象的研究方法,也称做"个案研究法"。具体地说,所谓个案法就是以具备某种特征或某种特殊价值的个体、个别团体或个别事件为对象的研究方法。它往往在一个较长的时间里综合运用各种手段连续搜集有关研究对象的一切资料,加以分析、探究,从而阐明其发展变化的规律。如对某个智力超常儿童的研究、对某个优秀的幼儿教师教育能力形成过程的研究、对某个幼儿园管理特色的研究等都可以使用个案法进行。

运用个案来研究某个个体或案例,往往是着眼于个体或案例的特殊性,这种特殊性往往表现为个案本身的某种独特的特点,如幼儿的智力超常(或语言障碍、性格孤僻)、幼儿教师教育能力上的"优秀"、幼儿园(班级)的教育活动效果显著等。在这类个案研究中,研究工作需要对个案独特特点的性质和表现作充分的认识,对其形成和变化的原因与过程作系统的考察和分析。在另一些个案研究中,研究者也会注重个案的典型性或对某类总体的代表意义,企图通过对个案的典型特征作全面深入的考虑和分析来认识同类个体或事件的一般性质,这类个案研究也被称做"解剖麻雀法"。

二、个案法的特点

和其他的研究方法相比较而言,个案研究法具有以下三个方面的特点:

(一)研究对象的独特性

个案法只选取单个的个体、团体或教育案例作为研究对象,这个研究对象相对于总体来说可能是典型的,也可能不是典型的,但无论典型与否,都应使研究具备某种特殊的意义,而这种研究的特殊意义则取决于研究对象本身的某种特殊性。如运用个案法来研究某个智力超常儿童,研究的意义是为了探索智力超常儿童成才的规律,帮助智力超常儿童成才。这就决定了选取的研究对象必须是在智力上(或智力的某些方面)具有明显超出一般(正常)儿童的特点,否则研究是不能达到目的的。当然,在一些个案研究中,研究试图通过有代表性的个体来探索揭示总体活动的一般规律,这时,研究对象不必具有特殊性,而是要求有良好的代表性。

(二)研究内容的广泛性

在以其他方法进行的学前教育科学研究中,研究内容多具有"专题"性,即以某一专门的(甚至是单项的)内容作为研究活动着力探讨的问题。而在运用个案法进行研究活动的过程中,研究者为了对选定的个案进行全面而深入的研究,往往需要系统地收集与个案有关的多方面的资料,从不同的角度来分析个案的历史、现状或发展趋势,这就使研究的内容复杂多样,涉及的范围相当广泛。如要运用个案来研究某位优秀的幼儿教师,认识其成才的规律,我们不仅要研究该教师在教育工作中的态度、能力、知识结构、时间投入、工作方式方法等方面的特点,还应对该教师的成长和受教育过程进行全面认识,对其身体素质以及兴趣、爱好、性格、智力水平等心理因素作系统考察,甚至还必须调查其业余甚至是家庭生活等等。这就使研究内容变得相当广泛。

(三)研究手段的多样性

个案研究并不是使用孤立的、单一的研究方法,为使研究过程深入、内容全面,在其实施过程中研究者往往要根据具体的研究目的和研究对象的特点而综合地运用各种不同的手段来收集各种不同性质的资料。在学前教育的个案研究中,常用来收集个案有关资料的手段主要有:身体测查、观察、访谈、问卷、作品分析、测验等等。

三、个案法在学前教育科研中的作用

因为个案法具有上述特点,它在学前教育科学研究中有着独特的作用或优势。

首先,个案法是以个体或个别团体、事例作为研究对象,它长于研究个别差异突出的问题。这一优势在婴幼儿心理与教育研究中具有十分重要的意义。因婴幼儿年龄小,社会化程度低,家庭背景和生活条件又千差万别,其彼此之间在身心发展上表现出较强的差异性。运用个案研究法可以早期鉴别出儿童在身心发展上的差异,筛选出有特殊发展潜力的儿童或有缺陷的儿童,为制订早期的特殊教育方案奠定基础。同时,运用个案研究的方法还能系统地考察一些独特的教育因素或教育现象产生和发展的过程及其所形成的影响。如某个幼儿教师在音乐或美术方面独特的教育方法,某幼儿园在管理或某种教育活动中所形成的特色,甚至在特殊情况下所发生的某个教育事故等等,这些独特性的教育因素或教育现象的存在往往带有偶然的因素或特殊的环境条件,但在其背后可能隐藏着带有普遍意义的教育规律。个案法在这种类型的研究中能发挥无法替代的作用。例如,中国科学院心理研究所通过对智能发展超常的少年儿童进行个案追踪研究,证实了这些孩子绝大多数受过良好的早期教育,遗传素质的差异只为他们的超常发展提供可能性,而优良的环境和教育是其实现超常发展的重要因素,从而为我国的早期教育实践提供科学的依据。

其次,个案法因其研究内容广泛、收集资料手段的多样化而使研究过程更加深入。在运用其他方法进行的成组研究中,研究者往往是在确定的和一个较短的时间内系统收集研究对象的有关资料,研究内容是专题性的,而且是静态的,这往往使研究过程不易深入。而个案研究则经常是就选定的研究对象进行全面的研究,综合运用多种研究手段系统地收集有关资料,使研究者在时空上有条件对研究对象进行多方位、多层面和多维度的研究,既可以对研究对象做静态的分析诊断,也可以做动态的追踪。这使研究活动深入透彻、针对性更强,更容易发现一些通过其他研究方法难以发现的教育规律。

尽管个案法在学前教育科学研究中具备上述两个方面的优

势,但其本身也存在以下几个方面的局限性:

(1)个案研究因其对象少而且具有某种特殊性,所以往往不带普遍性,不能有效地代表同类对象的总体,运用个案法形成的研究结论不能直接地在总体中推广应用。

(2)个案研究(尤其是追踪研究)所需时间较长,而研究者和研究对象以及研究条件可能会不断地发生变化,使研究过程面临许多困难,这使很多的个案研究难以坚持到底,出现半途而废的情况。

(3)因研究对象的生活环境的多样性,个案追踪时需多方面的合作。如研究某个儿童,就需要该儿童的家长观察儿童在家庭生活中的表现,需要该儿童的教师观察其在幼儿园的表现,研究就需要家长和教师的合作,如果家长和教师缺乏足够的训练,则对研究过程和结果的科学性会产生难以控制的影响。

第二节 个案法的实施方式和手段

一、个案法的实施方式

个案法是一种综合性的研究方法,在学前教育的科研实践活动中,根据研究的目的和内容不同,个案研究可以采用不同的方式进行,其主要的实施方式有三种,即个案追踪研究、个案追因研究和个案临床研究。

(一)个案追踪研究

所谓个案追踪研究,就是研究者从选定的时间开始,在往后一段相对较长的时间里,对研究对象有计划地进行跟踪考察,运用各种手段收集相关资料,分析和揭示其发展变化的过程与趋势的个案研究。追踪研究的时间根据研究的需要可长可短,短则数个星期,长可达数年或更长时间。我国著名幼儿教育家和儿童心理学家陈鹤琴先生从他的第一个孩子出生之日起,就对其身心发展变化的情况进行追踪观察,连续观察808天,用文字和照片记录了大量的观察资料,以此为基础,撰写了《儿童心理之研究》一书。这就是运用个案追踪的方式研究儿童身心发展的典型案例。

个案追踪研究在学前教育科学研究中主要有以下功能:一是考察和分析研究对象身心发展(或某种特殊的能力、品质)变化的连续性和阶段性,描述其在特定时间发展变化的过程与规律;二是考察和分析某种教育因素或环境因素在教育对象身心发展中所形成的影响,尤其是长久的、潜在的影响。

个案追踪研究主要采用观察、测验、作品分析等具体的手段来收集研究对象的有关资料,注重不同时间(或不同阶段)的资料的纵向的比较和分析,试图界定不同阶段里研究对象发生的变化,确定各阶段之间的联系,以探索研究对象发展变化的连续过程。

(二)个案追因研究

所谓个案追因研究,就是在某种教育现象发生或研究对象的某种身心品质形成以后,研究者运用各种手段收集教育现象发生或研究对象身心品质形成过程的各种资料,追寻和探究其发生或形成的原因的个案研究。个案追因研究首先是接受既成的事实,然后通过对事实产生或存在的过程的系统考察来分析导致事实产生或变化的原因。在研究的程序上,追因研究和实验研究是恰恰相反的。实验研究是先确定(或假定)原因,然后探索在原因作用下的特定的结果,而追因研究则是先见结果,然后追寻导致该结果的原因。简而言之,实验研究是由因导果,而追因研究是由果溯因。在研究方式上,个案追踪研究和经验总结有着相似的地方,都是通过对某种教育现象(成功的教育经验也是一种教育现象)的产生和形成的过程进行回溯性的考察,但两者研究的目的和内容却不相同:经验总结旨在通过对经验产生过程的考察来证实经验的存在,界定经验的性质及其作用,为推广经验创造条件;而个案追因研究则旨在揭示某种特殊的事件或教育现象发生的原因,为确定事件或教育现象的性质提供依据。

在学前教育科学研究中,个案追因研究的主要用途有:第一,考察和探究研究对象某种特殊的身心品质(如智力超常、能力缺陷等)形成的原因和过程,为制订特殊的教育方案提供参考;第二,考察教育活动中突发事件(如儿童意外伤害等)产生的原因,界定突发事件的性质。

(三)个案临床研究

个案临床研究是研究者通过选择个别有一定代表性的研究对象,运用观察、测量、访谈、实验等多种手段来探索教育活动的规律,寻求有效的教育方式方法的个案研究。个案临床研究和个案追踪研究相似,但个案临床研究更倾向于在现场考察的基础上进行诊断,即对问题或现象的特点与性质作定性分析,并在此基础上形成科学的教育决策,同时个案临床研究一般在时间上也不强调像个案追踪研究那样的长期性和连续性。

在学前教育科学研究中,个案临床研究主要用于两种研究情景:一是对常规的个案进行细致的观察和深入的分析,旨在通过个案研究发现总体发展变化的一般规律。如著名心理学家皮亚杰在儿童智力发展和儿童语言等方面的研究中就广泛采用了个案临床观察的方法,获得了极为丰富的科学结论,成为个案临床研究的范例。二是对教育中行为表现带有某种特殊性的教育对象进行临床观察、测验、访谈等,在此基础上对特殊行为进行诊断,并采取有针对性的教育策略进行矫正。

上述三种个案研究方式,是根据个案研究的时间取向不同来划分的,它们各自在研究的目的、应用的条件和具体的收集资料的手段上存在一些差异。但学前教育的个案研究经常是一种目的多样、综合性程度较高的研究,这三种个案研究方式往往在同一个研究过程中被综合运用。

二、个案法常用的研究手段

同其他研究方法一样,个案法在运用过程中也必须依赖系统而全面地收集和分析研究对象的相关资料来探索和认识个案身心发展或活动的特点与规律。因个案法是一种综合性的研究方法,其收集研究资料的手段是多种多样的,主要有:

1. 观察

观察是学前教育个案研究中最常用的收集资料的手段,它主要用于收集研究对象在行为表现上的资料。在个案研究中,使用观察时应根据研究对象行为的特点和观察的目的不同而选择恰当的观察方法,并根据研究的需要来制定严格的观察计划,以保证观察和记录的客观性和真实性。因研究对象一般是单一的,且行为表现多带有某种特殊性,所以个案研究中的观察应尽可能在研究对象真实的生活活动中进行,结合研究对象的各种不同活动及具体情景来考察其行为。如我们在研究某个性格孤僻的幼儿时,需要通过观察来收集其与周围人交往时的具体行为表现方面的资料。为了全面地了解其交往行为,我们就需要观察其在各种场合(如家庭、幼儿园、社区等)、各种活动(如生活、游戏、学习、自由活动等)中与不同的人发生交往时的行为表现,并结合具体的情景来分析和评价其行为的特点和性质。

2. 访谈

访谈就是通过和研究对象(包括幼儿、同伴、幼儿教师、幼儿家长或教育事件的当事人等)及其他有关人员进行书面交谈和口头访谈的方式来收集个案资料的手段。它既可以是口头访谈,也可以是书面交谈;既可以是集体访谈,也可以是个别访谈。研究者可以根据研究的需要来灵活地选择恰当的谈话方式。在学前教育的个案研究中,访谈主要用来收集三个方面的资料:第一,发生在研究活动开始以前的反映研究对象某种特征产生、形成过程的"历史"资料,如前例中,首先可通过访谈收集该性格孤僻幼儿在研究开始前的成长过程中各年龄阶段的性格、气质特点和与人交往的行为表现以及生活中的重大事件等方面的资料;第二,研究对象存在和发展变化的环境条件方面的资料,如幼儿的父母(甚至祖父母等有关人员)、教师等人的性格、气质、生活习惯、教育态度和能力等资料;第三,研究对象和与研究对象有关的人对特定的人或事的看法、态度和特定的反映等方面的资料,如某性格孤僻幼儿和其父母、教师、同伴等彼此之间相互的看法、态度和对特定的人和事的反映等。

因个案法重在对研究对象作全面深入的了解和认识,因而在个案研究中访谈对象不能过于单一,应尽可能选择性质各不相同的人员进行访谈,从多个侧面收集资料。同时,访谈内容也应力求全面深入,避免一般化。

3. 测验

在个案研究中,测验主要用于收集有关研究对象或相关人员的身心发展水平或行为特点方面的数据资料。如在研究某性格孤僻幼儿时,我们可以运用测验来获取该幼儿在身体发育方面的各种基本数据(如身高、体重等)和其智商分数,还可用测验来获取该幼儿在个性、能力等品质特征方面的资料。这些资料对分析和鉴别该幼儿的社会性发展,形成正确的教育建议具有极为重要的作用。在个案研究中使用的测验,一般是个别测验,它要求测验实施者能更细致、更客观地把握施测过程,力求获得更科学、更准确、更丰富的测验资料。

4. 产品分析

产品分析又称活动产品分析,它是研究者通过有目的有计划地收集和分析研究对象的有代表性的活动产品来研究其心理活动的特点的一种研究手段。研究对象在其学习或工作实践活动中总会产生一些作品等,如幼儿园有教育活动计划、会议记录、统计材料、规章制度等。这些活动产品在一定程度上反映了研究对象活动的目的性、计划性或活动中的心理发展的水平和特点。通过对这些作品的整理和分析可以探讨其在一定时期活动的状况或身心发展的特点。在运用各种方法时,研究者首先应确定要收集的活动产品的类型,并确定产品分析的操作方法,即如何对产品进行分类比较、归纳,从中得出科学的结论。

上述四种手段是在学前教育个案研究中常用的收集资料和分析资料的手段,不同的手段适用于不同来源和不同性质的资料的收集和分析。在实际的个案研究活动中,因研究内容的多样性和研究过程的系统深入,往往需要综合运用多种手段来研究同一个个体或同一种教育对象。

第三节 个案研究的一般步骤

个案研究是一个有目的的、连续的、系统的活动过程,需要有严格的程序安排。运用个案法来研究学前教育问题时,一般由选定个案研究对象、制订研究计划、收集和分析研究资料、形成研究结论和撰写研究报告等四个基本步骤组成。

一、选定个案研究对象

因个案研究只选择单一的个体或团体、事件作为研究对象,故而如何选择研究对象变得十分重要,这关系到整个研究活动的价值。

如何为个案研究选择对象,这就要首先考虑个案研究的本身特点以及与此相关的研究活动的目的和内容。如前所述,个案研究最显著的特点就是其研究对象的独特性,即选定的研究对象必须在某个(些)方面具备较同类的其他个体有明显突出的行为特点。当然,如何去选择某个(些)方面突出的研究对象,就要根据具体的研究目的和内容来确定。如我们的研究目的是为了了解智力超常儿童的特点,帮助智力超常儿童成才,探索智力超常儿童成才的规律,那就应该选择真正的智商高、智力活动成效显著的儿童作为研究对象;如果我们想通过个案研究来探讨儿童在体育活动中意外伤害产生的原因,并研究防止意外伤害发生的有效措施,我们就必须选择对儿童身体造成过明显的意外伤害的教育活动的案例来展开研究。

在选择个案研究对象时,要能准确有效地把握研究对象的特殊性,一般应把握以下三条标准:[①](1)根据已掌握的情况所形成的主观印象,看研究对象是否有显著的行为表现;(2)通过有针对性的测验,检视其行为反应与常规标准是否有较大的差别;(3)通过对其家长、老师、同伴等有关人员的调查,深入了解他们对同一对象是否存在特殊的评价或印象。当这三个方面都显示出较高的一致性,同时确认了某个个体、团体或事件具有独特的性质或特点时,我们就可以将其确定为特殊性了。

在确定了研究对象的特殊性之后,我们还要进一步地确认个体、团体或事件被研究的可能性,即其具备作为研究对象的条件。作为个案研究的对象应具有以下两个方面的条件,即:第一,个体自身或团体的负责人、事件的当事人不受他人制约,且不存在过度的对研究活动的抗拒心理;第二,有关个体或团体在预期的研究过程中是稳定的,不会在研究过程中迁走或解散。

上述是选择个案研究对象的一般方法与要求,因个案研究是一种目的多样且内容广泛的研究,其对象选择往往是研究过程的一个极为关键的环节,研究者必须从整体上把握选择的标准和要求,力求选定的对象有助于研究活动的完整和深入。

二、制订研究计划

同其他类型的研究活动一样,个案研究也必须有目的、有计划地展开,在经过初步了解、确立了研究对象之后,研究者就必须着

---

① 参见王坦、张志勇主编:《现代教育科研》,青岛海洋大学出版社1998年版,第216页。

手制订个案研究计划,形成完善的研究方案。

个案法自身的特点决定了研究内容和研究过程与其他方法之间的差异,也使个案研究方案有别于一般的研究方案,其主要内容应包括:

1. 个案研究的起因和目的

个案研究一般是因为在教育活动中出现了特殊的个体(包括教育者和受教育者)和与之相关的特殊事件,并对正常的教育活动产生了出乎意料的影响,提出了迫切需要解决的问题。研究计划必须首先对具体的个案研究的原因进行具体的描述和解释,在此基础上阐述研究活动的目的和企图,即研究活动应探索和揭示哪个方面的规律,丰富什么方面的理论,解决哪些方面的实践问题等等。

2. 个案研究的内容和范围

在确定研究的目的之后,研究者就应考虑从哪些方面来展开对个案的研究工作,确定具体的研究内容。在个案研究中,内容的多少和范围的大小往往由以下三个方面的因素决定,即:(1)研究对象与同类个体之间的差异性;(2)研究的目的;(3)研究者的主客观条件。在拟定个案研究的内容项目时,研究必须综合考虑上述三个方面的因素,使研究工作能有计划地稳妥地完成,以免顾此失彼或半途而废。

3. 研究活动的方式方法

研究活动的方式方法应包括收集资料和整理分析资料两个研究环节的具体操作方法。因个案法是一种手段多样的综合性的研究方法,研究者往往需要在同一个研究活动中运用各种手段来收集直接的或间接的研究资料;资料的性质也不尽相同,可能既有文字资料,又有数据资料,因而整理和分析资料的方式方法也不可能单一。这就要求研究者在制订研究计划时能够选择若干种方式方法,并组织得当,使之相得益彰,以使研究对个案的探索和分析完整深入。

4. 对合作人员的要求与指导

个案研究常常需要有关方面人员的合作,以间接地获得可供鉴别或参照比较的资料。为此,研究者在制订研究计划时应事先做好准备,计划好合作人员的邀请和培训、合作内容与方法、合作内容的具体要求等,以保证研究工作能按计划、高质量地进行。

5. 研究步骤及日程安排

因个案研究尤其是个案追踪研究经常需要较长的时间,研究过程中涉及的人员和具体的工作内容又是多方面的,研究者就必须对研究工作进行统筹规划,对研究过程的各主要环节的工作任务、内容、时间、人力物力配置等作出详细的计划,以便协调整个研究活动,达成研究的目的。

因研究对象的特殊性及其不断发生的各种变化,个案研究中极有可能出现计划中的某些地方与实际情况不相符的情况,这一方面需要研究者通过积累相关的经验和向有经验者请教来提高计划的预见性,使计划建立在深思熟虑的基础上;另一方面在计划与实际情况不相符时,要及时地修订研究计划,使之更科学、更有效地实现研究目的。

三、收集和分析研究资料

围绕研究目的来收集和分析研究对象的有关资料是个案研究中最关键的步骤。尽量全面地搜集个案研究资料,有助于研究者对个案形成一个全面的、完整的认识。

具体的个案研究要收集的资料往往会随研究的目的和内容不同而有所不同,但一般来说,应着重收集以下四个方面的资料:

1. 反映研究对象基本情况的资料

主要是个体(包括团体中的每个成员和事件当事人)的姓名、性别、年龄、出生年月、身高、体重、健康状况、疾病记录等方面的资料。

2. 反映研究对象活动和成长过程及发展状况的资料

主要包括幼儿手册、个人档案、学习或发展评定记录、个人作品(包括作业本、手工作品、绘画作品、备课本、教育笔记、日记等)

和研究者实施的各种测验的记录、教师评定、同伴的评价以及所得的奖励和惩罚等主要资料。

3. 反映研究对象所在单位(或团体)情况的资料

这类资料主要是指研究对象学习或工作所在单位的基本情况,如人数及职务、年龄结构、经济状况、规章制度、管理措施等等。

4. 反映研究对象的家庭与社会背景的主要资料

主要应包括父母和家庭其他成员的年龄、职业、兴趣爱好、受教育程度以及家庭经济状况、居住地区的文化状况、研究对象在家庭和社区中的地位、主要活动及情感交流等方面的资料。

因个案研究中要收集的资料在内容、形式和来源上多种多样,研究者应注意使用多样化的收集手段,如访谈、问卷、调查表、观察、测验等等,而且要注意不同方式的相互配合。

在收集资料的过程中,研究者首先必须注意资料的客观真实性。即使在幼儿身上,言行不一的现象也仍然存在,不同的人对某一个人或某一件事的看法可能不全面,甚至带有某种偏见,这些都可能影响到资料的客观性与真实性。研究者除了尽可能按科学研究的要求进行规范操作之外,还应及时地对收集到的资料进行分析和鉴别,剔除或修正不真实、不客观的资料。其次,研究者还应注意在收集资料的过程中做到边收集、边整理、边分析,因个案研究中的资料往往是零散的,且不同来源的资料可能相互矛盾,及时地进行整理和分析有助于资料的保存,更有助于研究者进一步明确下一阶段收集资料时应掌握的方向和应注意的问题。

四、形成研究结论和撰写研究报告

资料收集完备之后,就应对各种资料进行深入的分析和研究,形成有关个案的科学结论,并在此基础上撰写研究报告。

个案研究的主要任务在于揭示研究对象特殊性形成和发展的规律,寻找合理的教育方法或解决问题的措施。这就要求研究者在广泛占有各种资料的基础上,做好资料的分析工作。个案研所收集到的原始资料不仅内容复杂、形式多样,而且零散、不成系统,难以直接描述研究对象的特性。要把原始资料转化为能说明问题的信息,并形成科学的研究结论,研究者就必须以正确的方法论为指导,对各种材料进行分析、比较、归纳、综合,在此过程中形成对个案特征及其发展变化的规律的理性认识。有关分析资料、形成结论的方法请参见本书第十章的有关内容。

个案研究报告是研究者用以总结和呈现研究内容、研究方法、研究过程以及研究结论的综合性研究文献。报告的撰写没有统一的程式,其内容和结构一般来说应包括以下三大部分:其一是有关个案研究的简要说明。该部分重在说明研究对象的主要特殊性和研究的原因、目的、意义、方式方法及研究背景,应简洁明晰。其二是研究报告的主体。一般应占主要篇幅,着重阐明研究对象所具有特性的实质、现状、成因及其发展变化的趋势和规律,是对研究内容的全面归纳和论证。主体部分的结构方式应根据具体研究的目的和内容确定,如研究幼儿个性差异的个案研究报告通常有以下几个部分:①一般情况;②个性心理特点;③个性心理特点形成原因的分析;④有关教育措施的意见与实施情况;⑤追踪研究结果与讨论。其三是个案研究的结论。结论部分主要阐述研究形成的总体观点,该部分应与研究目的相照应,明确指出研究活动解决了哪些问题,还有哪些问题有待深入研究。

在撰写个案研究报告时,研究者应特别注意抓住问题和研究的重点,对材料和结论的运用应去粗取精,不可繁琐拖沓、机械罗列研究材料;同时要善于运用具体事例和图、表、照片等,使报告既生动具体又简明扼要。

思考题

1. 什么是个案法?个案法的特点有哪些?
2. 个案研究的方式有哪些?

3. 个案研究中收集资料的手段有哪些？
4. 怎样制订个案研究计划？
5. 个案研究的一般程序和步骤是什么？
6. 个案研究一般应收集哪些方面的资料？

第十章 研究资料的整理和分析

内容提要

对研究活动中收集到的多种形式的研究资料进行整理和分析是教育科研的一个极为重要的步骤,资料整理和分析的方法是否恰当直接影响着研究结论的科学性水平。本章阐述了研究资料整理和分析的意义与基本要求、文字资料整理和分析的基本方法与操作要求、数据资料整理的方法及数据资料分析的基本参数与统计方法。

第一节 研究资料的整理和分析概述

在学前教育研究活动中,通过各种方法收集到的原始资料往往数量多且杂乱无章,难以直接说明问题。研究者必须按科学研究的要求,运用科学的方法对其进行系统的整理和分析,才能使其完整地反映客观事实,成为人们发现和揭示教育活动规律的基础。

研究资料的整理就是研究者根据研究的目的对研究活动中收集到的各种原始资料进行符合科学要求的处理,使之系统化和条理化的研究活动。研究资料的分析则是研究者在对原始的研究资料进行整理的基础上,对资料的性质和特点以及各种各类的研究资料之间的相互关系进行具体剖析,以求发现各种教育现象之间的关系,探求教育活动规律的科研活动。

一、整理与分析研究资料在科研中的意义

在科学研究中,研究资料的整理和分析是研究过程中一个极为重要的阶段,有着多方面的意义:

1. 通过对研究资料的整理和分析,能更好地把握研究活动的方向

在收集研究资料的过程中,由不同的研究人员在不同的研究阶段运用各种研究方法所收集到的原始资料在性质和内容上往往是多种多样的,其中既有与研究的主题相一致的,也有偏离研究方向的,甚至有和研究目的无关的;有些方面的资料可能收集得过多过滥,而有些方面必需的研究资料收集得尚不齐全;有的资料是真实可靠的,而有些资料可能渗透了主观因素,不符合客观性要求。研究者只有通过原始资料进行全面系统的整理和分析才能鉴别出研究活动与研究目的的一致性,而且还能在资料的整理和分析中通过对资料的剔除和补充,来进一步明确研究活动的主要方向,使研究活动与研究目的趋于一致。

2. 通过对资料的整理和分析,能为形成研究结论打下基础

科学研究的主要目的就在于透过事物的表面现象来深入地认识事物的本质,揭示事物发展的客观规律。研究者通过对研究收集到的原始资料的整理,能使研究资料更全面和准确地反映事物存在和变化的本来面目;通过对整理的资料的分析,能确定资料所反映的事物的特点及事物之间的关系,这为研究形成科学的结论做好了充分的准备。在一些研究中,在对研究资料的整理和分析过程中,研究者可直接把握事物的性质及其变化的规律,形成研究的结论。

二、整理与分析研究资料时应注意的问题

由于对研究资料的整理和分析对整个研究活动起着重要的作

用,因而研究者对此方面的工作应给予高度的重视,必须亲自进行资料的整理和分析工作,而且在整理和分析资料时要注意以下几个方面的问题:

1. 对研究资料的整理和分析要及时

在教育研究活动中,因资料的收集活动尤其是事实性资料的收集活动具有情景性,如不及时地对资料进行整理和分析,就容易使资料中一些有意义的、有价值的信息流失而影响资料的全面性和完整性;其次,如果在收集资料时存在资料不足的现象,能通过资料的整理及时地发现并采取补救措施,使资料充足,以便符合研究过程规范性的要求。

2. 对研究资料的整理和分析要客观

首先,在整理原始资料时要确保每一种资料都是真实可靠的;其次,在分析研究资料时也必须以事实为依据,实事求是,运用正确的方法,确保分析过程的客观性,尽可能地避免掺入个人的主观猜想,损害研究结论的客观性和科学性。

在学前教育科学研究中,研究所收集到的原始资料的形式和种类是多种多样的,根据其主要的表现形式,可以分为文字资料和数据资料两大类,这两类资料在整理和分析的方法上是不相同的,下面我们将分别加以讨论。

第二节　文字资料的整理和分析

文字资料是指以文字记录下来的反映研究对象行为的性质、特点及其变化以及研究对象的意见、态度等方面信息的描述性资料。有些资料是研究者在收集资料时以符号的形式记录下来的,但在整理和分析时只能转化为文字描述性的资料,这类资料也可以算作是文字资料。文字资料的一个显著特点就是只能进行定性分析,而不能进行定量分析。

一、文字资料的整理

文字资料整理的对象为研究中有关教育现象或事实的观察记录、访谈笔记、座谈纪要、各种基本情况介绍、教师教案以及教育笔记、科研工作笔记等等。对这些资料进行整理的基本要求是真实、具体、简明扼要。其工作程序及主要内容可归纳为以下四点。

(一)审查补充

文字资料整理的第一项工作便是对收集到的原始资料进行逐一审查,看其是否符合研究的要求。资料审查包括两个方面:一是审查所收集到的资料有没有不明确、不完备的情况,若在审查时发现资料不完备、缺少应有的内容,或某些资料内容不具体、不明确、模糊不清,就应该及时地采取合理的方法进行必要的补充,或重新进行收集,使之全面、完整。二是辨别资料的真实与可靠程度。对文字资料的真实性的分析和判断的主要方法是首先弄清资料来源,看其是研究人员通过规范的手段收集到的,还是道听途说的;其次要查明资料的提供者在提供资料时是否有不恰当的动机或个人倾向,借此判断资料中可能出现的主观成分。三是要对原始资料中出现的不同的态度、观点进行比较,从比较中发现其内在矛盾的现实合理性。如果资料反映出的情况与客观事实之间有比较大的出入,其主观成分较多,则必须对其进行重新核实,修正偏差。因而,在整理工作这个环节,研究者的主要任务是对原始资料进行"去伪存真"。

(二)分类归纳

分类归纳即是将经审查补充过的研究的原始资料按某种标准分为若干类别,并归纳出各个类别的资料的主要特点。通过分类和归纳,可使资料条理化和系统化,便于对其进行分析。在分类时,既可以根据研究的目的或研究内容的性质来确定分类的标准,也可以根据资料的形式、特点或来源来确定分类标准;但在同一个研究中分类的标准应统一,使其逻辑清晰,条理分明。在完成对原始资料的分类之后,应着手对每个类别的资料进行概括,说明其主要的特点,如资料反映出的主要观点、可信程度以及在研究中的主要用途等等。

(三)摘要

所谓摘要,就是研究者对收集到的原始资料进行比较鉴别,"去粗取精",区分主次,将最典型、最能反映实际问题的内容突出出来。如将某个研究对象在某个问题上表明其观点和态度的精彩的答案或论述进行摘录或标记,或将某次观察记录中对某些研究对象典型的行为表现的记录摘取出来等。摘要的主要目的就是将那些鲜明、生动、有典型意义的研究资料作为分析的基本素材确立出来,有时甚至可以直接在研究报告中使用,以增强报告的说服力。

(四)编整加注

编整加注是在上述三个方面工作的基础上对各个类别的研究资料进行统一的编排和修整,并分别注明其主要特点,以便在研究的后续工作中使用并有利于保存。在加注时,应注明各类资料的主要内容、收集的时间和地点、收集者的姓名、收集的方法以及资料的真实性估计等。

对文字资料的整理既有一定的规范和要求,又有很大的灵活性。研究者可以不必死搬教条、拘泥于形式,但却必须保证整理工作不能有损资料的客观性,并能满足研究分析的要求。

二、文字资料的分析

(一)文字资料分析的主要特点

文字资料都是用来描述事物的性质和特点以及研究对象的态度和意见的资料,数量化水平很低,甚至不能数量化,对其只能进行定性分析,这种分析具有如下特点:

1. 文字资料分析是一种运用思维方法进行的逻辑分析

因文字资料都是属于描述性资料,在对其分析时一般采用思维方法来分析各种类别的资料本身的内容特征和逻辑关系。主要的思维方法有比较和分类、分析和综合、归纳和演绎等,研究者往往是运用这些方法来分析文字资料所反映出的事物的性质和主要特点,以及各个类别的文字资料所反映的事物之间的关系,如相同与相异、相互影响的性质与程度、原因与结果等等。由此可见,对文字资料的分析是一种运用思维方法进行的逻辑分析。因而,研究者要从收集和整理的文字资料中得出科学的结论,就必须提高自己的思维能力和逻辑学修养。

2. 文字资料分析是一种动态的整体性分析

在学前教育研究活动中,所收集的数据资料往往是对某种教育现象或研究对象的身心发展变化的结果的反映,对数字资料的分析是静态的。而文字资料则既反映所研究的问题的结果,也反映问题产生和变化的过程。因而研究者在分析文字资料时,必须用动态的观点,既分析问题存在的现状,也分析问题产生和变化的历史过程及其原因,还可以分析其发展变化的趋势。这种动态的分析更有利于研究者从整体上来把握问题,使研究的结论更具有深度,更拥有丰富的内涵。

3. 文字资料分析是一种建立在多学科理论基础上的综合性分析

文字资料在学前教育问题的研究中反映的内容很丰富,既有问题存在的客观事实,也有研究对象对问题的意见和态度,还有问题产生和变化的社会条件和具体环境等等。而且,如前所述,学前教育中的许多问题都是综合性的、开放性的问题,同社会的政治、经济、文化等因素密切相关。研究者要从整体上形成对某一问题研究的结论,就必须运用各学科相关的理论作为基础和指导来分析资料,这些学科可能涉及哲学、心理学、伦理学、社会学、经济学、语言学、历史学等等,在很多情况下,上述多种学科的理论和研究方法对研究者分析文字资料具有重要的参考价值。因而,文字资料的分析是一种建立在多学科理论基础之上的综合性分析。

(二)文字资料分析的主要方法

文字资料的分析主要应采用逻辑思维的方法进行,其主要方法有:

1. 比较和分类

(1)比较。是指依据一定的标准,确定事物或现象之间的异同的一种思维方法,或者说是一种从具有同一性的事物中寻找差异性,或从具有差异性的事物中寻找同一性的思维方法,即同中求异,异中求同。

比较一般用于分析和认识两种以上事物之间的性质和程度上的异同,从而揭示事物的内在的本质和规律。由于比较的角度和方式的不同,比较可分为单项比较和综合比较、横向比较和纵向比较、求同比较和求异比较等等。

单项比较是就不同类别的资料的某种单一的内容或特点所进行的比较。如在一项有关教师的工作态度的访谈调查中,研究者将访谈中所收集到的资料按教师的年龄不同分为四个类别,如果将四个类别中专门反映教师工作态度的某个方面的资料,如教师对幼儿的态度的资料抽出进行专项比较,就是一种单项比较。单项比较有利于深入地分析,而且是综合比较的基础。

综合比较是在各个单项比较的基础上,对文字资料中包含的所有内容都相互进行比较。只有进行综合比较,才能更全面地分析出资料中所蕴涵的教育活动的规律。

纵向比较是对同一组(个)研究对象在不同发展时间的行为表现进行的比较，或者是对某一事件在发展变化的不同阶段上的特点所作的比较，这种比较有利于揭示研究对象行为变化和事件发展的规律和趋势，为动态地研究教育现象提供了基础。横向比较是根据一定的标准对同时并存的各种事物或各种现象所进行的比较，如采用两种不同的教学方法的班级之间幼儿学习效果的比较、两种不同条件的幼儿园的管理措施的比较等都属横向比较。在学前教育科学研究中，很多情况下，对文字资料既要进行纵向比较，又要进行横向比较。

求同比较就是对不同事物或现象的同一性方面进行的比较，求异比较就是对同类事物或现象的差异性进行的比较。

在运用比较的方法来分析资料时,应注意:

第一,比较必须在同一关系下进行。即对两种事物进行比较，要在两种事物的同一侧面、同一层次上进行。如对两种事物的属性与属性、表现形式与表现形式进行比较，而不能对一个事物的属性与另一事物的表现形式进行比较。

第二,比较应有一定的标准。对两种事物加以比较,要在一定的标准下进行,没有标准,标准不合理,或标准不一致,都不能进行比较。没有一定的标准,事物之间就不具备可比性。

第三,比较要求依据客观的事实或资料。

(2)分类。分类是在比较的基础上,将事物(或事物的属性)按特定的关系进行区分的思维方法,即将某些有相同属性或特征的事物与其他具有不同属性的事物区别开来的方法。

分类大致有现象分类和本质分类两种。现象分类是以事物某一外部特征或表现形式为标准来进行分类，本质分类是以事物的多种内在属性为标准进行分类。在对事物进行分类时必须注意如下几点要求:

第一,分类必须根据研究问题的性质和研究的目的进行,并有利于研究假设的检验。

第二,每次分类必须在同一维度上进行,即每次分出的若干类型必须在同一个层次上,而不能不同层次的分类混合进行,造成类型的交叉和重复。

第三,分出的类型应穷尽分类总体且类别之间相互排斥。对某一事物分出的类型应包括分类总体所有可能的类别,这个类型涵盖的范围应和总体的范围完全一致。同时,各类型之间应相互排斥,互不重复或包容,每种事物只能被分入一个类别中,而不能既属于这个类型,又同时属于另一个类型。

第四,各类型之间应有显著的、明确的差异。

2．分析和综合

分析和综合作为基本的逻辑思维方法,要贯穿于研究过程的始终,在分析研究中收集文字资料时,也经常要使用这两种方法。

(1)分析。分析是将研究对象的整体分为各个部分、方面、因素和层次,并分别加以考察,从而认识事物本质的思维方法。

任何事物都不是单纯的、不可分的,而是具有一定的内在结构。如果我们对一个事物无法从整体上来把握它,就需要对其加以分解,即将整体性的事物按某种方法分解为若干部分、方面、因素或层次,这可以使复杂的研究对象变得简明、清晰容易认识。此外,通过将分解出的事物的各个部分、方面、因素或层次放到相互联系、相互作用和发展变化中去,认识它们各自在整体中的地位和作用以及相互关系,就能发现处于支配地位、起主导作用的矛盾的主要方面,撇开次要的无关部分、因素、方面等,从而抓住事物的本质。

分析法大致可分为定性分析、定量分析、因果分析和系统分析等不同方式。定性分析是为了确定研究对象是否具有某种性质的分析,主要解决"有没有"、"是不是"的问题;定量分析是为了确定研究对象各成分的数量而进行的分析,主要解决"有多少"的问题;因果分析是为了确定研究中引起某一现象变化的原因的分析,主要解决"为什么"的问题;系统分析是一种整体的综合分析,它主要考察各要素之间的关系是什么。

在运用分析方法来分析研究的文字资料时,应做到:

第一,分析必须有总体目标和整体观念,不能为分析而分析,把事物分解得支离破碎,要知道分析时最终目的是为了认识事物的整体属性。

第二,分析必须按一定的标准和规则来进行,而且在确立分析标准时应考虑到如何有助于认识事物的内在特点或本质属性。

第三,分析应在一定的理论指导下进行,即分析要有一定的理论基础。

(2)综合。综合是指将有关事物各个部分和要素联结成一个整体进行考察,力求从对整体的认识上来把握事物本质的一种思维方法。

综合一般是在分析的基础上进行的,它在思维过程中表现为与分析相反的方向。在对各物质、各部分进行联结时,应探求各部分、各要素之间的本质联系,达到对事物在整体上的全新的认识,这种认识不应停留在认识事物的表面特征的感性阶段,而应上升到认识事物的结构原理及运动规律的理性阶段。在分析的基础上进行综合,往往会使人们得到对事物的性质及其运动变化规律的新的发现。

综合是一个十分复杂的认识活动,为了使综合富于成效,研究者必须注意:

第一,综合必须与分析相结合。为了综合,就必须首先对研究的事物进行科学的、周密的且充分的分析,达到对事物所包含的各个要素及其相互关系的深刻认识,在此基础上综合才能进行。没有分析,就不可能有科学的综合。而且,在综合完成之后,对综合形成的结论还须在实验中进行检验,检验时也离不开分析。因而综合必须与分析相伴而行。

第二,综合必须创造性地形成对事物整体的认识。综合作为对事物的整体性认识,虽然以局部的认识为基础,但绝不是对事物部分属性的认识的简单相加。综合是一种富有创造性的思维活动,比分析更需要想像,需要人们以新的理论、新的观点来统一认识事物,只有这样才能产生具有创造性的结果。

3. 归纳和演绎

归纳和演绎是在对文字资料进行分析时常用的两种既相互对立又相互联系的逻辑推理方法,它们在构建教育理论时有着重要的作用。

(1)归纳。归纳是从已有的具体事实或个别性的结论出发,概括出一般性或普遍性结论的思维方法。如已知事物 S_1 具有性质 P, S_2 具有性质 P, S_3 具有性质 P, S_n 具有性质 P,那么就可以归纳出所有的 S 都具有性质 P。归纳法是从个别推论出一般的思维方法。

根据归纳对象的不同特点,归纳法可以分为完全归纳法和不完全归纳法。完全归纳法是指从所有的个别事实和各个部分中归纳出一般性结论的研究方法,其结论比较可靠,但往往由于个别事实的繁杂,难以一一考察,因而当研究对象数量众多或内容繁复时,难以应用。不完全归纳法是指从部分事实中归纳出一般结论的方法,又可分为简单枚举法和科学归纳法。如个案研究、抽样研究都是运用个体或样本来推断总体,从而得出一般性结论,这实际上就是不完全归纳法的具体运用。

(2)演绎。演绎是从已知的一般性或普遍性的原理和结论出发,推论出个别或特殊结论的方法。

演绎法一般分为公理演绎法和假设演绎法两种。公理演绎是指从一个具有普遍意义的公理和结论出发进行的演绎。公理演绎一般由三个判断组成,其中前两个判断是前提,后一个判断是结论。如:

所有的教育活动都应注重发挥儿童的主体性(公理)

幼儿园的游戏活动是教育活动

因此,幼儿园的游戏活动应注意发挥儿童的主体性(结论)

假设演绎是以假言判断为前提的演绎。假言判断是一种条件判断,即前一个判断的存在是后一个判断存在的条件。如:

如果环境设置不能有效地激发幼儿的活动,就没有教育功能

(假言判断)

现存的幼儿园环境设计不能激发幼儿的活动

则现存的幼儿园环境没有教育功能(结论)

归纳和演绎是既相互对立又相互联系的逻辑分析方法,在幼儿教育研究中往往要同时用到,不可片面地强调一方面。

第三节 数据资料的整理和分析

一、数据资料的初步整理

数据资料是指在学前教育科学研究的过程中,通过调查、观察、测验等方法得到的用数量形式来表现的有关资料,如幼儿测验的成绩分数等。

数据资料的整理是指对所收集到的原始的数据资料进行检查和分类,并用统计图表的形式表现出来。

那么数据资料的整理与文字资料的整理相比又具有哪些特点呢?首先,数据资料需要运用统计的方法进行整理;其次,数据资料的整理要求客观、精确;最后,数据资料的整理与分析是定性与定量分析的结合。如果在数据资料的分析过程中,只有定量分析而没有定性分析,那么整个研究就将失去意义。这是因为定量分析的结果需要靠定性分析去解释,从而揭示出定量分析结果的教育意义。但是,如果只有定性分析而无定量分析,那么就难以控制整个研究过程中的主观成分,使研究失去了科学性、客观性,从而影响研究结论的可靠性。下面我们对数据资料整理的步骤作一概述。

(一)数据资料的检查

数据资料的检查是指对所收集到的原始数据的有效性、正确性和完整性进行必要的质量审核。所谓资料的有效性是指所收集到的原始数据必须具有普遍的代表性,能有效地说明研究的目的,反映研究的需要。而资料的正确性是指收集到的原始数据不能出现与事实有出入的情况,即收集资料时必须做到客观精确,不能出现错误的数据。资料的完整性是指反映研究对象的资料在各个项目上不应有遗漏,以确保统计分析的全面性。鉴于在资料收集的过程中有可能由于疏忽或不慎将错误的数据、无代表性的数据收录进资料中,以及有可能遗失部分重要资料,所以要求研究者在进行数据资料的检查时,及时地删除错误数据,并根据实际情况对缺失的数据进行补充,以保证研究收集的每一个数据的质量,进而保证整个研究的有效进行。

(二)数据资料的分类

数据资料的分类就是把收集到的原始数据按一定的标准(如性别、年龄等)进行分类整理,分类的标准取决于研究的目的。如我们要研究男女幼儿在掌握语言上的差异,就要把相关成绩按性别分类后再登记。对数据资料进行分类的意义,是使它能清楚地显示出统计资料的构成,使资料更有条理,有利于在研究中进行分析。

(三)数据资料的呈现

数据资料的呈现就是在对原始资料进行检查和分类的基础上,采取一定的方法把数据资料完整地、系统地表示出来。在学前教育科学研究中,通常采用统计表和统计图两种形式。常用的统计表有次数分布表以及其他形式的统计表,常用的统计图有次数多边图以及条形图、线形图、圆形图、散点图等。首先我们来看统计表。

1. 统计表

统计表是分析、表现数据资料的表格,它具有多方面的作用:第一是整理、归纳原始数据。运用统计表对原始资料进行整理是一种简洁有效的方法。第二是表达数据结构。统计表是对收集到的资料进行表现的形式。它可以以最少的篇幅,显示出最大量的信息。第三是便于资料的分析比较。通过对表中的数据作横向、纵向的比较,可以发现各项统计指标之间的关系。下面我们对统计表的各种形式进行介绍。

(1)次数分布表。次数分布表是应用很广泛的一种统计表,它是在对原始资料进行分类整理的基础上,把所得数据按一定标准进行分组,然后登记每一组所包含的数据的次数以及其他的相关数据从而形成的表格。次数分布表包括简单次数分布表以及累积次数分布表。下面通过举例简要介绍编制次数分布表的步骤。

例:50名幼儿教师在一次教育理论知识的测验中所得的成绩分别为13,50,8,21,16,35,17,47,19,29,31,31,42,7,27,16,26,25,46,36,30,29,25,46,11,43,17,32,41,28,43,2,32,17,39,19,27,29,45,22,34,19,14,30,17,40,44,35,24,27。对这些庞杂的数字,我们要进行分组,编成次数分布表。其编制的步骤为:

①求全距(R)。全距R等于全部数据中最大值与最小值之差。如本例中R=50-2=48。

②定组数和组距。组数即分组的个数,用K来表示。分组的个数取决于样本容量的大小。在分组时,组数不宜过多,也不宜过少,应考虑各种情况,使分组适中,一般以10~15组为宜,分组过多或过少都将使制作次数分布表失去意义。组距指组与组之间的距离,用I表示。组距I、全距R、组数K三者之间的关系大略可以表示为$I=\frac{R}{K}$。同时为了计算简便,一般取I为整数。本例中确定K为12,则根据公式$I=\frac{R}{K}$,我们可以确定I为4。

③确立组限。组限是每一组的最大值与最小值,最大值为上限,最小值为下限,上限与下限的差为组距I。这样就可列出分组区间。本例中,我们把第一组确定为[46,50],第二组为[42,46),第三组为[38,42),其余依次类推(注意:这里采用的是左闭右开区间的书写方式,这种方式说明除却第一组,最后一组和其余的中间

各组登记数据次数时包括下限不包括上限,而第一组上限、下限都包括在内)。

④求各组的组中值。每一组的组中值都等于该组上下限的和的平均数。组中值用 m 表示。如第一组的组中值为 $\frac{46+50}{2}=48$。

⑤统计次数。采用把数据排序的方法(从大到小或从小到大),找出每一组中包含的数据,并登记数据的个数即次数。

⑥给出次数分布表。为了对数据的了解更深入,我们通常在次数分布表中列出次数比率、次数百分比,以及累加次数、累加百分比等。这些数值都需要通过计算获得。次数比率等于第一组中出现的数据次数与数据的总次数之比,次数百分比即次数比率乘以 100 得到的数值,累加次数即每一组数据的次数与它下面的所有数据次数之和,累加百分比即累加次数比率(累加次数除以总次数所得的商)乘以 100 后得到的数值,依本例如下表。

表 10-1　50 名幼儿教师教育理论知识测验成绩的简单次数分布表

分组区间	组中值	次　数	次数比率	次数百分比
[46,50]	48	4	0.08	8
[42,46)	44	5	0.10	10
[38,42)	40	3	0.06	6
[34,38)	36	4	0.08	8
[30,34)	32	6	0.12	12
[26,30)	28	8	0.16	16
[22,26)	24	4	0.08	8
[18,22)	20	4	0.08	8
[14,18)	16	7	0.14	14
[10,14)	12	2	0.04	4
[6,10)	8	2	0.04	4
[2,6)	4	1	0.02	2
合　计		50	1	100

从上表中我们可以看得出教师分数的分布情况,这是编制次

数分布表的意义之所在,也有助于研究者对研究情况有一个大概的了解。但是,要想通过次数分布表清楚地了解在每一分数线以下有多少人,还需要制出累加次数分布表。

表10-2　50名幼儿教师教育理论知识测验成绩的累加次数分布表

分组区间	组中值	次　数	次数百分比	累加次数	累加百分比
[46,50]	48	4	8	50	100
[42,46)	44	5	10	46	92
[38,42)	40	3	6	41	82
[34,38)	36	4	8	38	76
[30,34)	32	6	12	34	68
[26,30)	28	8	16	28	56
[22,26)	24	4	8	20	40
[18,22)	20	4	8	16	32
[14,18)	16	7	14	12	24
[10,14)	12	2	4	5	10
[6,10)	8	2	4	3	6
[2,6)	4	1	2	1	2
合　　计		50	100		

此外,对次数分布表中的次数百分比和累加次数百分比进行分析描述,还可以给出次数分布图,使数据资料的分布情况更直观地反映出来。关于次数分布图我们在统计图中会讲到。

(2)其他形式的统计表。统计表按分类标志使用方式的不同,还可分为多种类型,如简单表、单项表、复合表等。

①简单表。只列出调查地点、时序和统计指标的名称,这叫做简单统计表。

表10-3　某幼儿园幼儿家长的职业类型

类　型	机关干部	企业职工	私营业主	教　师	个体劳动者	其他
人　数	29	63	19	43	20	7
百分比	16%	35%	10%	24%	11%	4%

②单项表。将研究对象按一个标志分类的统计表称为单项表。如下表：

表10-4　某幼儿园大班男女儿童身体发育状况调查表

性别	状况（人数）				合　计
	好	较好	中	差	
男	5	5	7	3	20
女	3	5	6	2	16

③复合表。按两个或两个以上标志分类的统计表称为复合表。按两个标志分类称为二项表，按三个标志分类称为三项表等，统称为复合表。如下表：

表10-5　某实验幼儿园幼儿双语教育的学习成绩（人数）

科目	班级	优	良	中	差	总计
汉语	大一班	2	8	11	9	30
	大二班	6	13	7	4	30
英语	大一班	7	9	12	2	30
	大二班	4	7	14	5	30

统计表按不同的分类方式，还有很多不同的分类，这就要求研究者根据需要选用合适的统计表，以达到研究的目的。

2．统计图

统计图是在统计表的基础上画出的，是运用点、线、面、体组成的几何图形来更形象更概括地表明所研究的问题，便于理解和记忆。常用统计图按形状分有直方图、次数多边图、线形图、条形图、圆形图、散点图等几种不同类型，它们都各有不同的功用。下面我们对这几种类型分别加以介绍。

(1)直方图。它是以矩形的面积表示次数分配的一种条形图。通常用于连续性资料的次数分配。下面用直方图来表示某幼儿园小班幼儿的一次数数成绩。成绩如下：

在0~10分之间有3名幼儿,10~20分之间有8名,20~30分之间有12名,30~40分之间有14名,40~50分之间有15名,50~60分之间有10名,60~70分之间有9名,70~80分之间有6名,80~90分有4名,90分以上0名。

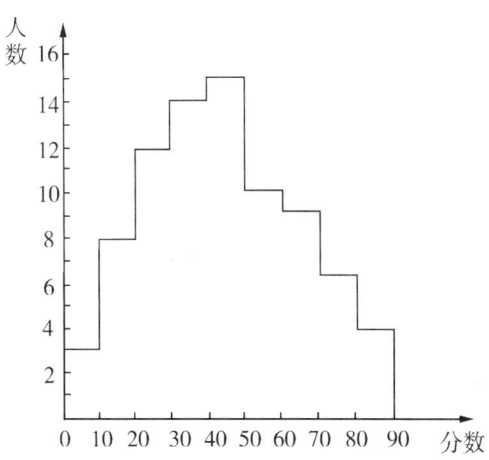

图10-1　某幼儿园小班幼儿数数成绩直方图

注意,绘直方图时要求:①中间无空隙;②绘直方图的数据资料必须是连续性资料。

(2)次数多边图。次数多边图与直方图都属于次数分布图。这两种图形都既可呈现简单次数分布表的资料,又可呈现累加次数分布表的资料。次数多边形也是必须运用于连续性资料,它是一种反映连续性资料的次数分布状况的线形图。横坐标轴表示分组数据,纵坐标轴表示分组数据的次数,这样就得到上面的方图,然后在直方图的基础上,以分组数据的组中值为横坐标,以分组数据的次数为纵坐标,找出一系列相关的点,顺次连接这些点得到的线形图便为次数多边图。以直方图中的例子为例说明次数多边图的画法。

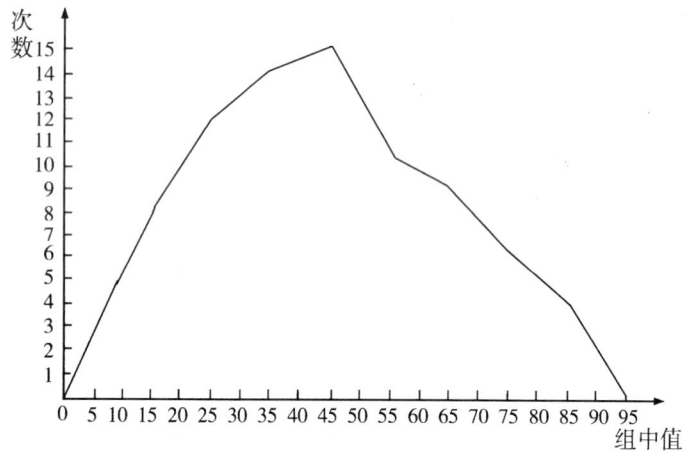

图 10-2　某幼儿园小班幼儿数数成绩的次数分布多边图

(3)线形图。线形图分为两种情况：一是用线的形状表示两变量之间的函数关系如次数多边图，二是用线的走势来反映某变量随时间的变化而变化的情况。如下图：

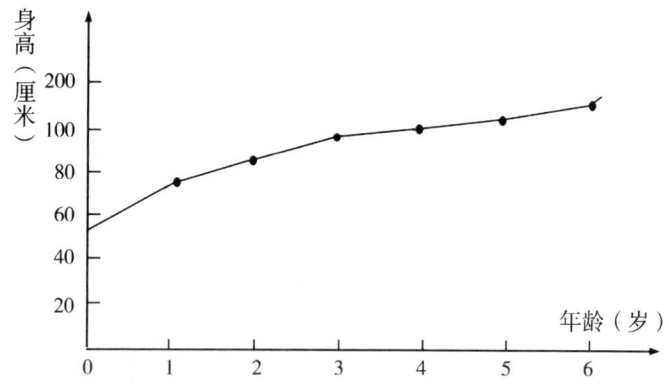

图 10-3　0~6 岁男性幼儿身高增长线形图

注意事项：线形图必须用于连续性数据，横轴和纵轴一般都表示连续性数据资料。

(4)条形图。用直条的长短表示统计数字大小的图形叫条形图。如下图：

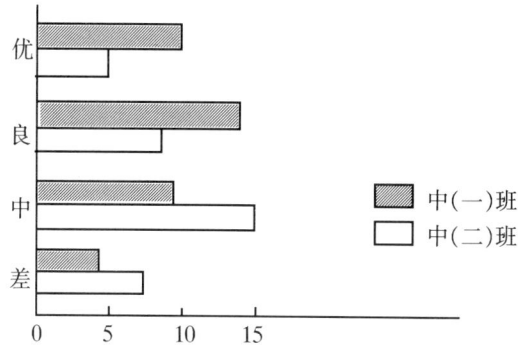

图10-4 某幼儿园中(一)班和中(二)班幼儿绘画成绩人数条形图

注意事项：①尺度从零点开始，2条的宽度无相关的意义；②为了美观，各条的宽度以及条与条的间隙最好相等。

(5)圆形图。主要目的是为了表示部分与整体的比例关系及部分与部分之间的比例关系。如下图：

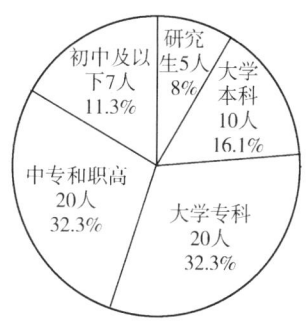

10-5 某幼儿园教师学历构成圆形图

注意事项：①扇形面积表示各部分在整体中的比例；②各比例相加等于100%；③基线从正上方开始画起，按顺时针方向有顺序排列。

至此，数据资料的初步整理就介绍完了，本部分对数据资料的整理提供了一个基本思路，不过研究者在研究过程不必拘泥于形式,而应根据实际情况灵活运用。

二、数据资料特征的描述

在学前教育研究中,我们通常采用各种统计参数来描述数据的特征,这些参数需要通过计算才能得出。常用的统计参数主要有集中量数、差异量数、相关系数等。

(一)集中量数

集中量数是通常用来反映一组数据集中的趋势的参数。描述这种集中趋势的量数主要有算术平均数、加权平均数、中数与众数等几种不同形式。

1. 算术平均数

简称平均数或均值。它是由所获得的数值与数值的个数相比而得到的。它是学前教育科学研究中的一种常用参数,用以反映样本成绩总体水平。用 $\overline{X}$ 表示。

未分组数据求算术平均数的公式为:

$$\overline{X} = \frac{X_1 + X_2 + \cdots + X_n}{N} = \frac{\sum_{i=1}^{n} X_i}{N} \quad \text{(公式10-1)}$$

其中 N 表示数值的个数,$X_1 X_2 \cdots X_n$ 表示所得到的各个数值,$\sum_{i=1}^{n} X_i$ 表示所有的 X 的数值相加所得数。

例:某幼儿园 7 名幼儿组成的小组某次测验中成绩分别为 32,64,57,83,65,67,86,求这 7 名幼儿的平均分。

解:将数值代入公式得

$$\overline{X} = \frac{\sum_{i=1}^{n} X_i}{N} = \frac{32 + 64 + 57 + 83 + 65 + 67 + 86}{7} = 64.86$$

答:这 7 名幼儿平均得分为 64.86 分。

2. 加权平均数

加权平均数是不同比重数据的平均数,用 $\overline{X}$ 表示。公式为:

$$\overline{X} = a_1X_1 + a_2X_2 + \cdots + a_nX_n \left(0 < a < 1, \sum_{i=1}^{n} a_i = 1\right) \text{(公式 10-2)}$$

其中 a_1、$a_2 \cdots a_n$ 为不同比重数据的人数与总人数之比。

例：求下表中幼儿的平均体重。

表 10-6

年 龄	人 数	平均体重(公斤)
5	7	18.01
4.5	11	17.63
4	8	16.34
3.5	13	15.27
3	15	14.56
合 计	54	

解：将数值代入公式

$$\overline{X} = a_1X_1 + a_2X_2 + \cdots + a_nX_n$$
$$= \frac{7}{54} \times 18.01 + \frac{11}{54} \times 17.63 + \frac{8}{54} \times 16.34 + \frac{13}{54} \times 15.27 + \frac{15}{54} \times 14.56$$
$$= 16.07 \text{(kg)}$$

3．中数与众数

(1)中数。中数指按大小顺序排列的一组数据中居于正中间的数，又称为中位数，用 M_d 表示。若数据的个数是奇数，则第 $N + 1/2$ 个数值，就是这组数据的中数；若数据的个数是偶数，一般以中间两个数值的平均值作为中数；如果在中间出现重复数，首先要分组再计算。

分组数据求中数的公式为：

$$M_d = L_b + \frac{\frac{N}{2} - F_b}{f} \times i \quad \text{(公式 10-3)}$$

其中，L_b 表示中数所在组的下限；F_b 表示中数所在组下限以下观测数据的个数；f 表示中数所在组内的观测数据个数；N 表示观测数据的总个数;i 表示组距。

注:求分组数据的中数,是以假定各数据均匀地分布于各组中为前提的。

下面举例说明分组数据求中数的方法,如下表:

表 10-7

组 别	m(组中值)	f(频数)	累积频数
[40,45]	42.5	2	66
[35,40)	37.5	7	64
[30,35)	32.5	12	57
[25,30)	27.5	17	45
[20,25)	22.5	16	28
[15,20)	17.5	8	12
[10,15)	12.5	4	4
合 计		66	

解:首先可以确定中数在[25,30)这一组(以假定均匀分布为前提)。

其次可以确定公式中的各个数值:i=5　f=17　$F_b=28$　$L_b=25$　N=66

最后代入公式:

$$M_d = L_b + \frac{\frac{N}{2} - F_b}{f} \times i$$

$$= 25 + \frac{\frac{66}{2} - 28}{17} \times 5$$

$$= 26.47$$

(2)众数。众数即一组数据中出现次数最多的数值。

例如在 25,26,30,37,37,37,37,21,23 的一组数据中,37 出现的次数最多,37 就是这组数据的众数。众数也是集中量数的一种。

但它不稳定,代表性不好。在教育统计中,一般不采用众数来反映数据的集中趋势。

描述数据的集中趋势,有利于我们了解大多数研究对象的总体水平,以便研究者针对所要解决问题,提出适合于大多数研究对象的教育对策。

(二)差异量数

集中量数描述的是集中趋势,它是针对于研究总体而论的。差异量数相对可以解释为描述数据的离中趋势的量数,它是描述个别研究对象的有关数据与总体水平的差异的。那么,什么是数据的离中趋势呢?离中趋势即各个数值与平均数之间的差异。在学前教育科学研究中,描述数据的离中趋势通常用离差、标准差等参数。

1. 离差

离差是最简单的一种差异量数,它是指一个分数与平均数的差,用 D 表示。公式为 $D = X - \bar{X}$。离差有正负之分,分数高于平均数,离差为正;分数等于平均数,离差为0;分数低于平均数,离差为负。下面用例子加以说明。

例:某小班 7 名幼儿的身高分别为 0.85m,0.95m,1.00m,1.02m,1.12m,1.07m,0.90m,求他们各自的离差。

解:(1)首先求平均值。将数值代入公式

$$\bar{X} = \frac{X_1 + X_2 + \cdots + X_n}{N}$$

$$= \frac{0.85 + 0.95 + 1.00 + 1.02 + 1.12 + 1.07 + 0.90}{7}$$

$$= 0.99$$

(2)根据公式 $D = X - \bar{X}$,代入数据

$D_1 = X_1 - \bar{X} = 0.85 - 0.99 = -0.14$

$D_2 = X_2 - \bar{X} = 0.95 - 0.99 = -0.04$

依次类推,可得 7 位幼儿身高的离差。

2．方差和标准差

因离差只能反映每个个体与总体平均的差异,不能反映样本或总体的整体性差异,人们引入了方差和标准差两种差异量数。方差就是将各个体的离差加以平方,然后求和,再除以数据总次数所得的商,符号是 S^2 或 δ^2,公式为:

$$S^2 = \frac{\sum(X-\overline{X})^2}{N} \qquad (公式 10-4)$$

方差的平方根即为标准差,在实际的学前教育科学研究中,我们常采用标准差作为差异量数,这是因为标准差数据较稳定,可靠性较强,相对于离差、方差来说,它更便于真实可靠、简便地描述出数据的特征。

标准差的公式为:

$$S = \sqrt{\frac{\sum(X-\overline{X})^2}{N}} \qquad (公式 10-5)$$

例:15 位幼儿数概念测查的成绩分别为 36,40,41,32,30,47,31,28,12,33,37,26,35,38,27,求这 15 位幼儿的标准差。

解:(1)先求 $\overline{X}$。

$$\begin{aligned}
\overline{X} &= \frac{x_1 + x_2 + \cdots + x_{15}}{15} \\
&= \frac{36+40+41+32+30+47+31+28+12+33+37+26+35+38+27}{15} \\
&= 32.9
\end{aligned}$$

(2)将已知数据代入公式。

$$\begin{aligned}
\sigma &= \sqrt{\frac{\sum(X-\overline{X})^2}{N}} \\
&= \sqrt{\frac{(36-32.9)^2 + (40-32.9)^2 + \cdots + (27-32.9)^2}{15}} \\
&= 7.86
\end{aligned}$$

答:这 15 位幼儿数概念测查成绩的标准差为 7.86。

(三)相关系数

在学前教育实践中,常常需要研究变量与变量之间的关系,如幼儿身高与年龄的关系,创造性思维能力与语言能力的关系,家长的文化水平与儿童智力水平的关系等等。在教育统计中,要将两种变量之间相关关系量化,就要运用相关系数。

相关是指两列变量之间的相互关系,一般有三种性质的相关,即正相关、负相关和零相关。正相关是指两列变量的变动方向相同,即一种变量变动时,另一种变量也发生或大或小的同方向的变动,例如儿童身高和体重的关系,一般儿童身高越高,体重就越重;负相关是指两列变量变动方向相反,即一种变量变动时,另一种变量发生或大或小的反方向的变化,如儿童健康状况与发病率的关系,身体越健康,发病率越低,反之亦然;零相关是指两列变量之间毫无关系。标志两列变量相互关系的量数称为相关系数,一般用 r 表示,r 的取值范围为 $-1.00 \sim 1.00$,相关系数的正负号表示相关方向。正号表示正相关,负号表示负相关,零表示零相关即两列变量之间无相关关系。本节只介绍积差相关系数和等级相关系数。

1. 积差相关

为了描述相关关系,20 世纪初英国统计学家皮尔逊提出了积差相关的概念和积差相关系数的计算方法,因此,积差相关也称为皮尔逊相关。该系数用 r 表示。公式为

$$r = \frac{\sum(X-\overline{X})(Y-\overline{Y})}{NS_xS_y} \quad \text{(公式10-6)}$$

其中,N 为成对数据的个数。

例:测得一组通过随机抽样得到的 12 名大班幼儿的体重与身高的数据,如下表所示,请计算体重和身高的相关系数。

表10-8

编号	体重(X)(kg)	身高(Y)(cm)	$X-\overline{X}$	$Y-\overline{Y}$	$(X-\overline{X})^2$	$(Y-\overline{Y})^2$	$(X-\overline{X})\cdot(Y-\overline{Y})$
01	20	120	0.7	3.4	0.49	11.56	2.38
02	19	118	−0.3	1.4	0.09	1.96	−0.42
03	17	115	−2.3	−1.6	5.29	2.56	3.68

续表

编号	体重(X)(kg)	身高(Y)(cm)	$X-\bar{X}$	$Y-\bar{Y}$	$(X-\bar{X})^2$	$(Y-\bar{Y})^2$	$(X-\bar{X})\cdot(Y-\bar{Y})$
04	22	125	2.7	8.4	7.29	70.56	22.68
05	16	108	−3.3	−8.6	10.89	73.96	28.38
06	17	108	−2.3	−8.6	5.29	73.96	19.78
07	20	110	0.7	−6.6	0.49	43.56	−4.62
08	21	122	1.7	5.4	2.89	29.16	9.18
09	18	109	−1.3	−7.6	1.69	57.76	9.88
10	23	129	3.7	12.4	13.69	153.76	45.88
11	19	115	−0.3	−1.6	0.09	2.56	0.48
12	20	122	0.7	5.4	0.49	29.16	3.78
合计	19.3($\bar{X}$)	116.6($\bar{Y}$)			48.68	550.52	84.3

解:先求出 N, Sx 和 Sy

将有关数据代入公式:

$$S=\sqrt{\frac{\sum(X-\bar{X})^2}{N}}$$

得 Sx = 2.01 Sy = 6.77

然后将表中有关数据代入公式: $r=\frac{\sum(X-\bar{X})(Y-\bar{Y})}{NSxSy}$

得 $r=\frac{84.3}{12\times2.01\times6.77}=0.52$

注:(1)两变量须是观测数据;
　　(2)两变量总体呈正态分布或接近于正态分布;
　　(3)通常要求 N≥30(即要求样本为大样本)。

2. 等级相关

等级相关又称为斯皮尔曼等级相关,用 r_R 表示。它是由心理学家、统计学家斯皮尔曼提出的。等级相关适用于研究资料只有顺序即等级的数值,而不适用于距离数值或等比数值。在等级相关中,N可以小于30,数据资料的分布也可以不是正态分布。等级相关的公式为:

$$r_R = 1 - \frac{6\sum D^2}{N(N^2-1)}$$ （公式10-7）

其中 r_R 表示等级相关系数,D 表示两个变量每对数据之差,N 表示成对数据的个数。现举例如下。

例:某班10名幼儿在智商测验和道德判断能力测验中的排名如下表。求这两者之间的等级相关系数。

表 10-9

编号	智商测验名次	道德判断能力测验名次	D	D^2
01	5	3	2	4
04	16	14	2	4
06	14	15	−1	1
07	8	6	2	4
09	2	4	−2	4
10	9	8	1	1
13	1	1	0	0
15	31	29	2	4
16	7	9	−2	4
17	29	24	5	25
合计				51

解:把上表数据代入公式:

$$r_R = 1 - \frac{6\sum D^2}{N(N^2-1)} \quad 其中 N = 10$$

$$r_R = 1 - \frac{6 \times 51}{10(100-1)} = 0.69$$

因为0.69为正值,且比较接近1,所以幼儿智商测验名次与道德判断能力测验中的排名是相关程度中等的正相关。

对学前教育科研活动中收集的各种类型的数据资料进行整理

和分析的方法是多种多样的,限于篇幅,我们只能介绍一些基本的、简单的方法。上述方法若不能充分满足研究活动的需要,研究者可参阅有关教育统计方面的书籍,或向专家请教。

思考题

1. 解释下列名词:
   研究资料的整理 研究资料的分析 文字资料 数据资料
2. 对研究资料的整理和分析有什么意义?
3. 在整理和分析研究资料时要注意哪些问题?
4. 文字资料整理的工作程序与主要内容是什么?
5. 文字资料分析有什么特点?
6. 文字资料分析的主要方法有哪些?
7. 数据资料整理有哪些工作内容?
8. 数据资料呈现有哪些方式?
9. 数据资料描述有哪几种统计参数?
10. 对平均数进行差异显著性检验的方法有哪几种?
11. 试指出下面一组数据的中数与众数:
    10,11,14,16,21,21,21,23,25,29。
12. 某10名幼儿教师某次教育技能理论知识的测验成绩如下,求它们的平均数和标准差:37,40,42,47,32,28,39,40,38,43,41。
13. 某实验幼儿园15名幼儿的运动能力和语言能力测验成绩如下:
    运动能力:88,89,98,78,78,94,85,85,77,65,87,83,90,88,86;
    语言能力:71,74,70,83,85,90,81,73,89,70,88,84,79,91,87。
    求这两种能力测验成绩的积差相关系数。

第十一章　教育科研成果的表述和评价

内容提要

教育科研成果必须按照一定的规范来进行表述,才能得到同行的认可,有利于交流和推广应用。本章主要介绍了教育科研成果表述的意义和基本要求,重点讨论了教育科研论文和教育研究报告的特征、基本格式和写作规范,并阐述了教育科研成果评价的意义、内容和方式方法。学习本章应了解教育科研成果的类型,掌握教育科研论文及研究报告的写作要求,学会独立地撰写各种形式的科研论文和研究报告,并能对他人的研究成果进行合理的评价。

在完成对研究资料的整理和分析之后,研究者应系统地形成课题研究的结论,并用适当的形式对研究结论进行表述和发表,并对研究成果的科学性和适用性进行评价,这是研究工作的最后阶段,也是研究过程中的一个重要环节。

第一节 教育科研成果的表述

一、教育科研成果表述的意义和一般步骤

(一)教育科研成果及其主要形式

教育科研成果是指教育科研工作者在科学研究过程中,通过运用科学的研究方法而发现或形成的具有一定的学术价值和社会价值的、被同行专家认可的增值知识。所谓"增值"是指这种知识能突破和超越已有的认识的水平或范围,能产生新的教育效益。

在学前教育科学研究中,其科研成果在内容上一般包括三个方面:①对教育现象或儿童身心发展状况的深刻了解;②通过检验研究假设而建立和完善的教育科学理论;③某种新的教育方法或措施。在一项研究成果中,这三个方面的内容既可能是某一项单独存在,也可能是两项或三项同时产生。在科研成果的总结和表述时,往往有不同的形式,其主要的形式有:①关于教育事实的各种研究报告,包括教育观察报告、教育调查报告、教育实验报告等;②关于教育理论的学术论文或专著、学位论文;③综合性研究成果,即前两种形式的综合。

(二)教育科研成果表述的意义

所谓教育科研成果表述是指研究者在科研过程基本完成之后,按一定的形式和规则,运用文字或图表等对研究过程及所获得的结论进行系统的阐述和表达。

对教育科研成果进行表述的主要意义有:

(1)通过系统地表述研究成果可以使研究者系统地回顾和反思研究活动的过程,整理和分析研究所获得的新的事实、新的发

现,有助于研究工作的进一步深化。

(2)系统地表述研究成果能展示研究的过程及其结论,使研究活动能得到社会的承认、鉴定,并在一定程度上产生应有的社会效益,即引起人们对研究中的问题的关注和讨论,或使研究过程与结论对教育实践活动产生影响。

(3)系统地表述研究成果,展示研究的过程及实际资料,有利于促进学术交流与合作,也是对个人、团体的研究能力及学术水平的展示。

(4)系统地表述研究成果有助于提高研究者自身的研究能力和科技写作水平。

(三)教育科研成果表述的基本步骤

在表述研究成果时,一般应按下列四个步骤进行:

1. 确定研究成果的表述形式,拟定题目

研究成果的表述形式不同,题目就不一样,且写作规范也就不同。成果的表述形式往往与研究活动的类型有关。在一般情况下,纯理论研究(或以理论为主要内容的研究)其成果内容多是理论观点或理论体系,就应以科研论文的形式表述;而以实证为主的研究(如观察、调查、实验、测验等)的成果多表现为具体的教育事实或规律,应以研究报告的形式进行表述。成果表述的题目则应是对研究内容和研究类型的高度概括。

2. 拟订写作提纲

写作提纲是关于教育科研成果表述的具体计划,它既是撰写论文和科技报告的基本思路和基本线索,又是对撰写过程的具体规范。写作提纲首先要按科技写作的要求使科技成果按规定的文体结构或格式进行表述,以保证表述的完整性;同时要对论文或科研报告中要叙写的观点、事实、数据等进行逻辑编排,保证成果表述时能逻辑严谨、条理清晰。

3. 研究报告或论文的写作

这是科研成果表述中最关键的步骤。研究报告或论文在内容上既要完整地叙述研究活动的过程,又要全面地反映研究的结果;既要科学地展示研究形成的结论,又要客观地表述新发现的或没有解决的问题。在形式上要规范,语言要精炼、准确,观点论证充分,结构完整。

4. 对初稿进行修改

在完成研究报告或论文的初稿以后,要对初稿进行认真的审定和修改,尽量避免出现各种错误,并增强报告或论文的可读性。

(四)教育科研成果表述的基本要求

教育科研论文或教育科研报告作为对教育科学研究活动的全面总结和进行教育科研成果交流的重要手段,在写作上必须遵循下列要求:

1. 准确性

即科研论文或科研报告首先必须准确地反映研究的问题、研究活动的过程以及研究形成的结论。要做到这一点,研究者首先要慎重地选择和使用相关的专业名词术语,根据研究的问题,务必使名词术语的概念在内涵和外延上与研究的问题具有高度的一致性,而且在论文或报告的全篇都保持这种一致性。其次,研究者应慎重地描述和呈现研究过程中收集到的各种数据资料和事实资料,保证各种资料能客观、准确和恰当地被使用。再次,在运用各种材料来论证和提出观点时,思维要清晰,逻辑要严密,论证过程应完整。

2. 规范性

所谓规范性,是指在撰写论文或科研报告时应遵循科技写作的一般规范。这些规范是人们在各种类型的科研写作中所形成的惯例,它有利于研究者对科研过程及其结果进行完整而准确的表述,也有利于读者对科研成果进行准确的理解。规范性首先在论文或报告的基本结构上,不同的成果表述形式有不同的格式要求,其组成部分各不相同,各部分的内容也不完全一致,各部分之间的关系也不尽相同。研究者在写作时一定要注意结构上的完整性,不应随便省略一些重要的、基本的部分,并且在各部分的前后顺序上也不要随意调换。其次,在论文或报告中观点的提出和各种资料(如数据、表格、图例等)的呈示也必须严格地遵循科技写作的基本要求。

3. 可读性

所谓可读性,是指研究者所撰写的论文或报告要能吸引读者的注意,并能使读者在阅读时能快捷有效地理解和掌握论文或报告的内容,同时产生一定的体验。要做到这一点,在撰写科研论文或科研报告时,研究者首先应在不影响科学性和准确性的前提下,使文章尽可能写得通俗易懂,避免使用一些不必要的、生僻的、深奥的专业术语;其次,研究者在叙写时,要保证文章通篇在思维上的连贯性和流畅性,使文章脉络清晰、层次分明;再次,注意采用适当的修辞手法,使遣词造句生动、形象、活泼,不机械呆板,这样文章就显得有生气,自然就会对读者产生吸引力,并加深其对文章内容的理解,进一步激发其对研究问题的思考。但在追求文章的可读性时,一定不能影响研究活动的客观性和研究过程的严肃性,不能随意地使用夸张、比喻等修辞手段。

二、教育科研论文及其写作要求

(一)教育科研论文的特点及主要类型

所谓论文就是专门讨论和研究某个问题的文章。教育科研论文是教育科研工作者在自己对某一教育理论问题或实践问题开展研究并获得一定的结论之后,用来系统地阐述研究过程及研究结论的文章。教育科研论文和其他形式的科研成果相比,重要的区别在于它注重对教育现象或教育问题作深刻的理性分析,系统地表现研究者的严密的逻辑论证的研究过程。研究者往往是在对某种教育现象或问题作了深刻而严密的逻辑论证并形成了独到的观点与见解之后撰写论文的。

教育科研论文的主要特点是其学术性,而学术性又具体体现在两个方面:一是科学性,二是创新性。科学性是指研究者在论文中必须提出鲜明的理论观点,而且要对观点进行充分的论证,且论据确凿,论证逻辑严密,言之有据,实事求是;创新性是指所讨论的问题、提出的观点要在理论上有新的突破、事实上有新的发现、方法上有新的改进,能扩展或提高人们对事物的认识。

科研论文的写作风格和类型是多种多样的。按写作的目的不同,可以将教育科研论文大致分为三种类型:①理论探讨型。即以探讨理论问题、澄清理论思想为主要目的的论文。一般是人们针对学前教育发展或学科建设中的某个理论课题,在广泛收集有关文献资料和现实材料的基础上,通过分析综合、归纳演绎等逻辑思维方法提出新的观点、新的看法。这类论文的内容往往都是某一领域的基础理论,抽象程度较高。②综合论述型。这类论文的目的往往是综合性的,既追求在理论上的建树,又力图对教育实践活动产生直接的影响。它既系统阐述研究者对学前教育中某一问题的理论研究的过程与结果,又具体阐述研究者就此问题在实践上提出的新的措施、新的方法、新的思路或研究者实践研究的过程与成果。(3)预测性论文。这类论文以实证材料和理论原理为依据,对某学前教育现象进行分析,指出发展的趋势并预测以后的发展方向和可能性。

(二)教育科研论文的基本结构及其写作要求

无论什么类型的科研论文,其基本结构都应包括六个基本的组成部分,即:①题目或标题;②内容摘要;③序言;④正文;⑤结论与讨论;⑥引文注释与参考文献。

科研论文要系统地、准确地表述研究的过程和成果,便于读者快速有效地获得科研信息并准确地理解其内容,对各个部分的写作都应有具体的要求:

1. 题目或标题

题目应是统率全篇的灵魂,读者往往是首先通过阅读论文题目来了解和判断论文的主要内容与价值的。因而题目的拟写对撰写论文非常关键,作者不得不慎重对待。

就一般而言,教育科研论文的题目有两种表述方式:一是直接点明题意的方式,即直接运用论文内容中的关键词来命题,如"对××××的思考"、"试论××××"等;二是设问的方式,即用疑问(反问)句式来命题,如"幼儿思维能训练吗?""幼儿园管理只需要科学的制度吗?"等等。

在拟写论文题目时,写出的题目应达到两个基本要求:第一,题目要能高度地概括论文的主要内容,准确地阐述研究的问题;第二,题目要简洁精炼,尽量用较少的文字表达较完整的意思。如果论文内容较复杂,或针对性较强,有时可用加副标题的形式来对题目作补充,如"兼论××××"、"和×××商榷"等。

2. 内容摘要

内容摘要又可称为内容提要,一般位于题目之后,用于让读者快速高效地了解论文的主要内容,并便于检索。因而内容摘要应概括性地阐述论文的主要观点和基本内容,应短小精悍,根据论文内容的多少不同将篇幅控制在100～300字之间。

3. 序言

序言又称前言、绪言、绪论、引言等,它往往是一篇论文的开始部分,放在正文之前。其内容一般应包括三个方面:一是说明研究的背景和动机,提出论文中将要研讨的问题;二是说明研究要探讨的重点;三是概述问题研讨的理论意义和现实意义。

序言在叙写上应开宗明义,各项内容之间应条理清晰,叙述应言之有据,避免空泛的和含糊的议论,避免漫无目的的叙述。

4. 正文

正文又称本论,它是论文的主体部分。在这一部分中作者应对研究的问题进行系统、全面、深入的研讨,不仅要阐述自己的观点,展示观点赖以形成的各种理论的或事实的依据,还应表现自己形成和论证观点的思维过程与思维方法。因而正文部分一般篇幅较长,字数较多。

(1)正文的逻辑结构。因教育问题的复杂性,人们在研讨某一问题时往往要形成和论证一系列的观点。当一篇论文中观点相对较多时,作者就应顺应问题本身的逻辑,对各种观点统筹安排,理清关系,形成一定的结构。结构紧凑,逻辑严密,能更好地说明问题,阐明观点,也能增强文章的可读性,提高读者汲取信息的效率。

科研论文的结构有三种形式:

第一种,并列式结构。即围绕中心论题设立若干分论点,所有分论点与中心论题之间是垂直关系,分别论证中心论题。各分论点之间是平行的并列关系,使对中心论题的论证构成不同角度不同侧面的论证的格局。

第二种,递进式结构。即将对中心论题的论证分为若干层次,论述时层层展开,步步深入,直至最后形成结论。文章各个分论点之间呈纵深的递进关系。

第三种,综合式结构。并列式结构有利于对问题的讨论从横向上扩展,实现全面认识;递进式结构有利于对问题讨论的纵向深入,实现认识深化。但对一些复杂的教育问题的研讨,单一地从横向或纵向进行,都不能使研究充分展开。因而,对观点较多且观点之间的逻辑关系纵横交错的问题的阐述,就应采用综合式结构来处理论文的逻辑体系。所谓综合式结构,就是根据问题自身的逻辑关系使各分论点形成一个纵横交错的网络。这种结构一般来说能容纳较大的信息量,且使作者能不断变换角度来对问题进行深入的讨论,但有时要处理好各层次的分论点之间的关系比较困难。

如一篇名为"幼儿教师素质新论"的论文就是采用这种结构,其结构为:[①]

---

① 《幼教园地》1996年第2期,第4~8页。

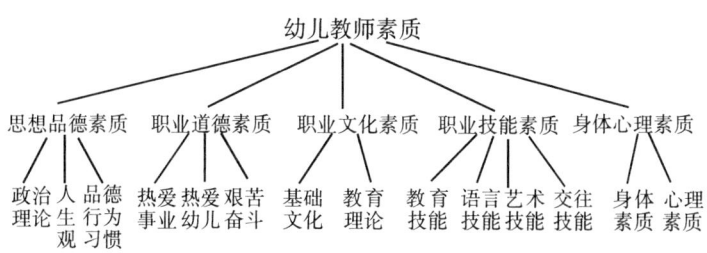

在安排论文结构时,首先应分析问题或结论自身的逻辑。很多问题本身有内在的逻辑,在选择或使用某种结构时,一定要深入分析。既应做到逻辑关系清晰,又应穷尽问题应该讨论的各个方面,使文章结构完整。但也应注意不能使对问题的思考和论述受到形式的制约。因而在论文撰写时要特别注意分清观点的主次,不可平均使用力量。

(2)正文分论点的写作。一篇科研论文中往往包含有作者的多个论点,每个论点又可以单独组成一个"分论"。每个"分论"中应有三个基本要素,即论点、论据和论证。论点是作者就某一现象或问题在经过充分的研究之后所提出的看法、主张、观点或意见;论据是作者在研究过程中所收集的用以支持或说明其观点、主张等的科学资料,包括理论依据、各种形式的数字资料和事实材料;论证就是作者运用科学资料来证明自己的论点的方式和方法。

在各"分论"写作时,应注意以下几个方面的要求:

第一,观点鲜明确切。每个论点的提出都应非常鲜明,陈述都应能完整、准确地表达作者的思想观点。在论文写作中,为了突出论点,人们一般在每个分论点前用数字或符号进行标记,且将论点句子放在醒目的位置(每段开头或结尾)。表述论点所使用的概念或其他字词应反复推敲锤炼,使其含义准确可靠。

第二,论据要充分确凿。在论点表述之后(前),应尽可能地运用各种可靠的资料来证明观点的合理性和正确性。没有足够的论据,论点就难以成立。但所有的论据必须符合两个方面的要求:一是能用来说明或证明论点,即论据中的思想应与论点的内容有一致性;二是所有的论据应有确切的来源,其本身应科学可信,引用的文献资料应按规范注明其出处。在科研论文中,论据可以是多种多样的。既可以是历史的,也可以是现实的;既可以是权威的人们公认的理论,也可以是作者自行收集的数据或事实。

第三,论证应讲究方式和方法。如何利用论据来证明论点,要根据具体情况而定,既可以是先明确提出论点,再逐步展开论述,也可以是先摆明各种论据,再归结出论点。但不管使用什么方法,论证的思维过程应被清晰地反映出来。而且,对一个重要的观点应从不同的角度、运用不同的材料进行多方论证,所谓"旁征博引"就是这个意思。总之,通过论证应使读者接受你的思想和观点,使文章具有说服力。但要注意不能随意夸大事实,牵强附会地证明观点。

5. 结论与讨论

结论是在正文的基础上得出的结语,是对全文展示的研究成果的精确概括,在表述上要求措辞严谨,用词规范。讨论则是从理论上对研究结果的含义和意义进行分析评论,既要突出本研究对以前研究的突破和创新,又应明确说明研究还没有解决或没有完全解决的问题,并提出进一步研究的建议。

6. 引文注释和参考文献

这部分是论文的附加内容,为论文中引用的各种资料提供出处或来源,一是用来佐证资料的可靠性,二是便于读者检索有关文献。在写作引文注释或参考文献时应遵循约定俗成的规范。

在中文引文注释和参考文献中,其内容和顺序一般为:作者名、书名(文章篇名)、卷数、杂志期数、页码、出版单位及出版时间。

三、科研报告及其写作要求

(一)科研报告及其特点

科研报告是用来系统地阐述某项教育实证研究的活动及其成果的研究文章,它是教育科研成果的一种重要表现形式。因教育科学的实证研究在形式和方法上多种多样,有观察研究、调查研究、实验研究等,故而科研报告的种类也就各不相同,主要有教育观察报告、教育调查报告、教育实验报告等。

同其他形式的教育科研成果相比较而言,科研报告有以下几个特点:

1. 规范性

为了有利于实证研究过程与成果的表述及交流、检索,科研报告在写作的格式上有较严格的要求,对报告的组成部分及各个部分的叙写方法都有一些具体的规定。因而研究者在撰写各种研究报告时一定要熟悉这些基本的写作要求,不能随意地加以变化。

2. 新颖性

科研报告所表述的内容应为某项实证研究所取得的新的成果,既包括新的研究方式或方法,也包括新的研究结论。

3. 客观性和准确性

科研报告中所表述的内容必须真实、客观,研究结论要有可信的数据资料或事实材料的支持。结论解释也应有严谨的逻辑依据。总之,各种内容都应是真实可靠的,而不是主观臆测的。

(二)科研报告的基本结构

科研报告作为一种正式的文体,其基本格式往往有统一的规范,下列的提纲代表了典型的科研报告的基本组成。[①]

1. 题目页

(1)题目。

(2)作者姓名及隶属机构。

(3)致谢词(如果有的话)。

2. 摘要

3. 引言(不使用任何其他标题)

(1)问题的陈述。

[①] 参见杨小微主编:《小学教育科学研究方法》,北京师范大学出版社1998年版,第303~304页。

(2)背景/文献综述。

(3)目的和理由/假设。

4．方法

(1)被试。

(2)装置和仪器(如有必要)。

(3)程序。

5．结果

(1)表格和图(恰如其分)。

(2)统计描述。

6．讨论

(1)支持或否定假设。

(2)实践和理论上的意义。

(3)结论。

7．参考文献

8．附录(如果是恰当的)

(三)科研报告撰写的基本要求

1．题目

题目应简明扼要地反映研究的主要内容与方法,如"幼儿家长教育观念的调查"、"幼儿记忆策略的实验研究"。但要注意题目内容应与研究内容在概括范围上保持一致。如在某次调查中研究者只就城市幼儿的家长进行教育观念调查,题目就必须是"城市幼儿家长教育观念的调查"。在教育实验报告的题目中还应阐述实验的主要自变量,如前例中的"记忆策略"就是该实验的自变量。但报告的题目在准确概括研究的内容与方法时,要追求简洁精炼。

在我国,对给研究以资助或各种支持的有关单位或个人表示感谢的内容一般放在"后记"中,但国际惯例趋向于和题目单独作为一页形成"题目页",放在报告的前面。我们也可以采用为题目加注的方式来说明。

2．摘要

摘要是作者用 100～300 字的篇幅来对整个研究报告的内容

进行高度的概括,以方便读者浏览或有关资料机构制作检索工具。其主要内容包括研究的问题、被试的主要特征、所采用的研究方法、研究的结论和关键词等。为交流方便,有的杂志还要求有中、英文两种文字的摘要。

摘要一般是在最后撰写的,其写作要求是精炼而完整,下笔时要惜墨如金,遣词造句要反复推敲。每篇报告的摘要既应独立成篇,又可集中成册。

3. 引言

科研报告的引言应包括三个方面的内容:

(1)对研究问题的清晰的界定和描述。在表述问题时应说明对该问题的研究在理论或实践上的意义和预期可能获得的结果。

(2)介绍问题研究的背景和缘由,并概括各种相关的研究。在介绍背景或相关的研究时,应将其和自己的研究结合起来,说明研究的大致思路和侧重点。

(3)提出并阐述研究假设。对每个假设都应用规范性的专业术语进行准确的叙述,有必要时可附加一些解释。

4. 方法

该部分主要是系统地描述研究过程中各个环节上所使用的基本方法,主要应包括:

(1)被试选取方法。介绍被试的身份、数量、年龄分布、性别比例和地域分布等各种基本情况,并详细描述样本抽选方法与过程以及所得样本的特点和代表性水平估计。

(2)研究中使用的工具材料。包括使用的设备、仪器的说明和采用的观察记录工具、问卷、调查表、测量量表的介绍与说明。

(3)操作方法与程序。这部分主要应系统描述研究中的各种具体方法与操作程序,往往根据研究的类型不同而在内容上有所差异。在观察报告中,应具体介绍观察的类型及观察的时间、地点、次数、频率等;在调查报告中,应介绍调查的具体方式(问卷、访谈、调查表),调查的时间、地点、次数、问卷或调查表的发放与回收情况等;在实验报告中,应系统描述自变量的操纵、无关变量的控制和因变量观测的做法、次数、时间等等。

5．结果

结果部分应客观表述研究过程中观测到的各种事实、收集到的并经过整理的各种数据及其统计分析的结果,但通常不能呈现单个被试的原始数据资料。

结果的表述方式多种多样,根据具体的研究内容或类型不同而有不同的形式与方法。一般的表达形式有:

(1)表格。即用表格形式呈现和描述研究获得的数据资料或事实资料。

(2)图。即用形象化的图形来描述研究获得的各种资料。

(3)文字。结合表格或图,用文字来对研究获得的结果进行扼要解释或说明。在大多数的研究报告中,作者为了更充分地展示研究结果,往往同时使用以上三种形式来相互映衬、相互补充。

6．讨论

这是科研报告中一个极为重要的部分。这个部分应有四个方面的内容,即:

(1)对研究结果的解释和说明,并运用研究结果来支持和否定研究假设,并具体阐述支持或否定假设的理由,形成自己的研究结论。

(2)对研究结果及研究过程进行分析,并和前人或他人相关的研究进行比较,说明研究的突出成就。

(3)具体分析研究结论的理论价值和对实践的指导意义,以此为基础可为实践改革提出有针对性的建议。

(4)分析并指出本研究的困难、局限性和进一步研究应解决的问题。

7．参考文献

按规范在报告结尾列出本研究中利用的主要文献资料。

8．附录

如有必要或条件允许,可在报告之后附上研究中一些重要的、具有参考价值的材料,如访谈题目、调查问卷、自编测验工具等。

第二节 教育科研成果的评价

一、教育科研成果评价及其意义

评价是人们对客观事物进行的一种价值判断活动,即人们对某种事物的作用、功能进行分析、判断和评定的社会活动。教育科研成果的评价就是人们对某项教育科学研究成果的科学性、效用性等方面所进行的分析、判断和评定。它在教育科学研究中,既是一个具体问题的研究活动的终结环节,又是一个新的研究活动的起始点。

对教育科研成果进行全面的评价,有着多方面的作用:

1. 评价有利于进一步认识科研成果的价值,从而促进成果的交流、应用和推广

教育科研成果并非是一般的研究结果,而是研究者通过运用各种规范性的研究手段来收集和分析研究资料而获得的结论,它表现出一定的理论抽象性,而且其价值多蕴含在研究过程或研究的成果本身中。而对科研成果进行评价就是要把蕴藏着的理论价值或实践指导价值充分地分析和挖掘出来,以利于进一步认识科研成果的价值,便于学术界和社会了解并承认科研成果,从而促进其交流、应用和推广。

2. 评价能提高学前教育科研活动的科学化水平,促进教育科研的发展

对教育科研成果的评价过程既是一个对成果的科学性和价值性进行分析和判断的过程,也是一个对研究过程进行回顾和反思的过程。在这一过程中,人们既能把符合研究目的与认识规律的有价值的创造性的探索及其成果鉴别出来,也能将研究中一些不完善、不周密的方法与结论鉴别出来,这有利于研究者吸收成功的

经验,吸取失败的教训,在以后的研究活动中有针对性地改善研究过程,提高研究活动的质量,促进教育科研工作的科学化水平的提高。

3. 评价能强化参与研究活动的有关人员的科研意识,提高科研队伍的素质

一般来说,只要研究人员以积极而认真的态度开展科研活动,随着研究过程的展开,研究人员的科研意识便会逐步增强,科研素养便会逐步提高。但如果没有对研究过程和研究结果的经常性评价,这种意识的增强和科研素质的提高只能是无意识的和自然进行的;只有在经常性的评价活动中,科研意识的增强和科研素质的提高才变得有意识、有目标和有力度。科学研究所要求的清晰的目标、认真的态度、精确的操作、细致的观察、周密的比较、严谨的论证等研究者的个性品质,都能在评价中不断地得到强化,从而逐渐内化成科研工作者的自觉的追求。

4. 评价能为科研管理和教育决策的科学化提供依据

通过对教育科研成果的评价,可以收集到相关的研究活动的信息资料,能使科研管理部门在了解本行政区域内的科研活动的基本情况的基础上加强对本区域、本单位教育科研的宏观调控和指导。尤其是在群体性科研活动广泛开展的情况下,更需要在科研选题的计划性、实施过程和方法以及效果检验的科学性方面给予具体的指导,以避免研究的盲目性和因此而造成的科研资料的浪费。同时,一些涉及理论和实践的影响较大的科研成果在推广应用之前,也必须经过严肃的评价,找出确立为教育决策的依据。因教育活动的效果具有长期性和隐蔽性,一旦不成熟甚至不科学的科研成果直接转化为教育实践上的改革措施或大众化的教育行为,所形成的负面影响将会是长期难以消除的,会给教育事业的发展或学生的身心健康带来意想不到的损害。在这方面,我国的教训是多而深刻的。因而,每一项教育科研成果产生后都应通过系统的评价来对其科学性、价值性和推广应用的条件进行分析,而且对推广应用可能产生的各种结果进行预测和评估,为教育行政管

理部门和教育机构及教师作出科学的教育决策提供依据。

二、教育科研成果评价的主要内容

每一项教育科研成果都有其独特的产生过程,也有其自身的复杂性。因而必须密切结合教育科研活动的过程对教育科研成果进行全面的、综合性的评价。其评价的主要内容应包括四个主要方面,即研究目标评价、研究过程评价、研究成果评价和研究条件评价。

(一)研究目标评价

在学前教育科学研究中,研究目标一般包括实践目标和理论目标两个方面。实践目标体现在对现实教育活动的方式方法的革新、对儿童身心发展的促进以及对研究人员素质的提高等方面;理论目标则集中体现在研究所追求的理论建树上,如新的理论观点的提出、对已有的理论观念的修正或重新解释等。我们在对研究目标进行评价时应重点从两个方面进行:一是对研究课题的评价,一是对研究假设的评价。对研究课题的评价主要应审查和分析课题自身的科学性和课题研究的理论意义与现实意义,并在此基础上分析研究者所确立的研究目标的正确性及其与课题的适合性。对研究假设进行评价时,主要应从三个方面具体分析假设的合理性:(1)假设所依据的经验事实的可靠性程度;(2)假设的理论依据的正确程度与充分程度;(3)研究假设与相关理论的相容程度。

(二)研究过程评价

研究过程是指从课题的确立开始直至研究结论形成的整个过程,大致必须经过研究计划制定、研究实施与资料收集、研究资料的整理和分析以及研究结论的形成几个大的阶段。研究过程的评价一方面是对整个过程的完整性与程序合理性的评价,另一方面是对各阶段研究工作的质量的评价。具体的评价内容应包括:

1. 研究前期工作的质量的评价

包括对研究计划的科学性与合理性分析、研究的基础状况分析以及相关的文献资料查阅和利用的水平等。

2. 研究中研究者操作质量的评价

包括收集资料的方法与手段的合理性、资料的完备性与客观性。如果评价的是实验研究,还应分析研究者对各种变量处理的水平。

3. 研究资料整理和分析的评价

具体分析研究者对研究资料进行整理的方式方法是否符合检验研究假设的要求、整理过程的规范性、各类资料内部的逻辑性等。在对资料的分析进行评价时,主要看资料分析的方法选择是否合理、分析过程的思维活动是否有严密的逻辑、分析概括出的结论是否能有效地概括各种事实或数据资料等。

(三)研究成果评价

对研究成果的评价首先应鉴定其资格,即评价的对象是否是科研成果。作为科研成果它必须是在系统的、完整的研究过程之后产生的有一定学术价值和应用价值的创新性的教育理论、教育方法等。不是通过研究活动取得的、不具备创新性的结论都不能算作教育科研成果。在确定了成果的资格之后,就应根据成果的不同性质类型来进行具体评价。对理论性课题研究成果的评价主要应分析成果中理论的层次水平、理论观点的丰富程度与完整性、理论的新颖程度、理论的生命力及其对实践所能产生的影响的大小、理论对相关学科的发展所起的作用的大小等方面的价值;而对以实践应用为主的课题则应主要分析其成果的适用性和对实践变革所产生的推动作用,具体为:成果是否能解决实践中的问题,是否能提高教育活动的质量或效益,能在多大范围里推广应用。

(四)研究条件评价

研究条件评价实质上是对科研活动的效益进行评价,即科研活动是否充分利用了各种条件来达到研究目的、研究的投入与成果获得之间的效益比例是否恰当。科研条件包括人力、物力状况，如教师水平、学生来源、研究经费、研究的设施设备等。在学前教育科研活动中，所研究的问题有相对简单与相对复杂之分，研究过程长短不一，研究者自身的主观条件不同，这使我们很难有一个确切的标准来衡量研究条件的充分或不足，来分析研究的投入所产生的效益如何。因而这方面的评价只能是根据具体的情况来进行整体、综合的考察，并在指标体系上保持一定的弹性。

教育问题都是复杂的问题，教育科研成果也表现出其复杂性，对其进行有效的评价本身就是一项复杂的工作。首先评价者自己必须是某一方面的专家，对研究成果和研究过程有着独到的理解，既要认识到某项成果相对于以前的研究来说具有的创新与发展，也应认识到该成果在以后的理论研究和实践改革中可能产生的影响，当然还应能认识到研究本身可能存在的各种问题。

三、教育科研成果评价的标准

对教育科研成果进行评价，大致要经过如下的基本过程：确定评价的总目标→制订评价的指标体系→选择制作评价工具→实施评价→收集评价信息→分析处理信息资料并得出结论。在这个过程中，确定评价的指标体系是评价的一个关键步骤。这个步骤的工作实质上是为成果的评价确立一整套的评价标准。

如前所述，不同的教育科研成果形式多样，内容各不相同，其产生的过程又极其复杂，涉及许多因素，且富有一定的创造性，这就使我们很难找到一个统一的标准体系来衡量各种教育科研成果。因而在评价时，评价者必须掌握建立评价标准体系的基本方法，根据具体课题研究活动及其成果的特点来具体制订切实可行的评价标准体系。

评价者在建立教育成果评价的标准体系时，应遵循下列基本要求：

1. 一致性

即标准体系必须与总目标保持一致。标准体系中评什么,不评什么,重视什么,忽略什么都要直接反映研究的目标。研究目标决定了评价标准体系的方向和内容。

2. 可测性

即确定的每个标准都是可以进行实际测量或观察的,能获得客观可靠的信息,同一层次的指标应互不重叠或交叉,不存在因果关系。各类指标要界定清晰,便于操作。

3. 精炼可行

即在标准体系科学完整的前提下力求精炼、简明。在评价中标准不宜过多、过杂,对那些信息量少、区分度不高、难以操作的指标应尽可能删除。

四、教育科研成果评价的方式和方法

(一)教育科研成果评价的方式

一般来说,人们在教育科研成果的评价中经常采用的方式有三种,即自我评价、同行专家评价和有关部门评审。

1. 自我评价

自我评价是研究人员对自己已取得的教育科研成果进行的评价。在这种评价中因为研究人员熟悉研究过程中的各个环节和各种因素,特别是对有关资料、数据了如指掌,对研究的设计、研究过程中各种工作的孰难孰易、孰重孰轻有自身的体验和理解,因而评价能切合实际、有针对性,是最基本的评价方式。但自我评价也有它的局限性,常受研究人员思维定势或行为习惯的影响,使其往往囿于自己的研究过程之中,不能从研究的外部多角度、多层次地分析问题,因而不免出现主观性过强的问题。尽管如此,自我评价不仅对研究人员反思研究工作的成败、提高研究的能力有重要意义,而且还能为其他形式的评价提供重要的参考。

2. 同行专家评价

同行专家评价是聘请相同(相关)领域中具有一定学术专长的专家来对教育科研成果进行评价。因同行专家具有一定的权威性,其对成果的论证和分析具有一定的鉴别意义,目前是我国教育科研成果评价中经常采用的一种重要方式。一般来说,聘请的专家大都是在某一领域具有一定的造诣并拥有一定的知名度的学者,由他们来评价某项科研成果,能使评价工作更深入、更系统,有助于鉴定成果的价值,而且也对促进研究人员研究能力的增强起到指导作用。

同行专家评价既可以个别进行,又可以集体进行。个别的方式是分别向每位专家系统地提供研究的所有资料,由每个专家各自按其标准作出评定,最后汇总得出结论。这种方式的优点是专家之间的观点较为独立,相互之间不产生影响,但可能因专家的水平各异、对成果评价的角度不同而造成评价结论的不一致。集体评价就是由专家组在集体讨论之后形成评价结论,作出评定。这种方式的优点是经过充分的讨论与沟通,可使评价更全面、更深入,但由于彼此之间的相互影响,也可能使评价受到权威人物的引导而出现不客观的结论。

3. 有关部门评审

有关部门评审是由科研管理等有关部门聘请和组织评价小组(委员会)对某项教育科研成果进行评价。有关部门评审可以使评价过程更规范,也有利于对成果的宣传和推广应用,而且还能广泛地结合当地教育实践的实际情况来开展评价工作。但为了保证评审结果的科学性、严肃性和权威性,应严格地挑选评审人员,尽可能地聘请有关专家。同时,在评审过程中应避免由行政权力来作出评价结论的现象。

综上所述,三种评价方式各有利弊,在实际的评价活动中,应尽量采取多种方式相结合的方法,以做到扬长避短。

(二)教育科研成果评价的方法

一些研究者认为,对教育科研成果进行评价的方法不应是某一种单一的操作技术,而是一个内容丰富的方法系统,主要包括:确立评价标准体系的方法、选择和制作评价工具的方法、收集和分析评价资料的方法、解释和检验评价结论的方法等等。无疑,这一认识对促进教育科研成果评价方法的发展、提高评价的客观性和科学性具有重要的指导意义,但限于篇幅,本书不作具体的讨论。在目前的评价实践中,人们采用的方法尽管多种多样,但大体可分为定性评价方法、定量评价方法两种。

定性评价方法主要是评价者根据具体的评价标准对研究成果所作的评语式的鉴定。在采用定性评价的方法时,为了保证评价的客观性、全面性,评价者必须认真阅读研究的所有资料,包括研究计划、研究工作笔记、研究的原始资料、研究论文或报告等,尽可能地掌握研究过程发展变化的信息,以便综合地分析成果的质量。在一些应用性的成果的评价中,还应广泛接触各类参与研究工作的人员,如教师、幼儿家长等,听取他们对研究的意见。在广泛收集信息资料的基础上,要充分地掌握和熟悉与成果相关的理论和他人研究工作的进展与成就,做到对所要评价的科研成果进行准确的、客观的评价;并且在评价过程中,评价者应自觉地克服各种主观因素的影响,在形成结论时力求公正。在表述评价结论时,文字上应力求准确、具体、条理分明。

定量评价方法是评价者通过借用或编制评价工具、运用数量化的手段来对教育科研成果进行评价的方法。因教育科研成果往往表现为一种精神产品,其作用的发挥具有长期性和隐蔽性特点,教育科研过程复杂,要对其成果的价值进行精确的量化,往往存在各种困难,因而定量评价方法仍处在一种积极的探索过程之中,有待完善。

思考题

1. 解释下列名词：

   教育科研成果　科研论文　研究报告　教育科研成果评价
2. 教育科研成果有哪些基本类型？
3. 教育科研成果表述的主要意义是什么？
4. 教育科研成果表述的基本步骤有哪些？
5. 教育科研成果表述应达到哪些基本要求？
6. 教育科研论文的类型有哪些？
7. 试述教育科研论文的基本结构及各部分的写作要求。
8. 教育研究报告的基本格式是什么？各部分有哪些写作要求？
9. 试撰写一篇教育科研论文或研究报告。
10. 教育科研成果评价有什么意义？
11. 教育科研成果的评价应从哪几个方面进行？
12. 教育科研成果评价的方式有哪几种？各应注意什么问题？

后 记

《学前教育科学研究方法》是根据全国高等教育自学考试学前教育专业(专科)考试计划的要求编写的。2000年3月全国考委教育类专业委员会召开审稿会议,对本教材进行了讨论评审,修改后,经主审复审定稿。

本教材由华中师范大学教科院杨爱华教授主编、孙民从副教授任副主编,孙民从执笔撰稿。参加本书审稿的专家有:北京师范大学教育系陈帼眉教授主审,北京教育学院李春山副教授参加审阅。

本教材最后由全国高等教育自学考试指导委员会审定。

全国高等教育自学考试指导委员会
教育类专业委员会
2000年6月

附

学前教育科学研究
自学考试大纲

全国高等教育自学考试指导委员会　制定

出版前言

　　为了适应社会主义现代化建设事业对培养人才的需要,我国在 20 世纪 80 年代初建立了高等教育自学考试制度,经过近 20 年的发展,高等教育自学考试已成为我国高等教育基本制度之一。高等教育自学考试是个人自学、社会助学和国家考试相结合的一种新的高等教育形式,是我国高等教育体系的一个组成部分。实行高等教育自学考试制度,是落实宪法规定的"鼓励自学成才"的重要措施,是提高中华民族思想道德和科学文化素质的需要,也是造就和选拔人才的一种途径。应考者通过规定的考试课程并经思想品德鉴定达到毕业要求的,可以获得毕业证书,国家承认学历,并按照规定享有与普通高等学校毕业生同等的有关待遇。

　　从 80 年代初期开始,各省、自治区、直辖市先后成立了高等教育自学考试委员会,开展了高等教育自学考试工作,为国家培养造就了大批专门人才。为科学、合理地制定高等教育自学考试标准,提高教育质量,全国高等教育自学考试指导委员会(以下简称全国考委)组织各方面专家对高等教育自学考试专业设置进行了调整,统一了专业设置标准,全国考委陆续制定了几十个专业考试计划。在此基础上,各专业委员会按照专业考试计划的要求,从造就和选拔人才的需要出发,编写了相应专业的课程自学考试大纲,进一步规定了课程学习和考试的内容与范围,有利于社会助学,使自学要求明确,考试标准规范化、具体化。

　　全国考委根据国务院发布的《高等教育自学考试暂行条例》,参照教育部拟定的普通高等学校有关课程的教学大纲,结合自学考试的特点,组织制定了《学前教育科学研究的考试大纲》,现经教育部批准,颁发试行。

《学前教育科学研究自学考试大纲》是该课程编写教材和自学辅导书的依据,也是个人自学、社会助学和国家考试(课程命题)的依据,各地应认真贯彻执行。

全国高等教育自学考试指导委员会
2001年2月

学前教育科学研究自学考试大纲

目　　录

第一部分　课程性质与设置的目的 …………………（344）

第二部分　课程内容与考核目标 ……………………（346）

绪论 ………………………………………………………（346）
　一、学习的目的和要求 ………………………………（346）
　二、课程内容 …………………………………………（346）
　　(一)学前教育科研方法的研究对象和内容
　　(二)学前教育科研方法的学科性质
　　(三)学习学前教育科研方法的意义
　　(四)学习学前教育科研方法的要求
　三、考核知识点 ………………………………………（347）
　四、考核要求 …………………………………………（347）

第一章　学前教育科学研究概述 ………………………（347）
　一、学习的目的和要求 ………………………………（347）
　二、课程内容 …………………………………………（348）
　第一节　学前教育科学研究的含义 …………………（348）
　第二节　学前教育科学研究的原则 …………………（348）
　第三节　学前教育科学研究的类型 …………………（349）
　第四节　学前教育科学研究的基本方法 ……………（350）
　第五节　学前教育科学研究的一般过程 ……………（350）

三、考核知识点 ……………………………………… (350)
　　四、考核要求 ………………………………………… (352)

第二章　科研课题的选择和确立 ……………………… (354)
　　一、学习的目的和要求 ……………………………… (354)
　　二、课程内容 ………………………………………… (355)
　　　第一节　科研课题概述 …………………………… (355)
　　　第二节　科研课题选择的原则和方法 …………… (355)
　　　第三节　科研课题的论证 ………………………… (356)
　　三、考核知识点 ……………………………………… (356)
　　四、考核要求 ………………………………………… (357)

第三章　学前教育科研活动的设计 …………………… (358)
　　一、学习的目的和要求 ……………………………… (358)
　　二、课程内容 ………………………………………… (359)
　　　第一节　建立研究假设 …………………………… (359)
　　　第二节　查阅研究文献 …………………………… (359)
　　　第三节　选取研究对象 …………………………… (360)
　　　第四节　制订研究计划 …………………………… (360)
　　三、考核知识点 ……………………………………… (361)
　　四、考核要求 ………………………………………… (362)

第四章　观察法 ………………………………………… (364)
　　一、学习的目的和要求 ……………………………… (364)
　　二、课程内容 ………………………………………… (364)
　　　第一节　观察法概述 ……………………………… (364)
　　　第二节　教育观察研究的设计 …………………… (365)
　　　第三节　学前教育观察研究的实施 ……………… (365)
　　三、考核知识点 ……………………………………… (366)
　　四、考核要求 ………………………………………… (367)

第五章 调查法 (369)
一、学习的目的和要求 (369)
二、课程内容 (369)
第一节 调查法概述 (369)
第二节 问卷调查法 (370)
第三节 访谈调查法 (371)
三、考核知识点 (372)
四、考核要求 (374)

第六章 测验法 (376)
一、学习的目的和要求 (376)
二、课程内容 (376)
第一节 教育测验概述 (376)
第二节 标准化测验 (377)
第三节 自编测验 (377)
三、考核知识点 (377)
四、考核要求 (379)

第七章 教育实验法 (380)
一、学习的目的和要求 (380)
二、课程内容 (380)
第一节 实验法概述 (380)
第二节 教育实验设计的内容和步骤 (381)
第三节 教育实验设计的基本模式 (381)
第四节 实验变量的分析和处理 (382)
第五节 教育实验的评价 (382)
三、考核知识点 (382)
四、考核要求 (384)

第八章 教育经验总结法和行动研究法 (386)
一、学习的目的和要求 (386)

二、课程内容 ……………………………………………… (386)
　第一节　教育经验总结法 …………………………… (386)
　第二节　行动研究法 ………………………………… (387)
三、考核知识点 …………………………………………… (388)
四、考核要求 ……………………………………………… (389)

第九章　个案法 …………………………………………… (390)
一、学习的目的和要求 …………………………………… (390)
二、课程内容 ……………………………………………… (390)
　第一节　个案法概述 ………………………………… (390)
　第二节　个案法的实施方式和手段 ………………… (390)
　第三节　个案研究的一般步骤 ……………………… (391)
三、考核知识点 …………………………………………… (391)
四、考核要求 ……………………………………………… (392)

第十章　研究资料的整理和分析 ………………………… (393)
一、学习的目的和要求 …………………………………… (393)
二、课程内容 ……………………………………………… (393)
　第一节　研究资料的整理和分析概述 ……………… (393)
　第二节　文字资料的整理和分析 …………………… (393)
　第三节　数据资料的整理和分析 …………………… (394)
三、考核知识点 …………………………………………… (394)
四、考核要求 ……………………………………………… (395)

第十一章　教育科研成果的表述和评价 ………………… (396)
一、学习的目的和要求 …………………………………… (396)
二、课程内容 ……………………………………………… (397)
　第一节　教育科研成果的表述 ……………………… (397)
　第二节　教育科研成果的评价 ……………………… (397)
三、考核知识点 …………………………………………… (398)
四、考核要求 ……………………………………………… (399)

第三部分 有关说明和实施要求 …………………………（401）

后　记 ………………………………………………（406）

第一部分 课程性质与设置目的

一、课程的性质和特点

《学前教育科学研究》课程是全国自学考试教育学类学前教育专业必考的专业课,是为培养和检验考生在学前教育科学研究方面的基本理论、基本知识和应用能力而设置的一门专业课程。

二、本课程的基本要求

学前教育科学研究是学前教育科学的一门重要的分支学科,它以马克思主义为指导,主要探讨学前教育科学研究活动过程的基本规律和活动的方式、方法,具有较强的应用性和操作性。在自学考试命题中应充分考虑本课程的性质和特点。

设置本课程的具体目的和要求是:使考生比较全面系统地掌握学前教育科学研究的基础理论、基本知识和研究活动的方式方法,认识学前教育科学研究活动的规律性,形成从事学前教育科学研究的基本能力,完善其作为学前教育工作者的知识和能力结构,以便毕业后在学前教育工作中进行具体的应用。

三、本课程与相关课程的关系

学习本课程应具备学前心理学、学前教育学基本知识及统计、测量方面的基本知识,因而本课程的选修课程应是《学前心理学》、

《学前教育学》、《学前卫生学》和《幼儿园活动设计》等,这些课程的内容研究可以为学前教育科学研究奠定理论和知识基础。本课程的重点是教材的第一至第八章,难点是科研设计和实验法,考生应加以重视。

第二部分 课程内容与考核目标

绪　　论

一、学习的目的和要求

通过本部分的学习,了解科学研究活动的性质,理解科学研究方法的含义和学前教育科学研究方法的学科性质和特点以及学前教育科研方法的研究对象,认识学习科研方法的重要意义。

本章的重点是科研方法的含义和学前教育科研方法的研究对象和学科特点。难点是对学前教育科研方法的学科性质的理解。

二、课程内容

(一)学前教育科研方法的研究对象和内容

学前教育科研方法的研究对象是学前教育科学研究活动的基本规律和程序、方式、方法上的规范。学科内容主要有:学前教育科学研究活动的性质、特点、类型、原则,学前教育科学研究过程中收集研究资料、整理和分析研究资料的具体方法,学前教育科研成果的表述和评价的方式和方法。

(二)学前教育科研方法的学科性质

学前教育科研方法是学前教育科学的一个有机组成部分,是学前教育的一个分支学科。

(三)学习学前教育科研方法的意义

学习意义:能完善学前教育工作者的专业知识结构,能提高学前教育工作者的科研能力,有利于提高学前教育实践活动的质量。

(四)学习学前教育科研方法的要求

要系统掌握学前教育科研方法必须:加强学习的理论和知识准备;理论联系实际,创造性地进行学习。

三、考核知识点

1. 学前教育科研方法的研究对象。
2. 学前教育科研方法的学科性质。
3. 学习学前教育科研方法的意义。
4. 学习学前教育科研方法的要求。

四、考核要求

(一)学前教育科研方法的研究对象
1. 识记:学前教育科研方法的研究对象。
2. 领会:学前教育科研方法的主要内容。
(二)学前教育科研方法的学科性质
领会:学前教育科研方法的学科性质和特点。
(三)学习学前教育科研方法的意义
领会:学习学前教育科研方法的意义。
(四)学习学前教育科研方法的要求
识记:学习学前教育科研方法的要求。

第一章 学前教育科学研究概述

一、学习的目的和要求

通过本章的学习,理解学前教育科学研究活动的性质和特点,明确学前教育科学研究的基本原则及其贯彻要求,熟悉学前教育科学研究的基本类型和主要方法,掌握学前教育科学研究活动的基本步骤。

本章的重点是学前教育科学研究的原则和基本类型。难点是对学前教育科研过程的理解。

二、课程内容

第一节 学前教育科学研究的含义

(一)科学研究及其特征

科学是人们对客观事物的本质及其运动变化的规律的理性的认识。科学研究是人们在科学理论的指导下,采用一定的方法,遵循一定的规范,发现新事物,获得新知识的社会活动。其主要特征是:继承性,创新性,规范性和系统性。

(二)学前教育科学研究及其特点

学前教育科学研究是研究者以科学的思想和理论为指导,运用科学的研究方法,对学前教育的现象和问题所进行的研究。其特点有:研究对象的主体性,研究内容的广泛性,研究背景的开放性。

第二节 学前教育科学研究的原则

(一)客观性原则

客观性原则的含义。理解研究活动中客观性与研究的理论导向、研究的假设之间的关系。贯彻客观性原则的要求。

(二)系统性原则

系统性原则的含义。理解科学研究活动中系统性和规范性、继承和创新的关系。在学前教育科学研究中贯彻系统性原则的要求。

(三)教育性原则

教育性原则的含义。在学前教育科学研究活动中贯彻教育性原则的要求。应妥善处理科研活动和学前教育活动的关系。

(四)伦理性原则

伦理性原则的含义。科研活动应该做到科学性和伦理性的统一。学前教育科研活动中伦理性原则的贯彻执行。

第三节 学前教育科学研究的类型

(一)基础研究、应用研究和开发研究

根据研究目的或目标不同,可将学前教育研究分为基础研究、应用研究和开发研究。基础研究的概念和范围。应用研究的概念和范围。开发研究的概念和范围。

(二)定性研究和定量研究

根据研究过程对性质和数量的侧重,可以将学前教育研究分为定性研究和定量研究。定性研究的概念。定性研究的方法论基础。定量研究的概念。定量研究的方法论基础。在学前教育研究过程中要做到定性研究和定量研究的统一。

(三)纵向研究和横向研究

根据研究时间的取向不同,可以将学前教育研究分为纵向研究和横向研究。纵向研究的概念。纵向研究的条件要求。纵向研究的优点和局限性。横向研究的概念。横向研究的条件要求。横向研究的优点和局限性。

(四)实验室研究和现场研究

根据研究的背景不同,可以将学前教育研究分为实验室研究和现场研究。实验室研究的概念。实验室研究的特点和实用范围。实验室研究的优点和局限性。现场研究的概念。现场研究的特点和使用范围。现场研究的优点和局限性。

(五)个案研究和成组研究

根据研究被试的多少,可以将学前教育研究分为个案研究和成组研究。个案研究的概念。个案研究的适用范围。个案研究的优点和局限性。成组研究的概念。成组研究的适用范围。成组研究的优点和局限性。

第四节　学前教育科学研究的基本方法

(一)学前教育科研方法发展述略

学前教育科研方法的发展经历了三个阶段:以自然观察和经验总结为主的阶段、研究方法多样化的阶段、研究方法综合化和系统化的阶段。

(二)学前教育科学研究的主要方法

第五节　学前教育科学研究的一般过程

(一)研究的准备阶段

学前教育科学研究的准备阶段:选择研究课题,进行研究设计,制定工作计划。

(二)研究的实施阶段

学前教育科学研究的实施阶段:收集研究资料,对研究资料进行整理和分析,形成研究结论。

(三)研究的总结阶段

学前教育科学研究的总结阶段:总结研究工作,评价研究工作。

三、考核知识点

第一节　学前教育科学研究的含义

(一)科学研究及其特征

1. 科学的概念:
(1)科学的定义;(2)科学认识与非科学认识的区别。
2. 科学研究的概念:
(1)科学研究的定义;(2)科学研究活动的特征。
(二)学前教育科学研究及其特点

1. 学前教育科学研究的含义。
2. 学前教育科学研究的特点。

第二节 学前教育科学研究的原则

(一)客观性原则
1. 客观性原则的含义。
2. 贯彻客观性原则的要求。
(二)系统性原则
1. 系统性原则的含义。
2. 贯彻系统性原则的要求。
(三)教育性原则
1. 教育性原则的含义。
2. 贯彻教育性原则的要求。
(四)伦理性原则
1. 伦理性原则的含义。
2. 贯彻伦理性原则的要求。

第三节 学前教育科学研究的类型

(一)基础研究和应用研究
1. 基础研究的含义。
2. 应用研究的含义。
(二)定性研究和定量研究
1. 定性研究。
(1)定性研究的定义;(2)定性研究的优点和局限。
2. 定量研究。
(1)定量研究的定义;(2)定量研究的优点和局限。
(三)纵向研究和横向研究
1. 纵向研究。
(1)纵向研究的定义;(2)纵向研究的优点和局限。
2. 横向研究。

(1)横向研究的定义;(2)横向研究的优点和局限。

(四)实验室研究和现场研究

1．实验室研究的优点和局限。

2．现场研究的优点和局限。

(五)个案研究和成组研究

1．个案研究的含义。

2．成组研究的含义。

(1)成组研究的含义;(2)大样本的含义;(3)小样本的含义。

第四节　学前教育科学研究的基本方法

(一)学前教育科研方法发展述略

学前教育科研方法发展的阶段划分及各自的时间界限。

(二)学前教育科学研究的主要方法

第五节　学前教育科学研究的一般过程

(一)研究的准备阶段

(二)研究的实施阶段

(三)研究的总结阶段

四、考核要求

第一节　学前教育科学研究的含义

(一)科学研究及其特征

1．识记:(1)科学的含义;(2)科学研究的含义。

2．领会:(1)科学认识和非科学认识的区别;(2)科学研究的特征。

(二)学前教育科学研究及其特点

1．识记:学前教育科学研究的含义。

2．领会:学前教育科学研究的特点。

第二节 学前教育科学研究的原则

(一)客观性原则

1．识记:客观性原则的含义。

2．应用:学前教育研究活动中贯彻客观性原则的要求。

(二)系统性原则

1．识记:系统性原则的含义。

2．领会:系统科学中的基本规律。

3．应用:学前教育科研活动中贯彻系统性原则的要求。

(三)教育性原则

1．识记:教育性原则的含义。

2．领会:学前教育科研活动和学前教育活动的关系。

3．应用:学前教育科研活动中贯彻教育性原则的要求。

(四)伦理性原则

1．识记:伦理性原则的含义。

2．领会:伦理性原则的现实意义。

3．应用:学前教育科研活动中贯彻伦理性原则的要求。

第三节 学前教育科学研究的类型

(一)基础研究、应用研究和开发研究

1．识记:(1)基础研究的含义;(2)应用研究的含义;(3)开发研究的含义。

2．领会:基础研究、应用研究和开发研究三者之间的关系。

(二)定性研究和定量研究

1．识记:(1)定性研究的含义;(2)定量研究的含义。

2．领会:定性研究和定量研究的关系。

(三)纵向研究和横向研究

1．识记:(1)纵向研究的含义;(2)横向研究的含义。

2．领会:(1)纵向研究的优缺点;(2)横向研究的优缺点。

(四)实验室研究和现场研究

1．识记：(1)实验室研究的含义；(2)现场研究的含义。

2．领会：(1)实验室研究的优缺点；(2)现场研究的优缺点。

(五)个案研究和成组研究

1．识记：(1)个案研究的含义；(2)成组研究的含义。

2．领会：(1)个案研究的优缺点；(2)成组研究的优缺点。

第四节 学前教育科学研究的基本方法

(一)学前教育科学研究方法发展述略

领会：(1)学前教育科研方法发展的基本线索；(2)学前教育科研方法发展的各个时期的主要特征。

(二)学前教育科学研究的主要方法

领会：学前教育科研方法的分类。

第五节 学前教育科学研究的一般过程

1．识记：学前教育研究活动的基本步骤。

2．领会：学前教育科学研究活动各环节之间的联系。

第二章 科研课题的选择和确立

一、学习的目的和要求

通过本章的学习，了解选择和确立科研课题的意义，理解学前教育科研课题的基本类型，掌握科研课题选择的原则和方法，学会对学前教育科研课题的分析和论证。

本章的重点是科研课题选择的原则和方法。难点是对研究方向、问题和科研课题之间关系的掌握。

二、课程内容

第一节 科研课题概述

(一)问题和科研课题

问题是人们在理论学习和工作实践中所遇到的疑难和矛盾,科研课题是科研活动要解决的问题。科研课题和研究问题的区别与联系。

(二)研究方向

研究方向的含义。确立研究方向的意义:有利于科研课题的选择,有利于研究过程的深入,有利于形成系统的研究。确立研究方向的依据有理论和现实的需要、研究者的兴趣、研究者的理论基础和研究经验。

(三)科研课题的类型

科研课题根据研究的目的可以分为理论性课题和应用性课题,根据研究的深度可以分为描述性课题、因果性课题和预测性课题。

(四)选择和确立科研课题的意义

在科研活动中科研课题的选择具有重要的意义:课题的选择和确立是科学研究的重要环节,决定具体研究工作的方向和内容,有助于研究者提高自己的专业素质和研究能力。

第二节 科研课题选择的原则和方法

(一)选择科研课题的基本原则

价值性原则的含义。价值性原则的贯彻要求。可行性原则的含义。可行性原则的贯彻要求。创新性原则的含义。创新性原则的贯彻要求。科学性原则的含义。科学性原则的贯彻要求。

(二)选择科研课题的方法

在学前教育科学研究中选择课题的主要方法有:从学前教育

实践中表现出的问题中筛选科研课题,从对专业理论的学习和思考中发现课题,在研究过程中发现新课题。

(三)选择科研课题的一般程序

初步选出研究课题,对初选课题进行初步的探索,将课题具体化,撰写课题论证报告。

第三节 科研课题的论证

(一)课题论证的意义

确认课题的研究价值,明确研究的工作目标;争取课题立项和经费资助的需要;充分展示研究者的科学态度和科研能力。

(二)课题论证的内容

课题论证的内容包括:研究问题的性质和类型;课题研究的目的和意义;与课题相关的国内外研究的现状;研究的可行性分析;课题研究的方式方法及成果形式,论证报告的规范性。

三、考核知识点

第一节 科研课题概述

(一)问题和科研课题

1. 问题的含义。

2. 科研课题的含义。

(二)研究方向

1. 研究方向的含义。

2. 确立研究方向的意义。

(三)科研课题的类型

1. 理论性课题和应用性课题。

2. 描述性课题、因果性课题和预测性课题。

(四)选择和确立科研课题的意义

第二节 科研课题选择的原则和方法

(一)选择科研课题的基本原则

1．价值性原则。

2．可行性原则。

3．创新性原则。

4．科学性原则。

(二)选择科研课题的方法

(三)选择科研课题的一般程序

第三节 科研课题的论证

(一)课题论证的意义

(二)课题论证的内容

四、考核要求

第一节 科研课题概述

(一)问题和科研课题

1．识记:(1)问题的含义;(2)科研课题的含义。

2．领会:问题与科研课题的联系与区别。

(二)研究方向

1．识记:研究方向的含义。

2．领会:确立研究方向的意义。

(三)科研课题的类型

1．识记:(1)理论性课题和应用性课题的含义;(2)描述性课题、因果性课题和预测性课题的含义。

2．领会:(1)理论性课题与应用性课题之间的联系与区别;(2)描述性课题、因果性课题和预测性课题三者之间的联系与区别。

(四)选择和确立科研课题的意义

识记:选择科研课题的一般步骤

第二节 科研课题选择的原则和方法

(一)选择科研课题的基本原则

1．识记:(1)价值性原则的含义;(2)可行性原则的含义;(3)创新性原则的含义;(4)科学性原则的含义。

2．领会:(1)贯彻价值性原则的要求;(2)贯彻可行性原则的要求;(3)贯彻创新性原则的要求;(4)贯彻科学性原则的要求。

(二)选择科研课题的方法

识记:选择课题的基本方法。

(三)选择科研课题的一般程序

1．识记:选择课题的基本步骤。

2．领会:课题选择中不同步骤之间的关系。

第三节 科研课题的论证

(一)课题论证的意义

1．识记:课题论证的含义。

2．领会:课题论证的意义。

(二)课题论证的内容

1．识记:课题论证的主要内容。

2．领会:课题论证的格式。

3．简单应用:会评述一份论证报告。

第三章 学前教育科研活动的设计

一、学习的目的和要求

通过本章的学习,明确研究活动设计的意义,熟悉研究活动设计中各方面工作的内容和方法,掌握针对具体的课题进行系统的研究活动设计的能力。

本章的重点是科研活动设计中各环节的内容和要求,难点是假设的建立和研究计划的形成。

二、课程内容

第一节 建立研究假设

(一)假设及其在研究中的作用

研究假设的概念。研究假设在研究中的作用。

(二)如何提出研究假设

在对问题的阐述中提出假设,从对文献资料的分析中形成假设,在对问题的初步探索中提出假设。

(三)研究假设的基本要求

假设必须有理论或事实的依据,假设应说明两个或两个以上变量之间的期望关系,假设必须是可以检验的,假设在陈述上应尽可能简洁明了。

第二节 查阅研究文献

(一)学前教育文献及其在研究中的作用

文献的概念。学前教育文献的概念。在研究活动中查阅研究文献有助于研究者选择研究课题和形成研究假设,有助于提高研究的水平,有助于提高研究者自身的研究能力。

(二)学前教育文献的种类

教育文献的种类可以根据不同的标准来划分。根据文献发表的形式不同可以将文献分为书籍、期刊和报纸、教育档案、电子文献等。

(三)学前教育文献检索的方法

教育文献检索的方法有:检索工具查找法和参考文献查找法。

(四)学前教育文献的阅读和记录

文献阅读的主要方法有:浏览、粗读、精读。文献记录的方法有标记和批语、摘录、撰写文献综述。

第三节 选取研究对象

(一)抽样及其在科研活动中的意义

研究总体的概念。抽样的概念。抽样在科学研究中的意义:解决总体研究难以进行的困难,节省研究资源、提高研究效率,提高研究结论的准确性。

(二)抽样的一般程序

规定研究总体,确定样本容量,抽取样本,判断并纠正抽样误差。

(三)抽样的基本方法

抽样方法可以分为随机抽样和非随机抽样。随机抽样的主要方法有:简单随机抽样、系统随机抽样、分层随机抽样和整群抽样;非随机抽样的主要方法有:随意抽样、判断抽样和定额抽样。

第四节 制订研究计划

(一)研究计划及其在研究活动中的作用

研究计划的含义。制定研究计划的作用:有助于进一步改进研究设计,能提高研究活动的一致性。

(二)研究计划的主要内容

研究计划的主要内容有:研究课题,课题研究目的和意义,课题研究内容,课题研究的方式和方法,课题研究的进度和人员分工,研究经费的概算及仪器设备的购置。

(三)制订研究计划应注意的问题

在制定研究计划时应注意的问题有:应反映研究活动的基本规范,应考虑具体的研究环境和条件,应做到严肃性与灵活性的统一。

三、考核知识点

第一节 建立研究假设

(一)假设及其在研究中的作用
1. 研究假设的含义。
2. 研究假设在科研活动中的作用。
(二)如何提出研究假设
(三)研究假设的基本要求

第二节 查阅研究文献

(一)学前教育文献及其在研究中的作用
1. 文献的含义。
2. 学前教育文献的含义。
3. 研究文献在科研活动中的作用。
(二)学前教育文献的种类
(三)学前教育文献检索的方法
1. 检索工具检索法。
2. 参考文献查找法。
(四)学前教育文献的阅读和记录
1. 文献阅读的方法:(1)浏览;(2)粗读;(3)精读。
2. 文献记录的方法:(1)标记和批语;(2)摘录;(3)撰写文献综述。
3. 撰写文献综述的要求。

第三节 选取研究对象

(一)抽样及其在科研活动中的意义
1. 抽样的含义。
2. 抽样在科研活动中的作用。

(二)抽样的一般程序

(三)抽样的基本方法

1．随机抽样的主要方法：

(1)简单随机抽样;(2)系统随机抽样;(3)分层随机抽样;(4)整群抽样。

2．非随机抽样的主要方法：

(1)随意抽样;(2)判断抽样;(3)定额抽样。

第四节　制订研究计划

(一)研究计划及其在研究活动中的作用

1．研究计划的含义。

2．研究计划在研究中的作用。

(二)研究计划的主要内容

(三)制订研究计划应注意的问题

四、考核要求

第一节　建立研究假设

(一)假设及其在研究中的作用

1．识记:研究假设的定义。

2．领会:研究假设在研究活动中的重要作用。

(二)如何提出研究假设

1．领会:提出研究假设的方法。

2．简单应用:学会为课题提出研究假设。

(三)研究假设的基本要求

1．领会:研究假设表述的基本要求。

2．简单应用:试分析一项学前教育研究活动的假设。

第二节 查阅研究文献

(一)学前教育文献及其在研究中的作用
1．识记:(1)文献的定义;(2)学前教育文献的定义。
2．领会:文献在研究中的作用。
(二)学前教育文献的种类
1．识记:学前教育文献的种类。
2．领会:各类文献的特点。
(三)学前教育文献检索的方法
1．识记:文献检索的方法。
2．领会:不同文献检索方法的特点。
(四)学前教育文献的阅读和记录
1．识记:(1)文献查阅的主要方法;(2)文献综述的含义。
2．领会:撰写文献综述的要求。

第三节 选取研究对象

(一)抽样及其在科研活动中的意义
1．识记:(1)研究总体的含义;(2)样本的含义;(3)抽样的含义。
2．领会:抽样在研究活动中的作用。
(二)抽样的一般程序
识记:实施抽样的基本步骤。
(三)抽样的基本方法
1．识记:(1)随机性原则的含义;(2)随机抽样的主要方法;(3)非随机抽样的主要方法。
2．领会:各种抽样方法的优缺点。
3．应用:会按某项研究的要求抽取合适的研究对象。

第四节 制订研究计划

(一)研究计划及其在研究活动中的作用

1. 识记:研究计划的定义。
2. 领会:制订研究计划在研究活动中的作用。
(二)研究计划的主要内容
领会:(1)研究计划中的各项内容;(2)研究计划的整体性。
(三)制订研究计划应注意的问题
1. 领会:制定研究计划的基本要求。
2. 简单应用:试评价一份研究计划。
3. 综合应用:初步学会为具体的课题制定研究计划。

第四章 观察法

一、学习的目的和要求

通过本章的学习,明确观察法的概念、特点和种类,理解观察法在学前教育科研中的作用以及观察法的优点和局限性,掌握观察法的设计和实施的基本要求,熟悉观察记录工具的编制方法,学会进行学前教育的现场观察研究。

本章的重点是观察法的一般原理和观察法的设计与实施,难点是观察记录工具的设计。

二、课程内容

第一节 观察法概述

(一)观察法的含义和特点

观察法的概念。科研观察与日常观察的联系和区别。观察法的特点:自然性和直接性。

(二)观察法的作用与局限性

观察法的作用:有助于研究者选择和确立研究课题;有助于研究者形成研究假设;可深入考察教育现象,探索教育活动的规律。观察法的局限性表现在:观察活动的范围有限;运用自然观察法时易受观察者和被观察者之间的相互影响;观察资料的质量受制于观察者的素质。

(三)观察法的类型

根据观察的场所不同可以将观察法分为实验观察法和自然观察法,根据观察时是否借助仪器设备可将观察法分为直接观察法和间接观察法,根据观察时观察者是否参与被观察者的活动可将观察法分为参与性观察法和非参与性观察法,根据对观察过程的控制程度不同可将观察法分为有结构观察法和无结构观察法,根据对观察行为的取样方式不同可将观察法分为时间取样观察法和事件取样观察法。

第二节 教育观察研究的设计

(一)观察内容的确定

给观察内容下操作性定义的具体要求:准确地反映观察研究的内容,对研究对象的描述具体明确。

(二)观测指标的设计

观测指标的三种类型:定类指标、定序指标、定比指标。影响观察指标设计的因素:课题研究的目的和研究的类型、观察内容的性质和特点、研究活动在统计方法上的要求。

(三)观察方法的选择

选择观察方法时应考虑:观察的目的,研究对象活动的特点,观察者具备的观察条件。

(四)观察记录方法的选择和设计

观察记录的方法有:描述记录法、仪器记录法、表格记录法。

第三节 学前教育观察研究的实施

(一)观察的准备

观察的准备工作有:做好观察的计划,培训观察人员,获准进入观察现场。

(二)实施现场观察

现场观察时应注意的问题:按计划进行观察,选择最佳观察方位,并合理地使用仪器,边观察边思考,防止主观偏见,合理地处理突发事件。

(三)观察资料的整理和分析

(四)形成研究结论,撰写观察报告

三、考核知识点

第一节 观察法概述

(一)观察法的含义和特点

1．观察法的含义:

(1)广义的观察法的定义;(2)狭义的观察法的定义;(3)科研观察和日常观察的区别。

2．观察法的特点:

(1)观察法是一种自然的研究方法;(2)观察法是一种直接的研究方法。

(二)观察法的作用与局限性

1．观察法的作用。

2．观察法的局限性。

(三)观察法的类型

1．自然观察法和实验观察法:

(1)这两种观察法的含义、特点;(2)这两种观察法的比较。

2．直接观察法和间接观察法:

(1)这两种观察法的含义、特点;(2)这两种观察法的比较。

3．参与性观察法和非参与性观察法:

(1)这两种观察法的含义、特点;(2)这两种观察法的比较。

4．有结构观察法和无结构观察法：
(1)这两种观察法的含义、特点；(2)这两种观察法的比较。
5．时间取样观察法和事件取样观察法：
(1)这两种观察法的含义和特点；(2)这两种观察法的比较。

第二节 教育观察研究的设计

(一)观察内容的确定
1．观察内容的具体化。
2．观察内容的操作化：
(1)操作性定义的含义；(2)设计操作性的要求。
(二)观测指标的设计
1．观测指标的主要类型。
2．设计观测指标应考虑的因素。
(三)观察方法的选择
(四)观察记录方法的选择和设计
1．观察记录方法的主要类型：
(1)描述记录法；(2)仪器记录法；(3)表格记录法。
2．各类观察记录方法的设计和使用要求。

第三节 学前教育观察研究的实施

(一)观察的准备
(二)实施现场观察
(三)观察资料的整理和分析
(四)形成研究结论，撰写观察报告

四、考核要求

第一节 观察法概述

(一)观察法的含义和特点

1．识记：观察法的定义。
2．领会：(1)观察法的特点；(2)观察法的优点和局限性。
(二)观察法的作用与局限性
领会：(1)观察法的作用；(2)观察法在学前教育研究中的局限性。
(三)观察法的类型
1．识记：(1)自然观察法的含义；(2)实验观察法的含义；(3)有结构观察法的含义；(4)参与性观察法的含义；(5)时间取样观察法的含义；(6)事件取样观察法的含义。
2．领会：(1)各类观察法的优缺点；(2)各类观察法的比较。

第二节　教育观察研究的设计

(一)观察内容的确定
1．识记：操作性定义的含义。
2．领会：(1)观察内容具体化的要求；(2)观察内容操作化的要求。
(二)观测指标的设计
1．识记：观测指标的主要类型。
2．领会：设计观测指标应注意的问题。
(三)观察方法的选择
领会：观察方法选择应考虑的因素。
(四)观察记录方法的选择和设计
1．识记：(1)观察记录的基本方法；(2)描述记录方法的种类；(3)观察记录表格的主要形式。
2．领会：(1)使用仪器记录法时应注意的问题；(2)制定观察记录表格时应注意的问题。
3．综合应用：会设计一个学前教育的观察研究活动。

第三节　学前教育观察研究的实施

(一)观察的准备

1．识记:观察准备工作的主要内容。
2．领会:获准进入观察现场时应做好的工作。
(二)实施现场观察
1．领会:学前教育现场观察应注意处理的问题。
2．应用:试就自己完成的观察研究设计进行一次学前教育的现场观察。
(三)观察资料的整理和分析
1．领会:观察资料整理和分析的基本要求。
2．应用:会对在现场观察中收集的资料进行整理和分析。
(四)形成研究结论,撰写观察报告
应用:学会写观察研究报告。

第五章 调查法

一、学习的目的和要求

通过本章的学习,领会教育调查法的含义、特点、类型、优点和局限性,了解教育调查法的实施过程,掌握问卷调查和访谈调查的基本原理、研究技术和实施规范。
本章的重点是调查法的基本理论,难点是问卷和访谈问题的设计。

二、课程内容

第一节 调查法概述

(一)调查法含义和特点
调查法的概念。调查法的特点:间接性,微观与宏观相结合,研究手段的灵活多样。

(二)调查法的类型

根据收集资料的手段不同可分为问卷调查、访谈调查和调查表调查。根据调查范围的大小可分为个案调查、典型调查、抽样调查和全面调查。根据调查内容的复杂程度可分为综合调查和专题调查。

(三)学前教育调查研究的一般过程

确定调查的目的与内容,选择调查手段,编制或选用调查的工具,选取调查对象,制定调查计划,收集、整理和分析调查资料,撰写调查报告。

(四)调查法的优点和局限

调查法的优点有:应用范围广泛,所获资料丰富、全面,结论的可靠性强,研究过程经济简便。调查法的局限有:无法主动地对研究过程进行操作,依赖于研究对象的合作。

第二节 问卷调查法

(一)问卷调查法的含义和特点

问卷的含义。问卷调查法的含义。问卷调查法的优点:方便实用,调查的效率高,具有匿名性,能获取多种形式的研究资料。问卷调查的局限性:对研究对象的阅读能力和表达水平有较高的要求。

(二)问卷的类型

根据问卷是否控制问题回答的形式可将问卷分为封闭性问卷、开放性问卷和综合性问卷。封闭性问卷的含义、特点和问题形式。开放性问卷的含义、特点和问题形式。根据发放方式不同可分为邮寄问卷和送发问卷。

(三)问卷的设计

1. 问卷的结构:题目、前言和指导语、问题、供选择的答案和结束语。

2. 问题的类型:事实性问题,态度性问题。

3．问题表述的要求

4．问题回答的形式:(1)设计问题答案的要求;(2)问题答案的基本形式及设计方法。

5．问题排列的顺序

(四)问卷的回收率和有效率

1．问卷回收率的含义

2．影响问卷回收率的因素

3．问卷有效率的含义

4．影响问卷有效率的因素

第三节 访谈调查法

(一)访谈调查法的含义和特点

访谈的概念。访谈调查法过程灵活深入,能获得直接可靠的资料,有利于研究者发挥主动性。访谈调查和问卷调查的比较。

(二)访谈调查的主要类型

根据对访谈过程的控制程度可将访谈分为结构性访谈和非结构性访谈。根据访谈者和被访谈者之间的关系可将访谈分为直接访谈和间接访谈。根据访谈对象的多少可将访谈分为个别访谈和集体访谈。

(三)访谈问题的设计

访谈问题的形式:封闭性问题和开放性问题。问题设计的基本要求。提问的顺序。

(四)访谈过程的一般步骤

访谈一般按以下步骤进行:访谈准备,预备性访谈,正式提问。访谈准备的内容。预备性访谈的任务。正式提问的具体要求。

三、考核知识点

第一节　调查法概述

(一)调查法的含义和特点

1．调查法的含义：

(1)调查法的定义；(2)调查法的两个过程。

2．调查法的特点。

(二)调查法的类型

1．根据调查手段不同而划分：

(1)问卷调查；(2)访谈调查；(3)调查表调查。

2．根据调查对象的范围不同来分：

(1)普遍调查；(2)抽样调查；(3)典型调查；(4)个案调查。

3．根据内容的复杂程度来分：

(1)综合调查；(2)专题调查。

(三)学前教育调查研究的一般过程

1．调查研究的基本步骤。

2．调查计划的基本内容。

(四)调查法的优点和局限

1．调查法的优点。

2．调查法的局限。

第二节　问卷调查法

(一)问卷调查法的含义和特点

1．问卷的含义。

2．问卷调查法的含义。

3．问卷调查法的优点。

4．问卷调查法的局限性。

(二)问卷的类型

1.封闭性问卷、开放性问卷和综合性问卷:
(1)这三种问卷的定义;(2)封闭性问卷和开放性问卷的比较。
2.送发问卷和邮寄问卷:
(1)这两种问卷的定义;(2)这两种问卷的比较。
(三)问卷的设计
1.问卷的结构:
(1)调查问卷的基本组成部分;(2)各部分之间的关系。
2.问题的编制:
(1)问题的类型;(2)问题表述的要求;(3)问题答案的设计;(4)问题的编排。
(四)问卷的回收率和有效率
1.问卷的回收率:
(1)问卷回收率的含义;(2)影响问卷回收率的因素。
2.问卷的有效率:
(1)问卷有效率的含义;(2)影响问卷有效率的因素。

第三节 访谈调查法

(一)访谈调查法的含义和特点
1.访谈调查法的含义:
(1)访谈调查法的定义;(2)访谈调查法和问卷调查法的比较。
2.访谈调查法的特点:
(1)访谈调查法的优点;(2)访谈调查法的局限性。
(二)访谈调查的主要类型
(1)结构性访谈的含义;(2)非结构性访谈的含义;(3)结构性访谈和非结构性访谈的比较;(4)直接访谈和间接访谈优缺点的比较;(5)个别访谈的优缺点;(6)集体访谈应注意的问题。
(三)访谈问题的设计
1.访谈问题的类型:
(1)封闭性问题;(2)开放性问题。
2.访谈问题表述的要求。

3.访谈问题编排的顺序。

(四)访谈过程的一般步骤

1.访谈准备工作的内容。

2.预备性谈话的任务。

3.正式提问的要求。

四、考核要求

第一节 调查法概述

(一)调查法的含义和特点

1.识记:调查法的含义。

2.领会:调查法的特点。

(二)调查法的类型

1.识记:(1)普遍调查的定义;(2)抽样调查的定义;(3)典型调查的定义;(4)个案调查的定义;(5)综合调查的含义;(6)专题调查的含义。

2.领会:(1)各种调查的使用条件;(2)各种调查的优缺点。

(三)学前教育调查研究的一般过程

1.识记:调查法的基本步骤。

2.领会:调查法各步骤之间的联系。

(四)调查法的优点和局限性

领会:(1)调查法的优点;(2)调查法的局限性。

第二节 问卷调查法

(一)问卷调查法的含义和特点

1.识记:(1)问卷的含义;(2)问卷调查法的含义。

2.领会:问卷调查法的优缺点。

(二)问卷的类型

1.识记:(1)封闭性问卷的含义;(2)开放性问卷的含义。

2．领会:(1)封闭性问卷的优缺点;(2)开放性问卷的优缺点;(3)送发问卷的优缺点;(4)邮寄问卷的优缺点。

(三)问卷的设计

1．识记:问卷的结构。

2．领会:(1)问题设计的要求;(2)问题回答的形式;(3)问题编排的顺序。

3．综合应用:学会设计学前教育调查的问卷。

(四)问卷的回收率和有效率

1．识记:(1)问卷的回收率的定义;(2)问卷的有效率的定义。

2．领会:(1)影响问卷回收率的因素;(2)影响问卷有效率的因素。

第三节　访谈调查法

(一)访谈调查法的含义和特点

1．识记:访谈调查法的定义。

2．领会:(1)访谈调查法的优缺点;(2)访谈调查法和问卷调查法的区别。

(二)访谈调查的主要类型

1．识记:(1)结构性访谈的含义;(2)非结构性访谈的含义。

2．领会:(1)结构性访谈和非结构性访谈的比较;(2)直接访谈和间接访谈的比较;(3)集体访谈应注意的问题。

(三)访谈问题的设计

1．识记:(1)封闭性问题的含义;(2)开放性问题的含义。

2．领会:(1)访谈问题表述的要求;(2)访谈编排的顺序。

3．综合应用:为具体的访谈调查设计访谈问题。

(四)访谈过程的一般步骤

1．识记:访谈调查的一般步骤。

2．领会:(1)访谈准备的内容;(2)预备性谈话的任务;(3)正式提问的要求。

第六章 测验法

一、学习的目的和要求

通过本章的学习,了解教育测验的概念、特点和类型以及常见的标准化测量工具,掌握标准化测验的方法和要求与自编测验的工具编制及使用的方法和要求。

本章的重点是教育测验的基本理论和自编测验的编制,难点是自编测验的编制。

二、课程内容

第一节 教育测验概述

(一)测验法的含义和特点

测验法的概念。测验的基本要素:参照点、测量单位、测量规则。教育测验的特点。测验法和观察法、问卷调查法的比较。

(二)教育测验的主要类型

根据测验工具的编制者不同可将测验分为标准化测验和自编测验。根据测验对象的数量可将测验分为个别测验和团体测验。根据测验的方式可将测验分为纸笔测验和操作测验。根据测验的参照点不同可将测验分为常模参照测验和目标参照测验。根据测验的内容不同可将测验分为智力测验、成绩测验、能力倾向测验和个性人格测验。

(三)测验法在学前教育科学研究中的作用

为建立和检验研究假设提供材料和依据,选择和鉴定被试,能对研究尤其是实验研究中被试的身心变化进行测定和评价。

(四)测验法的优点和局限

第二节 标准化测验

(一)标准化测验的含义
标准化测验的概念。标准化测验的特点:试题编制的标准化,测试方法的标准化,评分计分的标准化,分数解释的标准化。
(二)标准化测验的实施
1．标准化测验的基本步骤。
2．量表选择的依据。
3．测验准备工作的内容。
4．实施测验时应注意的问题。
(三)我国常用的学前儿童标准化测验工具简介
中国比内测验、韦克斯勒幼儿智力量表、瑞文标准智力测验、画人测验、中国儿童发展量表。

第三节 自编测验

(一)自编测验的含义和特点
自编测验的概念。自编测验的优缺点。
(二)自编测验工具的编制
测验编制的基本步骤:确定测验的目的,分析测试内容、确定测验项目,编选测试题目、设计、测试方法,编排试题、鉴定测验。
(三)自编测验的应用

三、考核知识点

第一节 教育测验概述

(一)测验法的含义和特点
1．测验法的含义。
2．测验法的基本要素。

3.测验法的特点。

4.测验法和观察法、问卷调查法的比较。

(二)教育测验的主要类型

1.标准化测验和自编测验。

2.个别测验和团体测验。

3.纸笔测验和操作测验。

4.常模参照测验和目标参照测验:

(1)常模参照测验的定义;(2)常模的含义;(3)目标参照测验的含义。

5.智力测验、成绩测验、能力倾向测验和个性人格测验。

(三)测验法在学前教育科学研究中的作用

(四)测验法的优点和局限

第二节 标准化测验

(一)标准化测验的含义

(二)标准化测验的实施

1.实施标准化测验的基本步骤。

2.量表选择应考虑的问题。

3.测验准备工作的内容。

(三)我国常用的学前儿童标准化测验工具简介

第三节 自编测验

(一)自编测验的含义和特点

1.自编测验的定义。

2.自编测验的优点。

3.自编测验的局限性。

(二)自编测验工具的编制

1.自编测验工具编制的步骤。

2.测验题目编订的基本要求。

(三)自编测验的应用

四、考核要求

第一节 教育测验概述

(一)测验法的含义和特点
1. 识记:(1)测验法的概念;(2)测验法的基本要素。
2. 领会:(1)测验法的特点;(2)测验法和观察法的关系;(3)测验法和问卷调查法的关系。
(二)测验法的主要类型
1. 识记:常模的定义。
2. 领会:各种各样类型测验的含义、特点和比较。
(三)测验法在学前教育研究中的作用
领会:测验法在学前教育科学研究中的作用。
(四)测验法的优点和局限
领会:(1)测验法的优点;(2)测验法的局限。

第二节 标准化测验

(一)标准化测验的含义
1. 识记:(1)标准化测验的概念;(2)量表的概念。
2. 领会:标准化测验的特点。
(二)标准化测验的实施
1. 识记:标准化测验的基本步骤。
2. 领会:(1)选择测验工具应注意的问题;(2)标准化测验准备工作的内容;(3)标准化测验应注意的问题。
3. 简单应用:能按要求进行标准化测验。
(三)我国常用的学前儿童标准化测验工具简介
领会:几种常用标准化测验工具的特点及其使用范围。

第三节 自编测验

(一)自编测验的含义和特点

1. 识记:自编测验的概念。
2. 领会:(1)自编测验的优点;(2)自编测验的缺点。

(二)自编测验工具的编制

1. 领会:(1)自编测验工具编制的方法和步骤;(2)测验题目编订的要求。
2. 应用:学会编制简单的测验试题。

(三)自编测验的应用

1. 领会:应用自编测验时应注意的问题。
2. 应用:运用自编的测验工具进行学前教育测验。

第七章 教育实验法

一、学习的目的和要求

通过本章的学习,了解教育实验法的含义、特点和类型,熟悉教育实验设计的过程,掌握教育实验设计的基本模式和教育实验变量处理的原则与方法,认识教育实验法的优点和局限性。

本章的重点和难点是教育实验过程的一般原理与设计技术,特别是教育实验变量的处理。

二、课程内容

第一节 实验法概述

(一)教育实验法的含义和教育结构

实验法的概念。教育实验法的概念。教育实验基本要素:自变量、因变量和无关变量。

(二)教育实验法的主要类型

根据实验的场所不同可将实验分为现场实验和实验室实验。根据实验过程中对无关变量控制的程度可将实验分为前实验、准实验和真实验。根据实验研究的目的不同可将实验分为探索性实验和验证性实验。根据实验中自变量的多少可将实验分为单因素实验和多因素实验。

(三)教育实验研究的一般程序

教育实验的准备,教育实验的实施,教育实验的总结和评价。

(四)教育实验法的优点和局限

教育实验的优点。教育实验的局限。

第二节 教育实验设计的内容和步骤

(一)教育实验设计的主要内容

1. 教育实验设计的含义。
2. 教育实验设计的主要内容。

(二)教育实验设计的一般步骤

1. 明确研究的问题,提出研究假设。
2. 分析和确定实验变量。
3. 设计各种变量的处理方法。
4. 选择实验模式。
5. 形成实验计划。

第三节 教育实验设计的基本模式

(一)前实验设计

单组后测设计,单组前后测设计,固定组比较设计。

(二)准实验设计

不等控制组前后测设计,单组时间系列设计,对比组时间系列设计。

(三)真实验设计

随机分配等组后测设计,随机分配等组前后测设计。

第四节 实验变量的分析和处理

(一)自变量的选定与操纵

1．确定自变量的方法和应注意的问题。

2．自变量操纵的方法和应注意的问题。

(二)因变量的确定与观测

1．因变量确定的方法。

2．因变量分解应注意的问题。

(三)无关变量的分析与控制

1．无关变量的种类。

2．无关变量的控制方法。

第五节 教育实验的评价

(一)教育实验计划的评价

教育实验计划评价的内容与方法

(二)教育实验过程和结果的评价

1．教育实验的内在效度：

(1)内在效度的含义；(2)影响教育实验内在效度的因素。

2．教育实验的外在效度：

(1)外在效度的含义；(2)外在效度的种类；(3)影响外在效度的因素。

三、考核知识点

第一节 实验法概述

(一)教育实验法的含义和教育结构

1．实验法的概念。

2. 教育实验法的概念。

3. 教育实验的结构。

(二)教育实验法的主要类型

1. 现场实验和实验室实验。

2. 前实验、准实验和真实验。

3. 探索性实验和验证性实验。

4. 单因素实验和多因素实验。

(三)教育实验研究的一般程序

1. 教育实验的准备。

2. 教育实验的实施。

3. 教育实验的总结和评价。

(四)教育实验法的优点和局限

1. 教育实验法的优点。

2. 教育实验法的局限。

第二节 教育实验设计的内容和步骤

(一)教育实验设计的主要内容

1. 教育实验设计的含义。

2. 教育实验设计的主要内容。

(二)教育实验设计的一般步骤

第三节 教育实验设计的基本模式

(一)前实验设计

1. 单组后测设计。

2. 单组前后测设计。

3. 固定组比较设计。

(二)准实验设计

1. 不等控制组后测设计。

2. 单组时间系列设计。

3. 对比组时间系列设计。

(三)真实验设计

1．随机分配等组后测设计。

2．随机分配等组前后测设计。

第四节　实验变量的分析和处理

(一)自变量的选定与操纵

1．自变量的选择。

2．自变量的操纵方法。

(二)因变量的确定与观测

1．因变量的确定。

2．因变量的观测。

(三)无关变量的分析与控制

1．无关变量的种类。

2．无关变量的控制方法。

第五节　教育实验的评价

(一)教育实验计划的评价

(二)教育实验过程和结果的评价

1．教育实验的内在效度。

2．影响内在效度的因素。

3．教育实验的外在效度。

4．影响教育实验外在效度的因素。

四、考核要求

第一节　教育实验概述

(一)实验法的含义和教育结构

1．识记:(1)实验法的含义;(2)教育实验法的含义;(3)实验法的基本要素;(4)自变量、因变量和无关变量的定义。

2．领会:实验法的特点。

(二)教育实验法的主要类型

1．识记:(1)前实验的含义;(2)准实验的含义;(3)真实验的含义。

2．领会:各种类型实验的特点和比较。

(三)教育实验研究的一般程序

1．识记:教育实验研究的基本步骤。

2．领会:实验研究各步骤之间的关系。

(四)教育实验法的优点和局限

领会:(1)教育实验法的优点;(2)教育实验法的局限。

第二节 教育实验设计的内容和步骤

(一)教育实验设计的主要内容

1．识记:教育实验设计的含义。

2．领会:教育实验设计的主要内容。

(二)教育实验设计的一般步骤

1．领会:实验设计的基本步骤及其相互之间的关系。

2．综合应用:会对学前教育的实验方案进行评析。

第三节 教育实验设计的基本模式

1．识记:(1)实验设计的常用符号;(2)各种基本的实验设计模式。

2．领会:各种实验设计模式的设计思路、操作方法和适用条件。

第四节 实验变量的分析和处理

1．识记:实验变量的种类。

2．领会:(1)自变量确立的依据;(2)自变量操作的方法;(3)因变量观测的要求;(4)无关变量分析;(5)无关变量的控制方法。

3．综合应用:学会设计较简单的学前教育实验研究方案。

第五节 教育实验的评价

(一)教育实验计划的评价

领会:(1)教育实验计划评价的内容;(2)教育实验计划评价的方法。

(二)教育实验过程和结果的评价

1. 识记:(1)内在效度的含义;(2)外在效度的含义;(3)总体效度的含义;(4)生态效度的含义。

2. 领会:(1)影响实验内在效度的因素;(2)影响实验外在效度的因素。

第八章 教育经验总结法和行动研究法

一、学习的目的和要求

通过本章的学习,了解教育经验总结法和行动研究法的含义和特点,理解教育经验总结法和行动研究法在学前教育研究中的重要功能及其局限性,掌握经验总结和行动研究的步骤和方法。

本章的重点内容是经验总结法和行动研究法的含义、特点和步骤。难点是教育经验的选择和行动研究的步骤。

二、课程内容

第一节 教育经验总结法

(一)教育经验总结法的含义

经验的概念。教育经验的概念。教育经验总结法的概念。教育经验的描述性总结和解释性总结。

(二)教育经验总结法的特点

教育经验总结法具有研究对象的生动性、研究方式的回溯性、研究方法的综合性、研究结论的具体性等特点。

(三)教育经验总结法的功能及其局限

1. 教育经验总结法的功能:能形成对教育实践具有直接指导作用的教育理论;能有效提高教育实践工作者的专业素质;有助于研究者形成和确立研究方向;有助于教育理论发展和教育实践改革的紧密结合。

2. 教育经验总结法的局限性:结论的精确性程度不高;理论的概括性水平较低。

(四)教育经验总结法的一般步骤

发现经验,确定经验总结的课题;查阅文献资料;制订经验总结计划;搜集和整理有关经验的事实材料;对资料进行分析和综合,形成研究结论;对教育经验总结形成的结论进行论证。

(五)教育经验总结应注意的问题

总结对象应正确区分现象与本质;经验要以实践为基础、以事实为依据,坚持实事求是的态度;应综合地运用各种研究方法与手段进行,要定性和定量相结合。

第二节 行动研究法

(一)行动研究法的含义和特点

1. 行动研究法的含义。

2. 行动研究法的特点。

(二)行动研究法的层次

(三)行动研究法的一般步骤和结构框架

1. 行动研究法的一般步骤。

2. 行动研究法的结构框架。

(四)运用行动研究法应注意的问题

(五)行动研究法的评价

(六)行动研究法和经验总结法的比较

三、考核知识点

第一节 教育经验总结法

(一)教育经验总结法的含义
1. 经验的概念。
2. 教育经验的概念。
3. 教育经验总结法的概念。
(二)教育经验总结法的特点
(三)教育经验总结法的功能及其局限
1. 教育经验总结法的功能。
2. 教育经验总结法的局限。
(四)教育经验总结法的一般步骤
(五)教育经验总结应注意的问题

第二节 行动研究法

(一)行动研究法的含义和特点
1. 行动研究法的含义。
2. 行动研究法的特点。
(二)行动研究法的层次
1. 教师个人单独进行的行动研究。
2. 由教育机构组织的研究小组进行的行动研究。
3. 由专家、教师、行政人员组成的研究集体进行的行动研究。
(三)行动研究法的一般步骤和结构框架
(四)运用行动研究法应注意的问题

四、考核要求

第一节　教育经验总结法

(一)教育经验总结法的含义和特点

识记:(1)经验的定义;(2)教育经验的定义;(3)教育经验总结法的定义。

(二)教育经验总结法的特点

领会:教育经验总结法的特点。

(三)教育经验总结法的功能及其局限性

领会:(1)教育经验总结法的功能;(2)教育经验总结法的局限性。

(四)教育经验总结法的一般步骤

识记:教育经验总结法的一般步骤。

(五)教育经验总结应注意的问题

领会:教育经验总结应注意的问题。

第二节　行动研究法

(一)行动研究法的含义和特点

1. 识记:行动研究法的含义。
2. 领会:行动研究法的特点。

(二)行动研究法的层次

1. 识记:行动研究法的三个层次。
2. 领会:行动研究法各层次的优缺点。

(三)行动研究法的一般步骤和结构框架

1. 识记:行动研究法的一般步骤。
2. 领会:行动研究法的结构框架。
3. 试设计一个学前教育行动研究的计划。

(四)运用行动研究法应注意的问题

1. 领会:运用行动研究法应注意的问题。
2. 综合应用:学会设计和分析学前教育行动研究计划。

第九章 个案法

一、学习的目的和要求

通过本章的学习,了解个案法的含义和特点,理解个案法在学前教育科学研究中的优点和局限性,掌握学前教育个案研究的主要方式和收集资料的基本方法,学会制定个案研究计划。

本章的重点内容是个案法的含义和特点、个案研究的方式和方法以及个案研究的基本步骤。难点是个案研究计划的制定。

二、课程内容

第一节 个案法概述

(一)个案法的含义

个案的概念。个案法的概念。

(二)个案法的特点

个案法具有研究对象的独特性、研究内容的广泛性和研究手段的多样性等特点。其优点是长于研究学前教育活动中带有差异性的问题,研究过程较深入;其局限性在于研究结论不能直接推广,所需研究时间较长,且需要多方面的合作。

(三)个案法在学前教育科研中的作用

第二节 个案法的实施方式和手段

(一)个案法的实施方式

根据研究的目的和内容不同,可以将个案研究分为三种方式,即:个案追踪研究、个案追因研究和个案临床研究。

(二)个案法常用的研究手段

个案法常用的研究手段有观察、访谈、测验和产品分析。

第三节 个案研究的一般步骤

个案研究的一般步骤是:选定个案研究对象,制订研究计划,收集和分析研究资料,形成研究结论和撰写研究报告。

三、考核知识点

第一节 个案法概述

(一)个案法的含义

1. 个案的概念。
2. 个案法的概念。

(二)个案法的特点

1. 个案法的特点。
2. 个案法的优点。
3. 个案法的局限性。

第二节 个案法的实施方式和手段

(一)个案法的实施方式
(二)个案法常用的研究手段

第三节 个案研究的一般步骤

(一)选定个案研究对象
(二)制订研究计划
(三)收集和分析研究资料
(四)形成研究结论和撰写研究报告

四、考核要求

第一节 个案法概述

(一)个案法的含义
识记:(1)个案的定义;(2)个案法的定义。
(二)个案法的特点
领会:(1)个案法的特点;(2)个案法的优点和局限性。

第二节 个案法的实施方式和手段

(一)个案法的实施方式
1. 识记:个案法的三种实施方式。
2. 领会:个案法三种实施方式的不同应用范围。
(二)个案法常用的研究手段
1. 识记:个案法常用的研究手段。
2. 领会:学前教育个案研究中不同研究手段收集的资料的性质不同。

第三节 个案研究的一般步骤

1. 识记:学前教育个案研究的一般步骤。
2. 领会:学前教育个案研究各步骤的基本要求。
3. 综合应用:学会制定学前教育个案研究计划。

第十章 研究资料的整理和分析

一、学习的目的和要求

通过本章的学习,理解对学前教育研究资料整理和分析的意义和要求,熟悉数据资料和文字资料整理和分析的内容和方法,掌握整理和分析研究资料的技能。

本章的重点是文字资料和数据资料整理与分析的内容及方法。难点是数据资料的描述和分析。

二、课程内容

第一节 研究资料的整理和分析概述

1. 资料整理的含义。
2. 资料分析的含义。
3. 资料整理和分析的意义:有利于研究者更好地把握研究的方向,有利于形成研究结论。
4. 研究资料整理和分析应注意的问题:研究资料的整理应具有及时性、客观性和逻辑性。

第二节 文字资料的整理和分析

(一)文字资料的整理
1. 文字资料的含义。
2. 文字资料整理的工作程序和主要内容:审查补充,分类归纳,摘要和编整加注。

(二)文字资料的分析

1．文字资料分析的主要特点。

2．文字资料分析的主要方法：比较和分类，分析和综合，归纳和演绎。

第三节　数据资料的整理和分析

(一)数据资料的初步整理

1．数据资料的含义。

2．数据资料整理的步骤和内容。

3．数据资料呈现的形式和方法。

(二)数据资料特征的描述

1．集中量数：(1)算术平均数；(2)加权平均数；(3)中数和众数。

2．差异量数：(1)离差；(2)方差和标准差。

3．相关系数：(1)积差相关；(2)等级相关。

三、考核知识点

第一节　研究资料的整理和分析概述

1．研究资料整理的含义。

2．研究资料分析的含义。

3．研究资料整理和分析的意义。

4．研究资料整理和分析的要求。

第二节　文字资料的整理和分析

(一)文字资料的整理

(二)文字资料的分析

1．文字资料分析的主要特点。

2．文字资料分析的主要方法。

第三节　数据资料的整理和分析

(一)数据资料的整理

1．数据资料的整理的内容。

2．数据资料的呈现方式与方法。

(二)数据资料的描述

1．集中量数:(1)算术平均数;(2)加权平均数;(3)中数和众数。

2．差异量数:(1)离差;(2)方差和标准差。

3．相关系数:(1)积差相关;(2)等级相关。

四、考核要求

第一节　研究资料的整理和分析概述

1．识记:(1)研究资料整理的概念;(2)研究资料分析的概念。

2．领会:(1)研究资料整理和分析的意义;(2)研究资料整理和分析应注意的问题。

第二节　文字资料的整理和分析

(一)文字资料的整理

1．识记:文字资料整理的基本要求。

2．领会:文字资料整理的步骤和内容。

3．简单应用:学会对自己收集的学前教育研究的文字资料进行整理。

(二)文字资料的分析

1．识记:(1)文字资料分析的基本方法;(2)比较的含义;(3)分类的含义;(4)分析的含义;(5)综合的含义;(6)归纳的含义;(7)演绎的含义。

2．领会:各种文字资料分析方法的应用要求。

3.综合应用:学会对自己收集的学前教育研究的文字资料进行分析。

第三节 数据资料的整理和分析

(一)数据资料的初步整理

1．识记:(1)数据资料整理的内容与方法;(2)数据资料呈现的形式。

2．应用:用各种统计表和统计图来整理、呈现自己收集的数据资料。

(二)数据资料的特征描述

1．识记:(1)集中量数的含义;(2)差异量数的含义;(3)相关系数的含义。

2．领会:(1)算术平均数的计算方法;(2)加权平均数的计算方法;(3)中数和众数的计算方法;(4)离差的计算方法;(5)方差和标准差的计算方法;(6)积差相关系数的计算方法;(7)等级相关系数的计算方法。

3．简单应用:能按研究的要求对数据资料进行各种描述统计。

第十一章 教育科研成果的表述和评价

一、学习的目的和要求

通过本章的学习,理解教育科研成果的类型和教育科研成果表述的基本步骤和要求,掌握科研论文和科研报告的结构与写作的具体要求,理解教育科研成果评价的意义、内容、组织形式和方法。

本章的重点是教育科研论文和科研报告的写作。难点是教育科研成果的评价标准体系的确立。

二、课程内容

第一节 教育科研成果的表述

(一)教育科研成果表述的意义和一般步骤

1. 教育科研成果的概念。
2. 教育科研成果的形式。
3. 教育科研成果表述的意义。
4. 教育科研成果表述的基本步骤。
5. 教育科研成果表述的基本要求。

(二)教育科研论文及其写作要求

1. 教育科研论文的特点及主要类型:
(1)科研论文的主要特点;(2)教育科研论文的主要类型。
2. 教育科研论文的基本结构及其写作要求:
(1)科研论文的基本结构;(2)论文各部分的写作要求。

(三)科研报告及其写作要求

1. 科研报告及其特点。
2. 科研报告的基本结构。
3. 科研报告撰写的基本要求。

第二节 教育科研成果的评价

(一)教育科研成果评价及其意义

1. 教育科研成果评价的含义。
2. 教育科研成果评价的意义。

(二)教育科研成果评价的主要内容

1. 研究目标评价。
2. 研究过程评价。
3. 研究成果评价。
4. 研究条件评价。

(三)教育科研成果评价的标准
(四)教育科研成果评价的方式和方法
1．教育科研成果评价的方式。
2．教育科研成果评价的方法。

三、考核知识点

第一节　教育科研成果的表述

(一)教育科研成果表述的意义和一般步骤
1．教育科研成果表述的含义。
2．教育科研成果的表述形式。
3．教育科研成果表述的意义。
4．教育科研成果表述的基本步骤。
(二)教育科研论文及其写作要求
1．教育科研论文的概念。
2．教育科研论文的特点。
3．教育科研论文的结构。
4．教育科研论文的写作要求。
(三)科研报告及其写作要求
1．科研报告的概念。
2．科研报告的特点。
3．科研报告的基本结构。
4．科研报告撰写的基本要求。

第二节　教育科研成果的评价

(一)教育科研成果评价及其意义
1．教育科研成果评价的含义。
2．教育科研成果评价的作用。
(二)教育科研成果评价的主要内容

(三)教育科研成果评价的标准
(四)教育科研成果评价的方式和方法

四、考核要求

第一节 教育科研成果的表述

(一)教育科研成果表述的意义和一般步骤
1. 识记:(1)研究成果的定义;(2)研究成果表述的形式。
2. 领会:(1)教育科研成果表述的作用;(2)教育科研成果表述的一般步骤;(3)研究成果表述的一般要求。
(二)教育科研论文及其写作要求
1. 识记:(1)教育科研论文的定义;(2)教育科研论文的特点。
2. 领会:(1)科研论文的结构;(2)科研论文的写作要求。
3. 综合应用:学习撰写教育科研论文。
(三)科研报告及其写作
1. 识记:(1)科研报告的定义;(2)科研报告的类型。
2. 领会:(1)科研报告的特点;(2)科研报告的基本结构;(3)科研报告的撰写要求。
3. 综合应用:学习撰写一篇教育科研报告。

第二节 教育科研成果的评价

(一)教育科研成果评价及其意义
1. 识记:教育科研成果评价的含义。
2. 领会:教育科研成果评价的作用。
(二)教育科研成果评价的主要内容
领会:教育科研成果评价的内容。
(三)教育科研成果评价的标准
领会:建立教育科研成果评价标准的要求。
(四)教育科研成果评价的方式和方法

1．识记：(1)教育科研成果评价的几种组织形式；(2)教育科研成果评价的两类方法；

2．领会：(1)教育评价的不同组织形式的特点；(2)两类评价方法的优缺点。

3．应用：学会对学前教育科研成果进行评价。

第三部分 有关说明与实验要求

为了使本大纲的规定在个人自学、社会考试命题中得到贯彻和落实,特对有关问题作如下说明,并进而提出具体要求:

一、关于考核目标的说明

为使考试内容具体化和考核要求标准化,本大纲在列出考试内容的基础上,对各章规定了考核知识点和考核要求,明确考核目标,使考生能够进一步明确考试内容和要求,使考试命题者能更加明确命题范围,更加准确地安排考题的知识能力层次和难易程度。

本大纲在考核目标中,按照文科类专业课程自学考试的识记、领会、简单应用、综合应用四个层次规定其应达到的能力层次要求。四个能力层次在等级上是递进关系。各能力层次的具体含义是:

识记:要求能知道本课程中有关的名词、概念、原理、知识的含义,并能正确地认识和表述。是初级层次的要求。

领会:要求在识记的基础上,能全面地把握本课程中的基本概念、基本原理、基本方法,能掌握有关概念、原理、方法的区别和联系。是较高层次的要求。

简单应用:要求在领会的基础上,能运用本课程中的基本概念、基本原理、基本方法中的少量知识点分析和解决有关的理论问题和实际问题。

综合应用:要求在简单应用的基础上,能运用学过的本课程规定的多个知识点,综合分析和解决比较复杂的问题。

二、关于自学教材

指定教材:《学前教育科学研究方法》,全国高等教育自学考试指导委员会组编,杨爱华主编。

推荐参考资料:《学前儿童发展和教育科学研究方法》,王坚红编,人民教育出版社1991年10月第1版。

《小学教育科学研究》,全国高等教育自学考试指导委员会组编,杨小微主编,北京师范大学出版社1998年10月第1版。

三、自学方法指导

1. 在全面系统学习的基础上掌握基本理论、基本知识、基本方法。本课程内容涉及学前教育科学研究的基本原理、主要方法和技术,知识范围广泛,各章之间既有联系又相对独立。考生应首先全面系统地学习各章内容,记忆应当识记的基本概念、名词,深入领会基本理论,弄懂基本方法的内涵;其次,要认识各章之间的联系;再次,在全面系统学习的基础上掌握重点,有目的地深入学习重点章节,但切忌在没有全面学习教材的情况下孤立地去抓重点。

2. 把学习学前教育科研方法的原理和应用方法、技术结合起来。本课程内容既阐述了学前教育科学研究的一般方法论,又阐述了各种具体研究方法的基本理论,还介绍了几种具体的研究方法和技术。考生在学习中应注意上述几方面的相互联系、相互渗透。既要理解理论对具体方法的指导意义,又要弄清各种方法中所包含的理论观念。

3. 重视理论联系实际,结合学前教育科研实践来进行学习。本课程阐述的主要内容和我国学前教育实践密切相关,考生在学习中要注重在教材阐述的理论和方法的指导下积极从事学前教育实践问题的探索和研究,增强对科研方法的感性认识,在此基础上加深对科研方法的理解。

四、对社会助学的要求

1. 社会助学者应根据本大纲规定的考核内容和考核目标,认真钻研指定教材,明确本课程和其他课程不同的特点和学习要求,把握社会助学的正确方向,对自学者进行切实有效的辅导,引导他们防止在学习中可能出现的各种错误。

2. 要正确处理基础知识和应用能力的关系,努力引导考生将知识、领会和应用联系起来,有条件的应适当组织应考者开展科研实践,学会把基础知识和理论转化为应用能力,在全面辅导的基础上,着重培养和提高考生的提出问题和解决问题的能力。

3. 要重点处理重点和一般的关系。课程内容有重点与一般之分,但考试内容是全面的,而且重点和一般是相互联系的,不是截然分开的。社会助学者应指导考生全面系统地学习教材,掌握全部考试内容和考核知识点,在此基础上突出重点。总之,要把重点学习和兼顾一般结合起来,切忌孤立地抓重点,把考生引向猜题、押题的误区。

五、关于命题考试的若干要求

1. 本课程的命题考试,应根据本大纲所规定的考试内容和考试目标来确定考试范围和考试要求,不要任意扩大或缩小考试范围,提高或降低考核要求。考试命题要覆盖到各章,并适当突出重点章节,体现本课程的内容重点。

2. 本课程在考试题中对不同能力层次要求的分析比例,一般为:识记占15%;领会占30%;简单应用占35%;综合应用占20%。

3. 试题应合理安排难度结构。试题难易度可分为易、较易、较难、难四个等级。每份试卷中,不同难易试题的分数比例一般为:易占20%;较易占40%;较难占30%;难占10%。必须注意,试题的难易程度和能力层次不是一个概念,在各能力层次中都会存在不同难度的题目,切勿混淆。

4．本课程考试试卷采用的题型一般有:单项选择题、名词解释题、计算题、简答题、论述题、材料分析题等。各题型的具体形式可参见本大纲附录。

附录:题型及举例

一、单项选择题(在备选答案中只有一个是正确的,将其选出并把它的标号写在题后的括号内)

1. 真实验和准实验的根本区别是( )。
A. 对自变量的操纵方法不同   B. 有无控制组
C. 被试是否是随机分配   D. 实验场不同

2. 最早将调查法运用于教育研究的是( )。
A. 肯代尔   B. 杜威
C. 罗吉尔·培根   D. 陈鹤琴

二、名词解释
1. 教育经验总结
2. 科研论文

三、计算题
1. 某组幼儿身高测量的数值如下,求其平均数和标准差:
88,83,85,89,92,87,88,85,85,85,90,90,87,84,91,89,88,79,86,81

2. 某10位保育员在专业知识和操作技能考试中的成绩如下,求这两种成绩的相关系数:
专业知识:85,94,86,56,79,98,67,65,78,82;
操作技能:83,88,78,65,87,90,76,87,85,83。

四、简答题
1. 简述调查法的特点。
2. 实施标准化测验时应注意哪些问题?

五、论述题
举例说明在学前教育研究中如何确立研究课题。

六、材料分析题
举例略。

后　记

《学前教育科学研究自学考试大纲》是根据全国高等教育自学考试学前教育专业(专科)考试计划的要求编写的。1999年5月全国考委教育类专业委员会召开审稿会议,对本大纲进行了讨论评审,修改后,经主审复审定稿。

本大纲由华中师范大学教科院杨爱华教授主持编写,孙民从副教授执笔撰稿。参加本大纲审稿的专家有:北京师范大学裴娣娜教授、南京师范大学许卓娅教授。

本大纲最后由全国高等教育自学考试指导委员会审定。

全国高等教育自学考试指导委员会
教育类专业委员会
2000年7月